sapientia
サピエンティア41

国家とグローバル金融

States and the Reemergence of Global Finance

エリック・ヘライナー［著］
矢野修一・柴田茂紀・
参川城穂・山川俊和［訳］

法政大学出版局

日本語版への序文

本書が日本の読者にとって読みやすくなるよう尽力いただいた翻訳者の皆さんに、心から感謝したい。初版の発行は二十年以上も前だが、本書での議論は、二〇〇八年に深刻な世界金融危機に見舞われたこともあって、今日においても重要な意味を持つと考えている。

本書の初版が世に出たのは、金融のグローバル化に注目が集まりつつある頃だった。当時、多くの人は、金融グローバル化を主導したのは技術や市場の力だと信じていた。私はこうした思い込みに反論すべく、金融グローバル化には（日本を含む）国家の積極的推進姿勢も重要だったことを明らかにしようとした。本書で述べているように、国家は、国境を越えた資金移動の規制緩和を決定するとともに、国際金融危機の防止・封じ込めに取り組み、金融グローバル化を積極的に後押しした。本書を通じて読者に伝えたかったのは、金融グローバル化は変えることのできない、また止めようがない現象などではなく、重要な政治的基盤があってはじめて成り立つものだということである。

近年では、二〇〇八年の世界金融危機の時、こうした分析視角の重要性が痛感されることとなった。今般の危機は、大不況以後、グローバル金融に生じた最悪のメルトダウンである。一九三〇年代前半、各国は危機にうまく対応できず、その結果、グローバル金融取引は劇的な形で崩壊し、当時の「金融グローバル化」は終焉を迎えた。二〇〇八年の場合、主要国は当時と非常に異なる対応を見せた。グローバル金融市場、金融機関に対し大規模な支援を行い、現在のグローバル金融システムに対する信頼回復に努めた。各国のそうした取組みの中で、グローバル金融市場の政治的基盤の重要性がまさしく浮き彫りになったのである。

私が本書で分析したのは、大不況のトラウマがどのようにグローバル金融市場の崩壊につながったのか、さらには、金融グローバル化のコストをめぐる政策立案者の考え方にどのように大きな変化をもたらしたのかということである。一九四〇年代前半のブレトン・ウッズ会議の頃までには、ジョン・メイナード・ケインズやハリー・デクスター・ホワイトを含め、主要な交渉担当官は、一九三一年以前の金融自由主義に背を向けるとともに、すべての政府は資本規制実施の権利を保持すべきとの考え方を支持するようになっていた。それにとどまらず、彼らは各国の資本規制実施への協力を他国に義務づける提案に対し賛同を得ようとしていた。ケインズ、ホワイトとも、投機的・攪乱的資金移動によって安定的為替相場、より自由な貿易、各国政府による政策の自律性が損なわれることのないよう、資本規制が実施されるべきことを期待していたのである。一九四四年の有名なブレトン・ウッズ会議では、資本規制の権利がＩＭＦ協定の条項に盛り込まれ、近年、金融自由化推進論者によって弱められようとしたものの、そのまま条項に残っている。

こうした議論を展開する中で私が着目したのは、西側先進諸国の政策立案者の動きや彼らの考え方だった。最近出版したブレトン・ウッズ交渉に関する新著の中では、視野を広げてこの間の歴史を分析した（*Forgotten Foundations of Bretton Woods: International Development and the Making of the Postwar Order*, Cornell University Press, 2014）。新たな一次資料に依拠しながら、この本で示したのは、資本規制について、ブレトン・ウッズの制度設計者は、貧困国が国家主導の開発戦略を追求するための有効な手段としても考えていたということである。言い換えるなら、一九三〇年代・四〇年代に金融グローバル化のコストをめぐる考え方に劇的な変化が起こったが、それは先進工業国の経済問題に関してだけではなかったということである。考え方の変化は、ラテンアメリカやアジアなど世界の貧困地域からブレトン・ウッズに代表を送った多くの国にとっても同様に重要であったし、今日でもそれは変わらない。

二〇〇八年の危機を経験したのち、政策立案に関わる人々は、当時と同じように金融グローバル化のコストについて考え方を変えただろうか。危機のさなか、一部のアナリストは金融自由化に対して大きな反発が生じると予想した。確かに変化の兆しはあった。たとえば、アイスランドのように二〇〇八年に深刻な金融危機に陥った国は、資本流出規制を行った。他の国々、たとえばブラジルや韓国も、資本流入規制を一部導入した。危機後、IMFも金融自由化に関する見解について正式な見直し作業に入ったし、IMFスタッフの中には、ケインズ＝ホワイトばりの考え方を復活させて協調的資金移動規制を行うべきとするものもいた。二〇一〇年から二〇一一年には、G20の首脳も、投機的国際資金移動に関する協調的金融取引税、いわゆる「トービン・タックス」を導入すべきかどうか、議論していた。

しかしながら、ほどなく明らかになったように、そうした反発は軽微なものにとどまった。資本規制を導入した国のほとんどは、それが一時的なものであることを強調した。二〇一二年末、金融自由化に関する正式な見直し作業の結果を公表した際、IMFも「資本移動管理措置」の必要性は一時的なものにとどまることを念押しした。またトービン・タックスの提案でG20の首脳が合意することはなかった。全体としてみれば、国家が金融部門への大規模な支援を通じて信頼の回復を手助けしたあとは、グローバル金融市場は安定し、グローバル政治経済の主役であり続けたのである。

したがって世界不況とは対照的に、二〇〇八年危機後の状況としては、これまでのところ、変化というよりもむしろ現状維持のほうが目立つ。もうひとつの新著（*The Status Quo Crisis: Global Financial Governance After the 2008 Meltdown*, Oxford University Press, 2014）で私が述べたのは、この現状維持という結果もグローバル金融ガヴァナンスの別の特徴を表しているということである。たとえば、当初、多くの専門家は、危機がドルの国際的役割を低下させるだろうと判断した。彼らが誤っていたことはすぐに明らかになった。ドルは卓越した国際通貨としての役割を危機後も維持したからである。国際金融の基準についてのガヴァナンス改革も多くのアナリストが最初に予想したほど実質的なものにはならなかった。

大規模な二〇〇八年危機を経ても、グローバル金融ガヴァナンスに大きな変化が見られなかったことは多くの人々にとって驚きであり、これには何らかの説明が必要となる。*The Status Quo Crisis* で私が提示したのは、多くの人々が考えていた以上に、アメリカには大きな構造的権力があり、危機の間、実際にその権力を行使したという見方である。危機のさなか、そしてその後も、期待とは裏腹にヨーロッパが世界に変化をもたらす勢力としては脆弱化していたことも指摘した。さらには、新興市場国、特に中国が、危機に際し、想定以上に保守的な立場をとった経緯についても明らかにした。

こうした分析のなかで、日本の役割は比較的小さなものでしかない。日本の果たす役割が低下したことは、『国家とグローバル金融』執筆時の想定とは対照的である。その頃、つまり一九八〇年代後半から九〇年代前半にかけて、日本は金融大国として上り調子であった。しかしながら、二〇〇八年危機の頃になると、グローバル金融ガヴァナンスの変化に向けて日本の政策立案者が大きなリーダーシップを発揮すると期待する研究者はほとんどいなくなった。事態は彼らの考えていたとおりになった。

一九八〇年代後半に新興金融大国だった日本が、二〇〇〇年代後半から二〇一〇年代前半までの間にグローバル金融改革をめぐる議論の中で、比較的小さな役割を担うにすぎなくなった原因は何だろうか。この問いに答えられれば、『国家とグローバル金融』出版後のグローバル金融ガヴァナンスがどのように展開してきたかについて、理解が深まるはずである。こうした変化の原因究明は日本の専門家に委ねなければならないだろう。だが、この間の政治的展開が何らかの役割を果たしていることは明らかなように思われる。そしてこの事実からも、本書の中心テーマが今なお重要であることが分かるはずである。グローバル金融市場は政治的基盤あっての存在であり、その基盤こそ分析されねばならない。

二〇一五年五月

エリック・ヘライナー

序　文

人の「知的関心は本来、狭くない。だが、各専門分野の厳しい訓練を積まなければ、その広い知的関心に応えることはできない」。かつてジェイコブ・ヴァイナーは、こう述べた。私は多くの人にお世話になり、国際政治経済学（IPE: International Political Economy）という学問分野に導いてもらったが、ここではまさに、各専門分野の厳しい訓練が積み上げられ、広範囲にわたる知的課題が追求されている。スーザン・ストレンジの言葉を借りれば、国際政治経済学は、今日の社会科学においては残り少なくなった「開かれた領域」のひとつであり、「すべての参入者に対して、今なお壁はなく、扉は閉ざされていない」。本書は、第二次世界大戦後に金融市場がグローバル化してきた政治史を詳細に分析することで、社会科学における囲い込み運動を（微力ではあるが）阻止しようと試みるものである。外からは分かりにくく、技術的な話が多いように見えるので、国際金融についての研究は長きにわたり国際経済学の専門家だけに許された狭い領域であった。こうした国際経済学者の仲間内では、金融市場のグローバル化は誰も止めることのできない技術進歩、経済発展の産物と考えるのが一般的である。本書では、こうした見方に異議を唱えたい。すなわちここでは、国家の支持や承認がなければ、現代の開放的でグローバルな金融秩序は、けっして生まれなかったという議論を展開していくつもりである。

本書ができあがるまで、たくさんの人のお力添えがあったことに感謝したい。最も深く感謝しているのは、ジェニファー・クラップである。本書の完成まで、彼女自身が思っている以上に、ありとあらゆる面で私をサポートしてくれた。ゴータム・センとロバート・コックスにも特に謝意を記しておきたい。彼らは本書執筆のきっかけを与えてくれた。またルイス・ポーリーは草稿を手直しする際、私に助言を与え、励ましてくれた。同様に、ロジャー・ヘイドンも、草稿段階から出版まで円滑に事が運ぶよう導いてくれた。さらには、ジェレミー・エイデルマン、マーク・ブローリー、フィリップ・サーニー、ベンジャミン・コーヘン、ナイルシュ・ダッタニ、ジェフリー・フリーデン、スティーブン・ギル、マイケル・ホッジス、デイヴィッド・レイトン＝ブラウン、マイケル・ロリオー、ジェイムズ・メイヨール、マシュー・マーチン、ジュリア・マクナリー、キャスリーン・ニューランド、レオ・パニッチ、ピアス・レヴェル、スーザン・ストレンジ、ジェフリー・アンダーヒル、マイケル・ウェッブ、そしてLSE（London School of Economics）「マネーと国際システム」講座の数多くの学生諸君と匿名の査読者の方にも、いただいた助言やコメント、批判に対し、非常に感謝している。本書につながる研究に多大な資金援助をしていただいたカナダ社会科学・人文学研究協議会とイギリス政府にも御礼申し上げる。アメリカ国立公文書館、議会図書館、フォード図書館、大英図書館政治・経済学部門のライブラリアンも、私のために長時間を割き、懸命に手助けしてくれた。最後に、長年にわたり、大きな心で私を支え、励ましてくれた両親に感謝したい。本書を私の両親に捧げる。

オンタリオ州ピーターボロ　　エリック・ヘライナー

国家とグローバル金融◉目次

第Ⅲ部　結　論

凡例

一、本書は、Eric Helleiner, *States and the Reemergence of Global Finance: From Bretton Woods to the 1990s*, Cornell University Press, 1994 の全訳である。

一、（ ）、［ ］は原著者によるものである。

一、原文中の強調を示すイタリックには傍点を付した。

一、原文中の文献名を示すイタリックは『 』で括った。

一、原文中の引用符は「 」で括った。

一、原著者が注で用いているBP、NA、RGは以下の略号である。

BP: Arthur Burns Papers, Ford Presidential Library

NA: U.S. National Archives, Washington, D.C.

RG: Record group, records of the Treasury Department in U.S. National Archives

一、訳者による補足は〔 〕で括った。

一、原注および訳注はそれぞれ番号を付し、各章末にまとめた。

国家とグローバル金融

第一章　問題意識――グローバル金融の復活と国家

金融市場のグローバル化は、近年の世界経済における最もめざましい動きのひとつである。国際金融市場は、一九世紀末から二〇世紀初頭にかけて繁栄したが、一九三一年の金融危機から三〇年間、ほぼ完全に国際経済の主役の座から降りていた。しかしながら、一九五〇年代末に沸き起こった民間主導の国際金融取引は、その後、驚くべき勢いで成長した。たとえば、世界の外国為替取引額は、一九五〇年代末には微々たるものだったが、一九九〇年代初頭には一日あたり約一兆ドルとなり、国際貿易取引のおよそ四〇倍にまで増大した。同様に、国際資本移動をグロスで見ると、一九八〇年代末には六〇〇〇億ドルに達し、世界の経常収支黒字・赤字総額のほぼ二倍となった(1)。

金融市場のグローバル化を説明する際、ほとんどの場合、国家の役割は軽視されている。こうした通説によれば、国家の行動や選択よりも、誰にも止められない技術や市場の力こそが金融市場グローバル化の主要因である。ウォルター・リストンは、最近の著作で、次のように述べている。

今日、私たちが目にしているのは、国際金融が新たなシステムとして急速に展開する様子である。現代の新国際金融レジームは、以前のものとは様相が大きく異なっている。それは、政治家や経済学者、中央銀行、財務大臣によって作られたものではないし、また首脳級の集まる国際会議が基本計画を描いたものでもない。技術によって、つまり世界中を遠距離通信網とコンピューターでつないだ人たちによって作られたのである。(2)

ここ数年、国際政治経済学では、歴史をこのように総括することに対して異議を唱える研究者が増えている。彼らは技術や市場の発展を無視するわけではないが、グローバル化のプロセスにおける国家の重要性を強調している。たとえばルイス・ポーリーによれば、「ただ放っておくだけでは地球村(global village)は生まれない。作り出されなければならない。政治は各国別々の国家構造のなかで繰り広げられており、こうした政治がいまだに国際金融を動かしている」(3)。同様に、ジェフリー・フリーデンが強く主張したのも、「過去三〇年間、世界的規模で金融統合が進んだのは、政治的合意による」ということだった(4)。スーザン・ストレンジも、「あっさり忘れられているが、[国際金融]市場は国家の権威、国家の承認のもとで存在しているのであり、いかなるものであれ、国家が選択し命じた条件、許可した条件にしたがって動く」と強調している(5)。

しかしながら、金融市場のグローバル化に関する国際政治経済学の研究は、これまでのところ、グローバル化の特定の段階、あるいは各国の個別的経験にばかり目を向けがちだった。本書において私は、より総合的な視点でグローバル化のプロセスに関する「政治」史を描くつもりである。ここでは主に、先進工業国の果たした決定的役割に注目する。さらに私は、歴史に関するこうした課題に取り組みつつ、ひとつの重要な分析上の疑問に応えようとした。すなわちそれは、貿易取引に関して国家が数多くの規制を残している時代に、なぜこうした開放的国際金融秩序が形成されたのかという疑問である。近年では、国際貿易、国際金融の領域で正反対の状況が確認されている。そしてこのことが、金融はとにもかくにも政治を超えたところでグローバル化したのだという主張にかなりの論拠を与えてきたのも事実である。こうした見方を論駁しようとすれば、国際金融に関わる国家行動がなぜ国際貿易の場合と異なってきたのかを説明しなければならない。これが解明されれば、さらに大きな議論にもつながるかもしれない。というのも、国際政治経済学は、開放的で自由な国際経済秩序をめぐる国家行動について論争を繰り広げてきたが、これまでは貿易部門に関する国家行動に論点が集中してきたからである。

本書は三部構成である。第Ⅰ部では、グローバル化のプロセスと戦後初期の国際経済秩序との関係を分析している。第Ⅱ部では、一九五〇年代末以降、国家がなぜ、どのようにして金融市場のグローバル化を進めてきたのかを説明している。第Ⅲ部である最終章では、近年、金融分野における国家行動が貿易の場合とこれほど異なってきたのはなぜかという問題に答えようとしている。序論をなす本章では、以下それぞれの議論を手短に要約しておこう。

第一節　ブレトン・ウッズの制限的金融秩序

国際経済問題に関心を持つ政策立案者や研究者の間で広く受け入れられている見解がある。ポール・ヴォルカーは「教義のひとつ」とまで言っているが、アメリカは、戦後間もない時代、圧倒的パワーを利用して開放的で自由な国際経済体制を築いた、というのがそれである。(6) しかしながら、一九八〇年代初めごろから、こうした通念に批判が集まるようになった。たとえば、ジョン・ラギーは一九八二年の論文で、次のように説得力のある議論を展開した。すなわち、実際のところアメリカは、一九四四年のブレトン・ウッズ会議で、純粋に自由な国際経済秩序を推進しようとしたのではない。むしろ、「埋め込まれた自由主義」[訳注1]（embedded liberal）の秩序を打ち立てた。そこでは、新たな介入主義的福祉国家による政策の自律性を確保するのに必要とされる制限的な経済運営が明確に認められていた。[7] 通念を修正するうえで影響のあった第二の議論は、アラン・ミルワードによる一九八四年の研究である。これによれば、西ヨーロッパの復興においてマーシャル・プランに基づく援助が重要だったというのは誇張にすぎない。[8] さらに最近でも、いろいろな研究者が、戦後間もない頃、アメリカがその力を行使して自由な国際経済秩序を打ち立てたという考え方に同様の疑問を投げかけている。[9]

本書第I部では、通念修正派を強く支持する議論を展開している。金融市場のグローバル化は、戦後初期、アメリカのリーダーシップのもとで確立した国際経済秩序から直接生まれたと見るべきではないというのがそこでの主張である。第二章で述べるように、アメリカのリーダーシップのもと、ブレトン・ウッズで交渉を重ねた人たちは、一九三一年以前に存在したような、開放的で自由な国際金融秩序に戻ることには明確に反対していた。彼らは実際には、どこからどう見ても自由ではない金融秩序を打ち立てたのであり、資本規制という手段が明確に認められていた。会議中、アメリカ財務長官ヘンリー・モーゲンソーが語ったように、ブレトン・ウッズ協定の目標は、「神聖なる国際金融の場から高利貸しを駆逐すること」だった。[10] 第三章で明らかにしているように、先進工業諸国は、こうした戦後初期の制限的国際金融秩序を守ろうとする姿勢が明確であり、一九四〇年代・五〇年代を通じ、広範囲に及ぶ資本規制策を採っていた。この時期、資本規制策を行使しなかったアメリカの政策立案者でさえ、諸外国で規制策が採られることを認めていたし、実際、支持もしていた。一九五〇年代末から六〇年代初頭において、西ヨーロッパや日本がついに通貨の交換性を回復したとき、交換性回復を資本勘定にまで拡大しないとする各国の決定をアメリカも完全に支持したのである。〔訳注2〕

広く資本規制が採用された理由、戦後間もないころ、先進工業諸国で自由な国際金融秩序を受け入れることへの警戒感が存在した理由については、四つの説明が可能である。第一に、ラギーの分析によれば、資本規制が促された理由のひとつは、この当時、「埋め込まれた自由主義」の考え方が影響力を持っていたことである。資本移動が便利な場合もあるとする自由主義的主張の妥当性は認めつつも、「埋め込まれた自由主義」を説く者は、新たな介入主義的福祉国家による政策の自律性が、投機的かつ攪乱的な国際資本移動によって妨害されないためには、資本規制が必要だと主張していた。金融に関する「埋め込まれた自由主義」の基本的な考え方は、ケインズ主義志向の官僚、産業資本家、労組幹部の新たなる同盟関係によって強く支持された。この新同盟は、一九三〇年代や第二次世界大戦期に先進工業諸国で金融権力を握っていた民間銀行・中央銀行当局者の地位をしだいに脅かしていた。銀行家は金融自由化のイデオロギーを支持し続けていたが、戦後新たにできあがった同盟内では、介入の度を強めた政策が好まれ、金融は経済的・政治的諸問題において、「主人」ではなく「下僕」に位置づけられた。(11)

ブレトン・ウッズの制限的金融秩序が支持されたのは、戦後初期に流布した考え方に基づくというのが第二の説明である。自由な国際金融市場は安定的な為替相場システム、自由な国際貿易秩序と、少なくとも短期的には両立し得ない。当時は多くの人がこう考えていた。このような考えが広まったのは、大戦間期の経験に基づいている。大戦間期は、投機的資本移動が為替相場や貿易関係を著しく損ねていた。これはまた、近年になってロバート・ギルピンその他の論者がますます強調するようになった論点の存在が早くから認識されていたことをも意味している。つまり、自由な国際経済秩序を構成する様々な要素は、必ずしも共存できないという論点である。[12] 自由な金融秩序を形成するか、安定的な為替相場と自由な貿易からなるシステムを構築するかという選択に直面したとき、一般的に戦後初期の政策立案者の間では、自由な金融の方を犠牲にすべきだと合意されていた。こうしてみると、ローレンス・クラウスが述べているように、金融部門は、戦後期の自由な国際経済秩序において、ある種「二流の地位」を割り当てられていたのである。[13]

西ヨーロッパや日本が資本規制策を採ることにアメリカが理解を示したというのが第三の理由である。アメリカのこうした姿勢は、第一、第二の要因とも関わっているが、一九四七年以後の冷戦期における戦略的目標の現れでもある。アメリカの安全保障戦略中枢の考え方として、まずは、不人気な自由化を押しつけることで西ヨーロッパや日本といった同盟諸国を離反させたくはなかった。他方、マイケル・ロリオーも最近指摘したように、西ヨーロッパや日本の経済成長を促進するためのより大がかりな取組みの一環として、これらの国々による金融への介入を積極的に支持しようとも考えていた。[14] 実際のところ、このような理由から、アメリカの当局者が西ヨーロッパや日本の政策立案者以上に、金融政策において「埋め込まれた自由主義」を強く支持することも多かった。こうして冷戦によって一九四七年以後、西ヨーロッパや日本に対するアメリカのヘゲモニーのあり方が、配慮の行き届いた「善意の」(benevolent) 形態をとるようになった。つまりアメリカは、資本規制策を採る西ヨーロッパ、日本に譲歩するとともに、規制策を積極的に後押しして、両地域の繁栄を手助けしようとしたのである。

しかしながら、ブレトン・ウッズ会議から冷戦開始までの短期間ではあるが、アメリカの対外金融政策がこれとは違った方向をめざした時期もあった。一九四五年から四七年にかけては、ニューヨーク金融界のリーダーがアメリカの対外経済政策を牛耳っていた。彼らは、より開放的な国際金融秩序を形成すべく、西ヨーロッパ諸国に対し、それまで以上の大きな圧力をかけ、為替管理をやめて通貨の交換性を回復するよう促した。だが、一九四七年、ヨーロッパで経済危機が起こり、そうした取組みの失敗が明らかになった。一九四七年の経済危機は、戦後ヨーロッパの経済的混乱がきわめて深刻だったことが原因とされる場合が多い。しかし、第三章で述べるように、最大の原因は、ニューヨークの銀行家自身の行動にあった。この時期、ヨーロッパからアメリカへの莫大な資本逃避が破壊的な影響を及ぼしていたにもかかわらず、彼らは、資本逃避の抑止について西ヨーロッパの政府に協力することを拒んだ。これが実質上、ヨーロッパの経済危機につながった。彼らがこうした行動をとった主な理由は、戦後の国際的リーディングバンクとして、ヨーロッパからの資本流入に直接的利益を見いだしていたからである。戦後間もない時期、より開放的な金融秩序が生まれなかったのはなぜか。今ここで述べた近視眼的行動が四つめの理由である。

第二節　金融のグローバル化はなぜ起こったか

戦後間もない時期、各国がこれほど民間資本の国際移動に警戒していたとすれば、一九五〇年代末以降、グローバルな金融市場が復活したことはどう説明すればよいのだろうか。金融グローバル化の歴史が語られるとき、ほとんどの場合、技術進歩と市場の発展の影響が強調される。世界的規模で遠距離通信網が拡がったことによって、資金を世界中に移転するための費用や技術的困難が劇的に引き下げられたからだとされるのである。そして市場の発展については、少なくとも次の六つの点が重要だと言われている。第一に、一九五〇年代末には国際金融取引の安全性に対する市場の信頼が回復したことである。市場の信頼は、一九三一年の危機、それに続く経済、政治の激変によって大きく揺らいでいた。第二に、一九六〇年代に国際貿易や多国籍企業の活動が拡大したのにともない、国際金融サーヴィスへの需要が急増したことである。第三に、一九七三年の石油価格高騰によって引き起こされた、世界的規模での資金の過不足に民間銀行が素早い対応を見せたことである。これによって、産油国の莫大な貯蓄、赤字国による産油国資金の借入が促されるようになった。第四に、一九七〇年代初め、変動相場制の採用にともない、新たにできあがった不安定な通貨市場の参加者が資産をいろいろな通貨で国際的に分散したことである。第五に、国内業務に重点を置いた戦後の金融カルテルが、一九七〇年代から八〇年代にかけて先進工業諸国全体で崩れ去り、金融機関が国内収益の低下を国際金融市場への参入によって補完しようとしたことである。またこうした転換によって、金融機関は国内に残存する規制措置を回避できるようになった。そして最後に、このようにますます競争が激化するなか編み出された金融市場の革新、たとえば通貨や金利の先物、オプション、スワップといった手法〔訳注3〕がまた、国際金融取引のリスクと費用の引き下げに有効だったことである。

　以上挙げた見方によれば、グローバル化のプロセスにおいて、国家はきわめて小さな役割しか果たしていない。より具体的に言えば、国家は国際資本移動を管理できないのでグローバル化を止められなかったとなるし、それはまた貨幣の持つ二つの特徴、すなわち可動性（mobility）と代替可能性（fungibility）によるものだということになるのである。ローレンス・クラウスが述べているように、「〔貨幣は〕すぐさま、そして低コストで姿・形を変えることができる。実際、仮想のペンで、さっと一筆描くだけでよい。腐らせることなく、また保管費用なしで、財産目録に記載しておける。出自はすぐに変えられるし、その足どりを追跡しようとすれば、たとえできたにせよ多大なコストがかかる」(15)。国際経済の相互依存、技術変化が進んだことによって、市場参加者が規制を回避する機会、ことに経常勘定の支払いでは「リーズ・アンド・ラグズ」〔訳注4〕の手法で規制を逃れる機会がまさに増大した。こうして、ブレトン・ウッズ会議において資本規制が承認されていても、資本移動を規制する国家の能力は過大評価されがちで、概して何の役にも立たなかったと結論づけるのが一般的となったのである(16)。

詳しくは第Ⅱ部で論ずるが、国家の重要性をこのように軽んじる議論には説得力がない。国際金融市場が発展できるのは、スティーブン・クラズナーやジャニス・トムソンが「国家権力、国家の選択によって明確に線引きされた、より幅広い制度的構造」と称したものの範囲内に限られる(17)。だとすると、二つの疑問が生ずる。第一に、国家の行動、国家の決定がグローバル化のプロセスに対し、どのように重要だったのか。そして第二に、戦後初期は拒否していたはずの、開放的で自由な国際金融秩序をなぜ国家はしだいに受け入れるようになったのか、という疑問である。

第三節　国家はグローバル化においてどのような役割を演じたのか

一九五〇年代末以降、先進工業諸国は、グローバル化のプロセスにとって重要な政策決定を行ったが、それには三つのタイプがある。

（一）率先して自由化を進め、市場参加者に、より大きな自由を与える政策決定
（二）より効果的な資本移動規制をあえて行わないという政策決定
（三）大規模な国際金融危機を回避するための政策決定

国際政治経済学の研究はますます厚みを増してきたが、なかでも、自由化を打ち出し、市場参加者に対して、より大きな自由を認める政策決定については、もっとも関心が高い。こうした政策決定の最初の事例は、一九六〇年代、イギリスとアメリカがロンドンにおけるユーロ市場の成長を強く支持したことに見いだされる。ここは規制のないオフショア市場として機能し、外貨建て金融資産、とりわけドル建て金融資産が取引された。広範な資本規制が残る世界で、この市場は、国際的な民間銀行にとって「冒険に満ちた遊び場」のようなものであり、そこでは、戦後初期に特徴的だった制限的金融関係から、銀行が実質的に解き放たれることを意味した。[18]「国家なき」ユーロ市場と形容されることもあるが、[19] イギリスとアメリカの支えがなければ、けっして生き延びられなかったであろう。ユーロダラー市場に対するイギリスのサポートは決定的に重要だった。というのも、それがロンドンにあることによって、規制に縛られず市場が機能するからである。アメリカのサポートも同じく重要だった。というのも、ユーロ市場においては、アメリカの銀行、アメリカ企業のプレゼンスが大きかったからである。アメリカには自国の銀行や企業がユーロ市場で取引するのを禁ずる力があったにもかかわらず、実際にはそうしなかった。

国家はまた、一九七〇年代半ば以降、戦後定められた資本規制を解除し始め、市場参加者に非常に大きな自由を認めた。ここでも、アメリカとイギリスが主導的役割を果たした。一九七四年、アメリカは、一九六〇年代半ばに短期的に導入していた様々な資本規制を撤廃し、率先して自由化に向け動き出した。これに続き、イギリスは、一九七九年、四〇年に及ぶ資本規制を撤廃した。一九八〇年代には、他の先進諸国がアメリカとイギリスの動きに追随した。一九八四年から八五年にかけ、オーストラリアとニュージーランドは、ほぼ半世紀の歴史を持つ資本規制を廃止した。多くのヨーロッパ諸国が一九八〇年代半ば、金融自由化プログラムに着手し、一九八八年までには、ヨーロッパ共同体のすべての国が、規制の二ないし四年以内完全撤廃に合意した。スカンジナヴィア諸国も、一九八九年から九〇年に同様の措置を発表した。また日本も、戦後の厳しい資本規制を一九八〇年代に徐々に解除していった。OECD諸国では、一九八〇年代末までに、ほぼ完全に自由な金融秩序が生まれ、市場参加者は、一九二〇年代以降、手にすることのなかった自由を獲得した。

国家による政策決定の第二のタイプ、すなわち、より効果的な資本規制をあえて実施しないという政策決定については、国際政治経済学ではさほど分析されなかった。国家が資本移動を規制するのは、たしかに難しい。だが、グローバル化の歴史に関する、ありきたりの研究では、一般的に見過ごされていることがある。それは、ブレトン・ウッズ体制を構想した人たちは、このような困難について議論を重ね、それらを克服すべく、二つの特別なメカニズムを考えていたという事実である。第一に、彼らによれば、協力して取り組めば、資本規制は機能する。規制が両方で、つまり資本の出し手と受け手双方で協調的に実施されれば、資本規制は機能するはずであった。第二に、資本規制をかいくぐろうとする動きは、包括的な為替管理を実施すれば防げると結論づけた。こうした為替管理下では、すべての取引、すなわち資本勘定取引、経常勘定取引の両方について、違法な資本移動が監視される。この二つの仕組みについては、ともにブレトン・ウッズ協定で最終的に合意されたわけだから、ここで明らかにしなければならないのは、なぜ国家は資本規制の効果を高めるべく、それらを活用する道を選ばなかったのかということである。

グローバル化の潮流を反転させるために、こうした仕組みの活用を政策立案者が真剣に考えながらも最終的に放棄したエピソードは、実際、一九七〇年代および一九八〇年代初頭には数多くあった。金融グローバル化の歴史の研究において、こういった決定に対する関心は薄いが、それぞれのエピソードは、グローバル化のプロセスにおける重要なターニング・ポイントであった。最初のターニング・ポイントは一九七〇年代初めである。当時は、投機的な資本移動の増大によって、ブレトン・ウッズの安定的為替相場システムが脅かされていた。限られた資本規制策では、投機的資本移動を抑えられなかったので、日本や西ヨーロッパの政府は、安定的な為替相場システムを維持するため、資本移動に対する協調的規制の導入を強く要望した。規制は、資本を受け入れる国、送り出す国の両方、また同様に、自国をユーロ市場センターとしている、資本の「通過」国にも課せられるはずだった。この大胆な措置が実行されていれば、緒についたばかりのグローバル化に対して強力な一撃となっていたであろう。こうした提案はかなりの支持を得ていたが、アメリカが認めようとはしなかった。実際、アメリカはこの時期、協調的資本規制に反対しただけではない。一九四五年から四七年以来なかったことだが、アメリカは、自国に従い既存の資本規制を撤廃するよう他国に促し始めたのである。アメリカが支持しないとなれば、他の国々は資本規制措置を放棄せざるを得ない。国際金融におけるアメリカの存在は重要であり、こうした規制を首尾よく実施するためにアメリカの協力が必要なのは明らかだった。

第二のターニング・ポイントは、一九七〇年代末から八〇年代初めである。その当時、政策立案者がより効果的な資本規制の実施を真剣に考えていたことを示す事例が四つある。一九七〇年代初めにおける日本と西ヨーロッパの取組みは、ブレトン・ウッズの安定的為替相場システムを守りたい一心のものであった。これに対し一九七〇年代末から八〇年代初めの資本規制は、国際金融がますます自由化されるなか、ブレトン・ウッズ協定で約束された、政策の自律性を維持しようと目論んでいた。ここで言う四つの事例のうち、最初の二つとは、一九七六年にイギリス政府、一九八二年から八三年にフランス政府が包括的為替管理の導入を画策したことである。両者とも自国の拡張的マクロ経済計画を守るため、投機的資本逃避のもたらす破壊的影響を断とうとしていた。国内を二分する議論の末、両政府とも最終的には為替管理政策を採用しなかった。この決定は、グローバル化の歴史において重要だった。当時の関係者が認識していたように、もしこの時期、主要先進工業国が厳しい為替管理を導入していれば、グローバル化の流れにも大きな影響を与えていたであろう。特にイギリスで為替管理が導入されていれば、新たなグローバル金融秩序の重要な柱のひとつ、すなわちロンドンを中心とするユーロ市場を取り払うことができただろう。

この時期についてのあと二つの事例は、アメリカに関するものである。一九七八年から七九年のドル危機の際、市場の投機的圧力を前にして政策の自律性を一定程度保持するために、資本規制を再導入する考えが、短期間ではあったが、アメリカの政策立案者の間で検討された。危機は深刻だったが、結局、彼らはこのアイデアを採用しなかった。この決定は重要なターニング・ポイントだった。というのも、それは新たな開放的国際金融秩序にアメリカが積極的に関わることを意味していたからである。こうしたアメリカの関与は、一九六〇年代以降高まり、一九八〇年代には、さらに鮮明になっていく。一九七九年から八〇年には、アメリカのFRB〔連邦準備制度理事会〕は、ほんの短い期間ではあったが、他の西側諸国の中央銀行を説き伏せ、協調しながらユーロ市場を再び規制しようとした。アメリカの国内金融政策を妨げるユーロ市場取引を制限するためである。この措置が成功していれば、ユーロ市場の規模はかなり縮小し、一九八〇年代の自由化を突き動かす要因の一部については、その力を弱めることができたであろう。しかしながら、この試みは失敗した。アメリカ国内からの強い反発、イギリス、スイスの反対があったからである。

市場圧力、技術進歩の圧力を前にしたとき、グローバル化の流れは食い止められないと主張する人たちには、政策決定の第三のタイプ、すなわち大規模な国際金融危機回避に向けた政策決定の重要性は、ほとんど認識されていない。こうした危機が起これば、たとえ抑え込むことができたにしても、市場参加者を国内市場に引きこもらせるだけでなく、国家による厳しい資本規制の導入を促しかねない恐れがある。こういった事態は、たとえば、一九三一年の危機後に現実となり、その結果、一九二〇年代の自由な国際金融秩序が崩壊した。

第二次世界大戦後の新たな開放的金融市場には、三つの大きな危機が襲いかかった。それは、一九七四年の国際銀行危機、八二年の国際的な債務危機、八七年の株式市場の暴落である。これらの危機はみな、制御不能状態に陥ることはなかった。国家が断固たる決意で最後の貸し手機能を発揮したため、つまり、資金の突然の収縮に見舞われた金融機関、国家、市場に対して緊急支援を拡大したため、危機を抑え込めたからである。一九七四年と八二年には、アメリカが重要な役割を果たした。と同時に、いずれの場合もアメリカの政策立案者は、イギリスばかりではなく、G10諸国の緊密な中央銀行間協力によっても支えられた[20]。一九八七年には、G10の中央銀行は一致団結して最後の貸し手機能を果たした。こうした行動は、日本政府が国内市場で行ったいくつかの重要な措置によっても後押しされた。また危機管理行動に加え、G10の中央銀行はアメリカとイギリスに促され、一九七〇年代・八〇年代において、さらなる危機が起きないように重要な動きを見せた。一九七〇年代半ば、G10の中央銀行は、民間の国際金融業者が不安なく取引できるように、最後の貸し手としての行動範囲を、ユーロ市場のような新たな国際金融市場にも拡大することを約束した。七〇年代・八〇年代を通じ、中央銀行はまた、国際金融取引の監督・規制の範囲を拡げ、市場の軽率な行動を抑制しようとした。

第四節　国家はなぜグローバル化を支持したのか

国家は戦後間もない時期にブレトン・ウッズの制限的秩序を支持しながら、なぜ一九五〇年代末に始まる開放的で自由な国際金融秩序を、これまで述べたような形で受け入れるに至ったのか。国家の姿勢が変わった理由は四つある（より詳しくは第Ⅱ部で論ずる）。

第一に、ブレトン・ウッズ的な金融秩序の維持には、固有の政治的困難が伴ったことである。ユーロ市場の創出が意味するのは、（アメリカとイギリス）両国それぞれが、浮動的な金融業者に対し、規制なく取引できる場所を提供したこと、それによって、ブレトン・ウッズ体制の実質的な堀崩しを単独で行うのが容易になったことである。同様に重要なのは、各国それぞれ――ここでもアメリカとイギリスを意味する——が金融市場競争を開始し、競争の力を用いて間接的に、システム全体の自由化と規制緩和を進めたことである。この二国が一九六〇年代にユーロ市場の成長を支え、その後、アメリカ、イギリスが一九七〇年代・八〇年代に自国金融市場の自由化・規制緩和を行ったとき、それ以外の金融センターでは、より魅力的な両国市場に自国のビジネスや資本が引き寄せられることがますます多くなった。こうした浮動的金融ビジネスや資本を招き入れる競争に勝つには、自国金融市場の自由化・規制緩和を進め、イギリス、アメリカに追随せざるを得なかった。一九八〇年代に先進工業国全体がいっせいに自由化に向かった大きな要因は、金融におけるこの「規制緩和競争」だった。[21]

資本移動をより効果的に規制するためにブレトン・ウッズ会議で示された二つのメカニズム〔協調的資本規制と包括的為替管理〕を稼働するにも、政治的困難が立ちはだかった。協調的規制を導入しようとしても、一九七〇年代初頭のアメリカ、一九七九年から八〇年にかけてのイギリスとスイスの事例に見いだせるように、大国が単独で、あるいは各国が連合して、それを拒否するのは容易だった。一九七六年、また一九八二年から八三年にかけて、イギリスとフランスの政策立案者がそう認識せざるを得なかったように、包括的為替管理の実施は、特に相互依存が進んだ一九七〇年代・八〇年代の世界経済では、多大な経済的・政治的コストを伴うだろう。したがって、ブレトン・ウッズ会議によって示唆された二つのメカニズムを行使して資本移動規制の効果を高めるのは技術的に可能でも、両方とも実際の発動は政治的に難しかった。こうした政治的困難が戦後初期にもあったことは事実だが、そのときには、（第三章、第四章で述べるように）相殺融資ネットワークを、コストを伴いながらも生み出すことによって、どうにか一時的に抑え込んでいた。しかしながら、こうした解決策は、一九七〇年代・八〇年代には続けられなくなった。

ブレトン・ウッズの金融秩序がほころびを見せた第二の理由は、一九五〇年代末以降、アメリカとイギリスが、より開放的な国際金融秩序に大きな利益を見いだしたことと関係している。アメリカは、ブレトン・ウッズの制限的秩序を戦後しばらくは支持したが、のちに放棄した。その大きな理由は、世界における自らの地位が変化したことである。戦後初期は経済力も強く、冷戦体制下の戦略的利益もあって、アメリカは、西側同盟内で「善意の」ヘゲモニー国の立場を進んで引き受けた。多くの研究者が指摘しているように、経常収支赤字、財政赤字が累積したことによって、一九六〇年代になると、アメリカは徐々に自己中心的で「略奪的な」（predatory）対外経済政策を採るようになった。具体的には、アメリカは政策の自律性を保持するため、赤字の補塡と調整に向けて外国の支援を求め始めたのである。[22] スーザン・ストレンジの言葉を借りれば、アメリカは新たな開放的グローバル金融秩序のなかで比類なき「構造的権力」〔訳注5〕（structural power）を行使しているということになるが、対外政策において攻撃性を増したアメリカの戦略は一般に、この構造的権力によって支えられていた。[23] アメリカは、貿易に関してはヘゲモニー国としての地位が低下したかもしれないが、この金融秩序における支配的地位は一九八〇年代に至るまで維持した。アメリカの金融市場が他国と比べて魅力的であること、アメリカの金融機関の力が突出していること、ドルが世界の市場で使われていること、他国と比べてアメリカ経済の規模が大きいことなどがその理由である。アメリカが一九六〇年代から八〇年代に至るまでグローバル化のプロセスを促進してきた根本的理由は、新たな開放的グローバル金融秩序においては、こうしたヘゲモニー国の地位にあるということだった。[24]

世界の金融においてすでに築き上げたヘゲモニー国としての地位があるからこそ、アメリカはグローバル化を支持したのだが、イギリスが支持したのは、「後退期」ヘゲモニー国特有の金融政策を行おうとしたからである。[25] 一九世紀においてはたしかに金融ヘゲモニー国であったが、その地位を失ったあともずっと、イギリス金融当局は、ロンドンが国際金融の中心であるべきだという考え方に固執していた。このような考え方が前面に出てくるのは、ジェフリー・インガムの言葉にしたがえば、イギリス政治において「イングランド銀行＝大蔵省＝シティ連合」が強固だからである。[26] 一九三一年のスターリング危機から一九五〇年代に至るまで、国際金融におけるロンドンの地位は、シティが閉鎖的スターリング・ブロックの金融センターとして機能したため保持されていた。しかしながら一九五〇年代末には、スターリング・ブロックは長くもたないのではないかとますます疑われるようになった。事ここに至り、イギリス金融当局は、ドルのオフショア取引を行う金融センターとしてなら、ロンドンの国際的地位は今よりも安泰なのではないかと判断した。こうした判断に基づき、一九六〇年代にはユーロダラー市場を、そして一九七〇年代・八〇年代には、さらに広範な領域でグローバル化のプロセスを支持したのである。

グローバル化の促進に利益を見いだすかどうかは、それぞれの国が世界の金融をめぐる権力において、どのような地位を占めているか（占めていたか）に関係する。こうした見方が妥当するのは、何もアメリカとイギリスだけではなかった。日本は、一九八七年の株式市場の暴落を安定化させる際、主導的役割を果たし、一九八〇年代には自国の金融自由化を進めた。これもまた、日本が八〇年代の国際金融秩序において次第にその重要性を高めたことと関係していた。イギリスの場合、衰退しつつある大国が後退期特有の〔過去をひきずる〕行動をとったのだが、日本の場合、金融上の力をつけつつある国が「新興」ヘゲモニー国特有の〔先走った〕動きを見せたわけである。〔訳注6〕金融上のヘゲモニーを握る前、日本が一九八〇年代において金融開放化に強く関心を抱いたのは、以下の三つの理由からである。

第一の、そして最も重要な理由は、一九八一年以後、対外金融資産が急速かつ大規模に蓄積され、世界的規模での金融の安定に日本が重要な関心を抱くようになったことである。第二に、政治、経済でアメリカに大きく依存していたため、日本の政策立案者が、金融自由化に向けたアメリカからの圧力に対応するとともに、アメリカの金融の安定性を脅かす一九八七年危機の際も、素早く行動せねばならなかったことである。第三に、政府赤字の増大が大きな原因となって、日本の国内金融システムが一九七〇年代半ばに混乱し、これによっても金融自由化が加速したことである。

国家がグローバル化のプロセス受入れに熱を上げていく理由について、ここまでは、ブレトン・ウッズ的な金融秩序の維持にはそもそも政治的困難が伴っていたこと、またアメリカ、イギリス、日本という三大国にはそれぞれ「ヘゲモニー国」としての利益が存在したことを述べた。これに続く第三の理由は、一九七〇年代・八〇年代には、（ブレトン・ウッズ的金融秩序の基礎にある）「埋め込まれた自由主義」の考え方への拒否反応がますます強まり、新自由主義的枠組みが受け入れられるようになったことである。[27] 新自由主義者は、個人の自由を拡大し、国際的にも国内的にも資本の配分をより効率化するという理由で、自由な国際金融秩序に賛成した。また新自由主義者は、ブレトン・ウッズ会議が提示した、資本規制を正当化するための二つの根拠を否定した。第一に、変動為替相場の有効性を強く主張し、投機的資本移動がブレトン・ウッズの為替相場システムを崩壊させかねないという戦後抱かれた懸念を振り払った。第二に、介入主義的福祉国家による政策の自律性を守ろうとはせず、国内市場の自由化、主流派財政・金融政策への転換を支持した。実際、新自由主義者は、国家に主流派の政策の採用を促すという理由で国際金融市場を賞賛したのである。〔訳注7〕

新自由主義へのイデオロギー・シフトは、それぞれの国でスピードや程度は異なっていたが、先進工業諸国全体で新自由主義が広まったのには、いくつかの要因があった。まず挙げられるのは、一九七〇年代・八〇年代に金融自由化が加速するなか、「埋め込まれた自由主義」に基づく政策を維持し続けるのがますます難しくなったという現実的理由である。これにより、多くの政策立案者が新自由主義の考え方を受け入れ始めた。また、このイデオロギー・シフトは、ミルトン・フリードマンやフリードリヒ・ハイエクといった重要な学者によっても後押しされた。彼らは、新自由主義思想を育み、時に世界的視野で知識人のネットワーク形成を促して、新自由主義を広めようとした。ケインズとその支持者が一九三〇年代・四〇年代に果たしたのと同じ役割を、新自由主義において担ったわけである。[28] 新自由主義運動は、一九七〇年代・八〇年代に経済が減速したことによって、さらに力を増した。ちょうど一九三〇年代と同じように、経済の減速によって、既存の経済パラダイムへの支持が下がり、新自由主義思想が以前よりも受け入れられやすい知的環境が生み出された。そして新自由主義拡大の最後の要因とは、一九七〇年代・八〇年代に先進工業諸国のいたるところで、様々な社会グループが同盟を形成し、新自由主義思想を支持したことである。同盟を形成したグループは、戦後間もないころ、「埋め込まれた自由主義」を支持したものとはかなり違っていた。新自由主義支持の社会同盟を構成したのは、まずは多国籍企業の代表である。これら企業の活動が国際化するなか、自由な国際金融秩序への支持がますます高まった。民間金融機関の幹部もそうである。彼らのほとんどは戦後一貫して金融自由化を支持していたが、支持の熱は、一九七〇年代・八〇年代に金融の競争が進んだことによって高まった。[29] 金融に関する新自由主義的言説は、中央銀行、財務省、国際金融機関の当局者によっても強く支持された。彼らは戦後間もないころから、介入主義的金融政策にはたびたび警戒の姿勢を見せてきた。[30]

大規模な国際金融危機を未然に防止するためには、G10諸国の中央銀行当局者間の協力が重要である。国家がグローバル化を支持した第四の理由としては、バーゼルの国際決済銀行（BIS）を中心として、洗練された「レジーム」ができあがってゆくにつれて、こうした中央銀行間協力が非常にやりやすくなったということがある。[31] 新自由主義者が完全に自由で規制のないグローバル金融秩序を推奨することを最も警戒していたのは、G10の中央銀行当局者であった。そうした秩序が動き出せば、各国の国内金融政策を妨げかねないからである。だが彼らはこれを懸念していただけではない。新たなグローバル金融市場が不安定化したり、危機が生じたりすることを恐れていた。彼らはこのような危機を防止すべく、すでに述べたとおり、いろいろなやり方で緊密に協力した。こうした緊密な協力関係は、アメリカ、イギリスのリーダーシップによってのみならず、BISを中心とするレジームによっても、進めやすくなった。BISは、一九三〇年、当時の国際金融の不安定性や賠償問題の軽減をはかるため、各国の民間銀行・中央銀行によって創設された。これにより、世界の主要国の中央銀行当局者が月例会議のため一堂に会する場ができあがった。一九三一年の危機は防げなかったが、一九七〇年代と八〇年代には各国中央銀行当局者の会合の場として役立ち、金融の不安定性を最小限にするための協調的手段が講じられた。一九七〇年代・八〇年代における三つの大きな危機に際し、中央銀行が協調して対応しやすかったのは、BISで会議を繰り返し共通の理解を得ていたからであり、このことからもBISの重要性が明確になった。さらに、それぞれの危機に際しては、中央銀行当局者がBISに集まり、将来の危機に対処し防止するための基準やルール、意思決定手続きを徐々に洗練された形で体系化した。これらの基準やルール、手続きによって、国際的な最後の貸し手機能の責任や、国際金融市場に対する規制と監督の責任をどの機関がどのように果たすのかが明らかとなった。BISを通じたこうした取組みは、期待変更への働きかけ、情報の提供、中央銀行当局者間の協力の制度化を通じ、国際金融の安定性維持にまつわる集合行為問題[訳注8]の発現抑止に功を奏したのである。

こうして、国際金融市場安定性維持の原則は、BIS中心のレジームが担うようになり、存在感を高めた。これはまた別の意味で、国際金融秩序がブレトン・ウッズ会議の構想から変化したことを示していた。ブレトン・ウッズ協定の起草者たちは、結局、資本規制を課すこと以外に、国際金融危機を防ぐメカニズムを盛り込めなかった。また、ブレトン・ウッズで交渉にあたった人たちは、BISと一九三一年以前の自由な国際金融秩序とを結びつけて考えていたため、会議では、「できるかぎり早期に」BISを廃止することを求める動議を通していた。しかしながら、こうした決定は実行には移されなかった。廃止を免れたBISは、一九三一年以前、国際的に活動する銀行家が期待していた役割を果たすべく復活したのである。フレッド・ハーシュによれば、BISは「新旧の金融界をつなぐもの」となった[32]。

第五節　国家行動はなぜ貿易と金融で非常に異なったのか

最終章では、貿易について数々の制限的措置を残しながら、なぜ国家は、開放的で自由な国際金融秩序を進んで受け入れるようになったのかという問題に立ち返る。国家の行動が貿易と金融で異なる理由としては、次の五点が考えられる。第一に、貨幣には固有の可動性と代替可能性があるので、政策立案者は、開放的国際金融秩序を形成し維持するにあたり、貿易分野には存在する集合行為問題を考慮しなくてすむという点である。一九六〇年代にユーロ市場を支えたイギリス、アメリカの例に見られるとおり、より開放的な金融秩序は、資金量豊富な市場参加者に対し特別大きな自由を単独で与える国家によって、作り出された。規制緩和競争の力学からいっても、金融自由化のプロセスにおいては集合行為問題がそれほど重要ではないことは明らかだった。というのも、金融開放化のもっとも大きな利益は、気ままに動くグローバル金融ビジネスや資金を自国市場に引き寄せることであり、集合行為というよりも各国の単独行動によってその利益を「丸飲み」できるからである。開放的金融秩序を維持するという課題にも、それほど集合行為問題はつきまとわなかった。たとえば、どこかの国が金融市場の閉鎖に向かう動きを見せたとしても、それを監視するための集合的レジームを作る必要など、ほとんどなかった。なぜなら、一九七〇年代・八〇年代には包括的為替管理の導入コストは非常に大きく、どの国も導入しそうになかったからである。効果的資本移動規制メカニズムのもうひとつの事例、すなわち協調的資本規制についても、どの国でもこうした動きを拒否できるので、同じく実現可能性は疑わしかった。このような意味で、実際のところ、開放的金融秩序の維持よりも、閉鎖的金融秩序の形成において、集合行為問題が重要だったのである。

　金融の場合、以上のような点では集合行為問題は発生しなかったとはいえ、金融危機を防ぐための二つの活動、すなわち国際的な最後の貸し手機能、国際的なプルーデンシャル〔健全経営〕規制および監督に関しては、この問題を考慮せざるを得ない[33]。問題の一部は、国際決済銀行を中心とする中央銀行レジームの強化によって克服された。このレジームは、戦後貿易レジームが次々と困難に直面していた、まさにそのとき、強固なものとなった。その理由のひとつは、各国の中央銀行当局者がグループを形成し、それがピーター・ハースの言う「国境を越えた知識共同体」〔訳注9〕(transnational epistemic communities) に近い存在だったことである。[34] 各国の中央銀行当局者は通商官僚とは比べものにならないほど、似通った知識基盤、因果律や価値判断を共有し、一体となって国際金融危機回避に向けた政策プロジェクトに取り組んだ。中央銀行当局者と通商官僚とでは、このように交渉のあり方が対照的だった。国際金融と貿易で、国家行動のパターンが異なる第二の理由は、これである。

第三の理由は、アメリカ、イギリス、そして最近の日本が「ヘゲモニー国」特有の利益を見いだしたのが金融部門だったということであり、BIS中心のレジームが強化されたうえ金融危機にうまく対処できたのも、これに関係していた。これら三ヵ国は、金融におけるリーダーシップの役割を引き受け、この他にも重要なやり方で金融自由化を促進して、開放的で自由な、新たな金融秩序を特に熱心に支持した。同じころ、開放的で自由な貿易に対しては、それほどの熱意は注いでいなかった。金融・貿易の二部門に対するアプローチが異なる最大の理由は、三カ国それぞれが金融部門に「ヘゲモニー国」としての利益を見いだしたのに対し、貿易部門ではそうではなかったことである。アメリカは、国際貿易では地位を低下させながら、新たな開放的グローバル金融秩序においては、一九八〇年代に至るまでヘゲモニー国としての地位を保持し、そこから大きな利益を得ていた。イギリスがグローバル化を支持したのは、後退期ヘゲモニー国としての行動ということで説明がつくが、こうした行動は、貿易よりも金融のほうが政治的に持続可能だった。というのも、ユーロ市場によって、ロンドンの銀行は国際金融で先頭を走るためのメカニズムを手にしたからである。一九八〇年代には、日本は貿易よりも金融においてリーダーシップを発揮していることが明らかとなった。一九八一年以降、対外金融資産を急速に蓄積していたからである。

第四の理由は、一九七〇年代・八〇年代において、新自由主義者が貿易よりも国際金融部門で、より大きな影響力を持ったことである。金融自由化の問題は、政治家・一般市民の注目度が低く、貿易に比べ国内政治問題化しにくかったからというのが、その最も大きな理由である。(35) 国際金融問題が複雑で、高度に専門的と思われていることもあって、金融自由化は、あまり注目されなかった。その結果、学界や金融官僚、民間部門の新自由主義支持者は、かなり自由に金融部門の政策決定を行うことができた。金融自由化運動が政治的に注目されにくい問題だったのは、それが貿易自由化と異なり、特定の社会グループに与える負の影響が簡単には認識できなかったということもある。一般的に負の影響は、特定グループというより、マクロ経済レヴェルで生じるものなので、広く分散し、見えにくかった。

国家行動が貿易と金融で異なる第五の理由は、両者の関係にある。戦後初期の政策立案者が気づいていたように、自由な国際金融秩序は、必ずしも自由な国際貿易秩序とは両立しない。ブレトン・ウッズ会議で交渉を重ねた人たちが懸念していたのは、投機的で攪乱的な資本移動によって貿易パターンが大きく揺らぎ、保護主義的動きが生み出されることだった。最近は、これらの不安が現実となったとも言える事態が発生している。一九七〇年代・八〇年代に貿易制限措置が増大した原因は、金融市場のグローバル化にあるとみなす研究者は数多い。ロバート・ギルピンによれば、「国際金融が各国の市場を緊密に統合すればするほど、国家は保護貿易主義の拡大で対応してきた」(36)。同様に、リンマー・ド・フリースは、一九九〇年の論文で次のように結論づけている。「自由な資本移動と自由貿易を両方とも維持しようとすると、そこには、ある種の緊張関係が生まれる。資本移動を抑えるのは難しいので、その負の影響は、自由貿易からの後退で埋め合わされる傾向にある」(37)。国家行動が貿易と金融で異なるという事実は、こうした意味で、自由な国際経済秩序を構成する様々な要素は必ずしも共存できないという主張の裏づけとなる。

貿易と金融の国家行動の違いについて、以上五つの理由を述べたわけだが、第九章では、そこから引き出される三つの大きな論点を提示する。第一の論点とは、五つ中三つの理由で触れているように、部門によって固有の特性があるため、国家は、国際経済のある部門に関しては開放的で自由な秩序を受け入れ、別の部門ではそれほどではないという可能性が高くなるということである。こうした秩序は、貨幣特有の可動性と代替可能性、中央銀行同士の比較的協調的な姿勢、金融自由化問題が国内政治問題化しにくい状況があるため、貿易部門よりも金融部門のほうが作りやすく、また維持しやすい。第二に、グローバル化を推進するうえでのアメリカ、イギリス、そして近年の日本のリーダーシップに見られるように、自由な国際金融秩序の形成に重要な役割を果たすのは「ヘゲモニー」国である。[38] ただし伝統的な覇権安定論については、三つの留保が必要となる。第一に、金融におけるアメリカのヘゲモニー国としての行動は、一部の覇権安定論が想定するほど善意に基づくものではない。第二に、日本とイギリスの役割については、「新興」ヘゲモニー国の行動、「後退期」ヘゲモニー国の行動という区分によってはじめて理解可能となる。第三に、米英日どの国に関しても、ヘゲモニー国としての利益は、金融面と貿易面では一致しなかったので、ヘゲモニーの概念は部門によって分けて考えるべきである。そして第三の論点は、自由な貿易秩序と自由な金融秩序は両立しないように思われるので、国際政治経済学者は、ある時期の国際経済の全体構造を示す言葉として「自由な国際経済秩序」を用いるのには注意が必要ということである。

本書が依拠するのは、第二次世界大戦後、金融市場がグローバル化した政治史を、従来以上の総合的視点で捉える国際政治経済学者の研究成果である。本書では、三つの大きな論点を提示している。第一に、グローバル化は、戦後初期の国際経済秩序から直接生まれたものと見なすことはできない。「埋め込まれた自由主義」という思想の根強さ、冷戦期アメリカの戦略的目標、さらには、自由貿易と安定的為替相場を推し進めるためには金融自由主義を犠牲にせねばならないという判断があったことから、国家はむしろ、一九四〇年代・五〇年代を通じ、ブレトン・ウッズ会議で構想された制限的金融秩序を守ろうとした。一九四五年から四七年まで、ごく短期間、開放的金融秩序を形成する動きが見られたが、これもニューヨークの銀行家がとった近視眼的行動によって頓挫した。

第二に、一九五〇年代末以来、先進工業諸国家がグローバル化のプロセスで重要な役割を演じた。具体的には、(一)一九六〇年代にユーロ市場の成長を促し、七〇年代半ば以降は資本規制を自由化して市場参加者の自由を認めたこと、(二)一九七〇年代初期の事例、また一九七〇年代末から八〇年代初期にかけての四つの事例にあるように、資本移動への効果的規制策をあえて実施しなかったこと、(三)一九七四年、八二年、八七年と三つの大きな国際金融危機を防いだことなどが挙げられる。国家がグローバル化を支持したのは、有効な資本規制を実施したり、単独行動で自由化を阻止したりしようとしても、政治的には困難だったこと、アメリカ、イギリス、日本が安定的で開放的な国際金融秩序の形成とその維持に、それぞれヘゲモニー国としての利益を見いだしたこと、国際金融の政策決定において新自由主義者の影響力が増したこと、BISを中心として国際金融危機を防止し抑え込むための洗練された体制が徐々にできあがったことがその理由である。

第三に、国家は、数々の貿易制限措置を残していたまさにそのとき、より開放的で自由な国際金融秩序を受け入れた。以下の五点がその理由である。(一) 貨幣には可動性・代替可能性があるため、開放的貿易秩序の形成・維持に必要な集合行為が、金融の場合にはさほど重要ではなかったこと、(二) 通商官僚と異なり、中央銀行当局者は実際に「国境を越えた知識共同体」の特性を多くの点で体現しており、それがBISを中心としたレジームの強みとなったこと、(三) アメリカ、イギリス、日本の権力基盤・利益は、貿易と金融とで大きく異なり、これら三カ国が金融グローバル化の動きをかなり強力に支持したこと、(四) 金融自由化が国内でさほど政治問題化しなかったこともあり、新自由主義者が金融分野で強い影響力を発揮できたこと、(五) 貿易部門・金融部門の国家行動は相互に関連していた可能性が高く、戦後初期は自由な貿易と自由な金融は必ずしも両立しないという考え方が支持されたこと、以上である。

(1) 数字は、Goldstein et al. (1993: 24), Turner (1991: 9-10) による。特にことわりのないかぎり、合計額はアメリカドルで示す。
(2) Wriston (1988: 71) のほか、McKenzie and Lee (1991), Bryant (1987), O' Brien (1992), Al-Muhanna (1988) を参照せよ。
(3) Pauly (1988: 2) のほか、Goodman and Pauly (1990) を参照せよ。
(4) Frieden (1987: 166).
(5) Strange (1986: 29). グローバル化のプロセスにおいて国家が重要な役割を果たしたことを強調し始めている国際政治経済学者としては、本文で言及した以外に、Cerny (1989), Cohen (1986), Hawley (1984; 1987), Kapstein (1989; 1992), Loriaux (1991), Maxfield (1990), Moran (1991), Rosenbluth (1989), Spero (1980), Underhill (1991), Banuri and Schor (1992), Dale (1984), Versluysen (1981), Wachtel (1986) らがいる。Aronson (1977), Gowa (1983),

Kelly（1976）, Odell（1982）といった、国際通貨問題について研究論文のある多くの国際政治経済学者も、金融のグローバル化について触れている。国家が重要であることについては、このほかにも、金融のグローバル化を扱ったMendelsohn（1980）, Hamilton（1986）など、いくつかの著作で議論されている。

（6）Volcker and Gyohten（1992: 288）.

（7）Ruggie（1982）.

（8）Milward（1984）.

（9）Loriaux（1991）, Ikenberry（1989）, Maxfield and Nolt（1990）, Burnham（1990）.

（10）Gardner（1980: 76）における引用。

（11）Gardner（1980: 76）.

（12）Gilpin（1987: 367）. 本書第九章の議論も参照せよ。

（13）Krause（1971: 536）.

（14）Loriaux（1991: chap. 4, 300-303）.

（15）Krause（1971: 525）.

（16）たとえば、Gardner（1980: 217）を参照せよ。

（17）Krasner and Thomson（1989: 203）.

（18）Strange（1990: 264）からの引用。

（19）Wriston（1986: 133）.

（20）G10構成国は当初、アメリカ、カナダ、日本、西ドイツ、フランス、イタリア、イギリス、スウェーデン、オランダ、ベルギーの一〇カ国であった。結成後、スイスも加わったが、グループの名称は変えられなかった。

（21）他の研究者も金融における規制緩和競争の力学に言及している。たとえば、Goodman and Pauly（1990）, Cerny（1989）, Hawley（1987: 142-43）, Moran（1991）, Plender（1986-87: 41）, Strange（1988: 108）, Walter（1991: 207, 232）, Hamilton（1986）, Dale（1984: 40）, Kapstein（1989: 324）, Bryant（1987: 139）などがある。

（22）たとえば、Gilpin（1987）, Calleo（1982; 1987）, Strange（1988）を参照せよ。「略奪的ヘゲモニー国」と「善意のヘ

ゲモニー国」の区分については、Gilpin（1987: 90, 345）による。

（23）「構造的権力」をめぐる議論については、Strange（1988: 24-31）および Moran（1991: 131）を参照せよ。

（24）アメリカの行動に関しては、Walter（1991）においても同じような議論が展開されている。

（25）「後退期の」ヘゲモニー国特有の金融政策という考え方は、クラズナーが展開したものである（Krasner 1976: 341-43)。

（26）Ingham（1984）.

（27）このほか、Pauly（1978a; 1988), Schor（1992: 8), Plender（1986-87: 40）といった研究者も、一九七〇年代・八〇年代において国家が金融自由化への支持を強めるようになった理由として、規範的枠組みが変化したことの重要性を強調している。

（28）初期ケインズ革命が国境を越えて拡がったことについては、Hall（1989）において詳しく分析されている。

（29）一九七〇年代・八〇年代に民間金融機関や多国籍企業が新自由主義思想を支持したことについて、ここで提示した理由からも分かるように、（金融競争の拡大、多国籍企業の成長といった）市場の圧力がグローバル化のプロセスを生み出したとする議論に一定の妥当性はある。市場の圧力がグローバル化を直接推進したと見なす論者はたしかにいる。しかしながら私が論じているのは、市場の影響は間接的だったということである。つまり、ブレトン・ウッズの制限的金融秩序から転換を図ったのは国家であり、民間金融機関や多国籍企業が新自由主義者を支持したことは、その促進要因だった。

（30）私がこの新自由主義同盟を、それに先立つ「埋め込まれた自由主義」同盟と同じく強調するのは、「政策に関する同盟や動向」を二大勢力的視点で議論しているMaxfield（1990）に倣っている。Frieden（1991: 442）も、はっきりと区分される「二大勢力」の重要性を検討している。それによれば、「統合主義」勢力は「金融部門、金融資産家、統合された多国籍企業」からなり、「反統合主義」勢力は「特定の産業・地域に特化した企業」からなる。また Frieden（1987: 166-70）、さらには Goodman and Pauly（1990）も参照せよ。同様に、Moran（1991: 12, 130-31）も、各国でグローバル化が推進される際は、金融を統括する官庁と民間金融業界が共同で築き上げる「連合体」が重要になると指摘している。Pringle（1989）や Epstein and Schor（1992）も金融業界の中心的役割を強調している。

(31)「レジーム」概念についての議論は、Keohane (1984), Krasner (1983) を参照せよ。
(32) Hirsch (1967: 239).
(33) たとえば、Dale (1984), Guttentag and Herring (1983: 11-16), Kapstein (1989), Bryant (1987: chap. 8), Spero (1980: 185) を参照のこと。
(34) Haas (1992). Kapstein (1992) と同じく、私も、中央銀行当局者が「国境を越えた知識共同体」を完全に形成しているととらえることは慎重を要すると考えている。その理由については第九章で述べる。
(35) Duvall and Wendt (1987: 46) や Bertrand (1981: 21) もまた、国際金融問題は政治的に顕在化しにくいと指摘している。
(36) Gilpin (1987: 367).
(37) De Vries (1990: 9).
(38) こうした見方をするのは、Krasner (1976), Gilpin (1987), Kindleberger (1973; 1986) である。

〔訳注1〕第二次世界大戦後の国際経済体制の特質を浮き彫りにすべく、ジョン・ラギーが用いた言葉である。カール・ポラニーは、「人間社会における自己調整的市場（社会から離床する市場）の非現実性」を主張するため「埋め込み」(embeddedness) という概念を提起したが、ラギーがこれを援用した。「制限された自由主義」と訳される場合もあるが、本訳書では「embed」に元々込められた「何か」を「別の何か」にしっかりと括りつける、「別の何か」の「重要な一部分」とするという意味を重視した。

ラギーによれば、第二次世界大戦後の国際経済体制は、金本位制と自由貿易を内実とする一九世紀的な自由主義とは異なる「埋め込まれた自由主義」の体制、すなわち「国際的な開放性と国内政策の自律性の同時追求」を可能にするような経済的レジームである (Ruggie 1982: 393. ジョン・ラギー著／小野塚佳光・前田幸男訳『平和を勝ち取る——アメリカはどのように戦後秩序を築いたか』岩波書店、二〇〇九年、六〇頁も参照のこと)。世界恐慌、世界大戦を経て「自由・無差別・多角主義」が字義通り確立されたというよりも、ナショナリズムとハイパーグローバリゼーションの弊害を克服するため、「多角主義」は「国内安定」という目標に括りつけておかねばならず「国内安定の必要条件と両立しうる多角主義」が目指されたというのがラギーの認識であり、ヘライナーもこれを継承している。

またリーマン・ショック後、グローバル金融のガヴァナンスが課題となるなか、「民主主義」と「国家主権」と「グローバルな経済統合」の鼎立は不可能であるという「世界経済の政治的トリレンマ」論を唱えるダニ・ロドリックは、現実的選択として、グローバル経済の完全統合を放棄し「民主主義」と「国家主権」を選択する道、すなわち現代版「埋め込まれた自由主義」の可能性に注目している。ロドリックによれば、グローバル経済を埋め込むためのグローバル・ガヴァナンスが確立されていない状況下では、市場を埋め込むガヴァナンスの単位として国家を保持して多様な発展経路を認めること、そのガヴァナンスに正当性を付与すべく国内・国家間の民主主義を確立すること、国家ガヴァナンスを通じて節度あるグローバル化を実現すべきことが必要となる（ダニ・ロドリック著／柴山桂太・大川良文訳『グローバリゼーション・パラドクス——世界経済の未来を決める三つの道』白水社、二〇一三年）。

なお本訳書では、"embedded liberalism" "embedded liberal" を両方とも、そして原文において引用符で括られているか否かに関わりなく、「埋め込まれた自由主義」として「 」付きで表記してある。

〔訳注2〕各国が為替取引（通貨の交換）を制限したことが保護主義やブロック経済化、さらには世界経済の縮小をもたらしたという反省から、第二次世界大戦後のブレトン・ウッズ体制では、通貨の交換性の回復、為替取引の自由化が目指された。だが、あまりに自由な決済システムが各国の経済政策の自律性を損ない、為替制限に向かわせたという見方も根強く、実際には為替取引がすべて、また即時に自由化されたわけではない。

一般に為替取引の自由化は国内の経済運営に影響を与える。それは、モノやサーヴィスの取引に伴う経常勘定の自由化であれ、金融・資本取引に伴う資本勘定の自由化であれ同じであるが、後者はより大きな影響を与える。経常勘定における交換性の回復であっても、国際収支が安定しない段階では国内政策の自律性を大きく損ない、その弊害が為替の制限よりも深刻になる場合がある。

こうしたことから、IMF原協定では、第八条において、経常勘定について通貨の交換性を維持することが義務づけられているものの、第一四条においては、過渡的措置として、国際収支を理由とする為替制限を認めている。

資本勘定に関しては、交換性が義務づけられておらず、第六条において、為替の安定に向けた資本規制が認められている。

主流派経済学者は資本自由化の経済合理性を主張する。経常取引と資本取引を峻別し、後者のみを規制するのは現実的には困難で、かえって混乱を招くとする議論も多い。だが一九七〇年代以降、金融・資本取引規制の緩和が進み、通貨金融危機が周期的に起こるたび、為替の制限、資本規制の有効性に注目が集まってきたのも確かである。

戦後国際経済体制における資本自由化の流れや自由化をめぐる主要論点については、スタンレー・フィッシャーほか著／岩本武和監訳『IMF資本自由化論争』（岩波書店、一九九九年）所収の各論文を参照のこと。

〔訳注3〕いずれの取引も金利や為替の先行きが不確実な状況下、リスク回避を目的として編み出された手段である。以下にいくつか例を挙げよう（詳しくは、安藤英義ほか編『会計学大辞典（第五版）』中央経済社、二〇〇七年の関連各項目を参照のこと）。

「先物為替予約」は、将来の特定日に一定の為替レートで異なる通貨を交換する契約である。金融機関と顧客の相対で行われる。為替の動向によって期限日までいつでも反対売買を行うことができ、差金決済が可能である。

「通貨オプション」は、特定の通貨を、あらかじめ定められた期間・期日（権利行使期間）に、あらかじめ定められた価格（権利行使価格）で「買う権利」（コール・オプション）または「売る権利」（プット・オプション）を売ったり買ったりする取引である。オプション取引の「買い手」は、為替相場の動向を見ながら、購入した権利を権利行使期間に行使するか、放棄するかの選択が可能である。オプション取引の「売り手」は、買い手が権利を行使したら受ける義務があるが、義務の対価として、オプションの買い手からあらかじめ「オプション・プレミアム」を受け取る。

「スワップ」は、複数の当事者間で、あらかじめ定められた条件に従って将来のキャッシュフローを交換する取引の総称である。「通貨スワップ」は、異なる通貨の金利と元本を交換する取引であり、「金利スワップ」は、同一通貨間で長短異なる種類の金利を交換する取引である。

元来、いずれもがリスク回避を目的とした取引であるが、それぞれに固有のリスクがあり、さらには投機に利用され、市場の混乱要因となる場合がある。

〔訳注4〕対外決済時の利益（損失）の最大（最小）化を狙い、為替相場を見通しながら、特定通貨建ての「債権の受け取り」や「債務の支払い」を意図的に早めたり（leads）、遅らせたりする（lags）行為を指す。

たとえば自国通貨安が予想される場合、その国の輸入業者は輸入代金（外貨建て債務）の支払いを早めようとするし、輸出業者は輸出代金（外貨建て債権）の受け取りを先延ばしするのが得策となる。つまり、自国通貨の直物相場下落が予想されると、輸入業者はなるべく早く外貨を買おうとし、輸出業者はなるべく遅く外貨を売ろうとするので実際に相場下落の圧力が高まる。

〔訳注5〕スーザン・ストレンジは、国際政治経済において行使される権力を「関係的権力」（relational power）と「構造的権力」（structural power）に分けることで、国際政治経済の現実をより適切に分析できると考えた。

「関係的権力」とは「AがBに働きかけて（Aの働きかけがなかったら行わないような）何かをさせる権力」であり、リアリズム派国際関係論で重視されてきた。

これに対しストレンジの注目した「構造的権力」とは、いちいち他者に働きかけるというよりも、他の国々や政治組織、企業、科学者・専門家集団などが日々活動する国際政治経済の「構造」そのものを形成し決定づける権力を指す。ストレンジによれば、構造的権力は「安全保障」「生産」「金融」「知識」の四つの基本構造からなり、それぞれ区分されつつも相互に関連し合うことから「正四面体」的イメージでとらえられる。どの側面においても、構造的権力を保持するものは、他者に対し直接あからさまな圧力をかけることなく（「決定」を行うべき時に、あえて「その決定を行わない」ことによっても）、他者の「選択肢」の幅を変えることができる。

金融のグローバル化を含め、現代の国際政治経済においては、構造的権力の分析がますます重要になっているというのがストレンジの主張であり、ヘライナーが本書で注目するのもこうした側面である。構造的権力論に関し、より詳しくは、Strange（1988）のほか、本山美彦『国際通貨体制と構造的権力――スーザン・ストレンジに学ぶ非決定の力学』（三嶺書房、一九八九年）、田中宏明「スーザン・ストレンジの国際政治経済学――リアリズム批判のリアリスト」『宮崎公立大学人文学部紀要』（第一八巻第一号、二〇一〇年）などを参照せよ。

〔訳注6〕本書の議論においてヘゲモニー国に関し「後退期（lagging）」という場合、そこには衰退をなるべく遅らせ「過去を引きずり」ながらヘゲモニー国としての利益を得続けようとするという意味が含まれる。また「新興

(leading)」には、ヘゲモニー国としての利益を「先取りしようとする」「先走る」という意味も込められている。「訳者あとがき」も参照せよ。

〔訳注7〕一般に、「主流派」は自由主義的経済学の流れをくみ、その基本理念に沿って自由な資本移動、均衡財政、物価の安定、貨幣価値の維持を重視する。通常、金融・財政政策に関し「保守的」と言う場合、それが主流派の政策内容であることを意味する。

「非主流派」はケインズ主義に基づき、福祉国家の実現に向け、政府介入による経済の拡張・成長を優先する。政策の自律性を維持するため、資本規制・為替管理の必要性を訴える。第二章訳注1・2および第三章訳注1も参照せよ。

〔訳注8〕マンサー・オルソンによれば、共通の目的を持つ集団内の各成員が合理的・利己的である場合、その集団が大規模で、また目的実現に向けて成員の行為を強制する措置が集団内に存在しなければ、各成員は集団目的のために行動せず、フリーライダーとなる（マンサー・オルソン著／依田博・森脇俊雅訳『集合行為論――公共財と集団理論』ミネルヴァ書房、一九八三年）。

ここで言う「集合行為問題」とは、こうした「抜け駆け」を阻止し共通の目的を達成するために必要な課題という意味である。本書の議論によれば、「開放的」金融秩序の形成・維持という目的に関しては、大国の一方的単独行動があれば、それに追随する他国の規制緩和競争を招きやすく、集合行為問題が発生しにくい。これに対し、「閉鎖的」金融秩序あるいは「開放的」貿易秩序の形成・維持には、こうした問題が発生しやすく、目的の達成がより困難となる。

〔訳注9〕ある特定分野の専門家がその国籍に拠らず、規範的理論や知識体系、思考回路を共有し、専門家の間で国際的な知的ネットワークが形成されている状況を指す。こうした共同体は、その分野で「いま何が問題か」「どう対処すべきか」「対処策をどう評価すべきか」などについて共通の結論を導き、国境を越えた諸問題に関する国際協調をもたらす母体となりうる（Haas 1992）。

もちろん、こうした知識共同体のコスモポリタン的性格を強調しすぎると、ヘゲモニー国の有する「構造的権力」の重要な側面を見落とすことになりかねない。この点については、本章訳注5を参照せよ。

第Ⅰ部　ブレトン・ウッズの制限的金融秩序

第二章　ブレトン・ウッズ体制と資本規制の承認

金融市場グローバル化のルーツは一九四四年のブレトン・ウッズ協定にあったと決めつけられることがある。戦後国際経済秩序の憲法として、ブレトン・ウッズ協定は、国際貿易、国際金融の両方で自由な秩序を作り上げたと言われる。[1]だが実際には、金融においてはむしろ制限的秩序が立ち上げられ、資本規制がただ認められただけではなく、奨励された。近年の金融市場グローバル化の舞台が設定されたどころか、ブレトン・ウッズ協定では、一九三一年以前に主流だった自由主義的金融政策が劇的なまでに拒絶された。イギリスの交渉責任者ジョン・メイナード・ケインズが述べたように、「移行期に限った施策ではなく、長期的取決めとして、このプランでは全加盟国に対し、すべての資本移動を規制する明確な権利を与えている。かつては異端だったものが、今や正統として認められている」。[2]

こうして誤解を正す必要があるのと同時に、国際資金移動に関するブレトン・ウッズの交渉を研究することも重要である。なぜなら、この交渉では、国際金融担当の政策立案者がその後数十年にわたり直面する中心課題の多くが提起されていたからである。[3]たとえば、近年、自由な国際金融秩序の費用と便益をめぐって論争がわき起こっているが、その予兆はブレトン・ウッズでのやりとりに垣間見えた。また資本移動は実際にどの程度、どういった手段で規制できるのかという一九七〇年代・一九八〇年代にも繰り返し出てくる問題について、ブレトン・ウッズの交渉者は、すでに詳細に議論していた。ブレトン・ウッズで議論された規制に対する各政治勢力の賛成・反対の構図も、規制の賛否をめぐり、その後数十年にわたって出てくる構図と類似していた。

本章第一節では、ブレトン・ウッズの議論を大戦間期金融史の文脈に位置づけ、一九三一年の国際金融危機後、資本規制への支持が高まっていく様子に注目する。第二節では、ブレトン・ウッズでの諸提案が、もともとは一九四一年から四二年に二大同盟国の交渉責任者、すなわちイギリス代表ケインズとアメリカ代表ハリー・デクスター・ホワイトによって起草されたことを述べる。二人の交渉者は、戦後の世界で国際資本移動を規制する必要性について、対立するどころか、まったく同意見だった。第三節および第四節では、ブレトン・ウッズ会議の提案がニューヨーク金融界からの反対で、どのように修正されたかに焦点を当てる。

第一節　一九三一年以後の国際金融――自由主義的伝統の途絶

資本移動に関するブレトン・ウッズでの議論を理解するためには、ここで大戦間期の国際金融史を簡単に振り返っておかなくてはならない。大戦間期は、便宜上、一九三一年の国際金融危機を境に二つに時期区分できる。一九二〇年代は先進工業世界全体で、民間銀行家・中央銀行当局者が先頭に立って、自分たちが主役だった一九一四年以前の自由な国際通貨・金融秩序を回復しようとしていた。(4)

一九二〇年のブリュッセル、一九二二年のジェノアでの国際通貨会議を皮切りに、こうした銀行家は、均衡財政、独立性の高い中央銀行、自由な資本移動、そしてとりわけ国際金本位制への回帰を求め始めた。この政治的動きを主導したのは、第一次大戦後の世界における二大銀行家グループ、すなわちロンドンとニューヨークの銀行家だった。彼らは緊密に連携し、自由主義政策に乗り換える政府には巨額の貸付を申し出た。実際、一九二〇年代中頃までに、彼らは国際金本位制の復活に概ね成功し、活発な国際民間資金循環を甦らせた。

しかしながら、これら銀行家の勝利は短期間で終わった。一九二九年にアメリカ株式市場が崩壊し、その後世界的な不況、賠償や戦債に関わる混乱の継続、巨額の構造的収支不均衡があったことから、二九年以後は国際民間貸付に関する信頼は急激に失われた。自ら築き上げたものを守りたい一心で、先進工業諸国の銀行家は様々な措置を講じ、危機を必死に食い止めようとした。たとえば、一九三〇年には国際決済銀行（BIS）を設立し、この組織を通じて債務・賠償問題の脱政治化、さらには中央銀行間協力の推進を目指した。[5] だが彼らは、一九三一年に市場への信頼が完全に崩壊するのを阻止できなかった。一九三一年の半ばには巨額の投機的資本逃避が起こり、アメリカからの長期貸付がすべて停止したことから、ドイツとオーストリアは為替管理を導入した。九月になると、投機的圧力からイギリスが金本位制を放棄した。年末までに、一九一四年以前の通貨・金融秩序を回復しようという銀行家の計画は、もろくも崩れ去った。[6]

一九三一年の国際金融危機が重要なのは、国際資本市場の崩壊、国際金本位制の放棄を招いたからだけではなく、それが画期となって、金融自由主義の伝統が明確に途絶えたからである。危機が最も深刻だったころ、ドイツのある金融業者は次のように記している。「私が今ちょうど経験していることとから言えるのは、ドイツにはこれまでどおりのやり方ができないのは確かだし、おそらく他の国も同じだろうということだ。……将来的ヴィジョンの共有はまったくできなくなった」[7]。一九二〇年代に金融政治を牛耳っていた民間銀行家・中央銀行当局者のヴィジョンは、この危機によって、ほとんど信頼を失った。彼らに代わり、先進工業世界において徐々に金融面で力を握ったのは、新たに同盟を組んだ社会グループであり、そこには産業資本家や労組幹部、ケインズ主義志向の官僚が含まれていた。銀行家は、国内金融問題については自由放任アプローチを提唱し、国際金融分野については自動的に「ゲームのルール」[訳注1]に従うのをよしとしていた。一方、新たな社会グループは、介入主義的アプローチを支持し、国内金融・国際金融とも、より幅広い政治・経済問題に貢献すべきであると主張した。フレッド・ハーシュとピーター・オッペンハイマーが述べているように、「本位貨幣制度が押しつけられることは、もはやなかった。むしろ、より重要な政治的・経済的条件が貨幣制度を決定するようになった」[8]。

一九三一年の危機がきっかけで、金融自由主義の伝統が途絶したとはいえ、それは一九世紀後半から先進工業世界全体で拡がっていた自由主義に対する反発の一部にすぎなかった[9]。労働政策や国際貿易といった分野では、一九世紀半ばの自由主義の伝統に対し、すでに一八七〇年代から疑問が投げかけられていた。ところが国際金融では、伝統的自由主義が放棄されたのは、ずっと後であり、また突然のことだった。他の分野に比べ、金融において自由主義が生きながらえたのは、金融問題が本質的に複雑で専門的だからという要因もある。たとえば、イギリスの著名な社会主義者シドニー・ウェッブは、国際金融問題に非常に困惑しており、イギリスの金本位制離脱を知っても、「私たちにそんなことができるなんて、誰も教えてくれなかった」と語ったとされる[10]。国際金融問題は複雑で、政治問題化しにくかったため、金融自由主義を唱える民間銀行家・中央銀行当局者は、一九二〇年代に至るまで国際金融を支配できた。金融危機と一九三〇年代の不況が起こって初めて、銀行家や金融自由主義思想の優勢が終わりを告げた。

一九三〇年代に資本規制策がますます用いられるようになったことは、金融自由主義の伝統の途絶を如実に物語っていた。一九三一年以前も、資本規制がまったくなかったわけではない。第一次世界大戦の前、フランスとドイツは、外国証券の起債を規制することによって資本輸出をたびたび抑制していた。一九二〇年代に自由主義的金融秩序を強く支持したイギリスとアメリカでさえ、巧妙な手を使い、国際資本移動規制を何度も試みていた。[11]しかしながら、以前と違うのは、資本規制が包括的かつ継続的だったことである。一般的に、一九三一年以前には、国家が資本規制策を講じたとしても、それは対外政策目標（たとえば、敵国による自国資本市場の利用禁止）を達成するための一時的なものだった。ところが一九三〇年代になると、国家は、経済への新たな介入戦略の一部をなす恒久的政策として資本規制を導入したのである。

最初に包括的資本規制策を講じた国が、日本とドイツだったのは、驚くべきことではない。両国はこれ以外の分野でも、最も迅速に、最も劇的な形で自由主義政策から手を引いた。[12]当初、こうした規制は、一九三一年金融危機の渦中およびその後の時期に国際収支を維持するという現実的目的に対応するものだったが、これら両国ではすぐさま、恒久的経済政策の一部と見なされるようになった。日本もドイツも、国内の深刻な経済危機に直面して、赤字財政や積極的金融政策といった非主流の国内金融政策を試し始めた。さらに、一九三〇年代に軍事化の圧力が強まるとともに、両国とも国内の金融システムに対し、大規模かつ直接的に介入し始め、国家目的に合わせて希少な資本を配分しようとした。こうしたマクロ経済管理、国家主導の資金計画によって、国際資本移動に対する姿勢が変化した。マクロ経済の管理は、投機的資本移動や、人為的低金利を嫌う資本逃避によって簡単に妨害される。同様に、政府が資本を支給し配分しようとしても、資本の借り手や投資家が外国の資本市場にアクセスできれば、うまくいかない。したがって、新たな介入主義的国内経済政策には、資本規制が不可欠となったのである。

日本とドイツの対極にあったのが、金ブロックの国々、スイス、フランス、ベルギー、オランダである。これらの国では国際収支の厳しい制約がなく、思想的にも主流派の影響が強かったので、経済政策の変化は、より漸進的であり、さほど大規模でもなかった(13)。一九三〇年代初めには、これらの国の外国為替市場は比較的自由で、資本移動もほとんど規制されなかった。三〇年代後半に為替危機が生じて、ようやく各国の経済政策が変化し始めた。一九三六年の選挙後、フランスではレオン・ブルム社会主義政府がフランス銀行への公的統制を強め、また政府財政機関を創設して、公共事業計画予算を捻出した。フランス政府は、拡張的国内政策をより積極的に推進するため、一九三八年にはドイツに似た為替管理システムの導入を真剣に検討していた。しかしながら、フランスその他の金ブロック諸国は、第二次世界大戦で財政が緊急事態に陥るまでは、国内財政計画や資本規制の完全実施には踏み切らなかった(14)。

アメリカとイギリスが国際資本移動に関する自由主義的政策を転換した事情については、上記両極の間に落ち着くと言える。アメリカでは、一九三〇年代初めの経済・金融危機が触媒となって政治同盟の大きな再編が起こり、それは一九三二年大統領選挙でフランクリン・D・ローズヴェルトが選ばれることで最高潮に達した。農民や労働者のグループ、実業界におけるそのシンパが同盟を組んで支持したことによって、ローズヴェルト政権は、ニューヨーク金融界を掌握し、特に、この時期の経済混乱に大きな責任を負うモルガン金融帝国への睨みをきかせた。いくつかの重要な措置がとられ始め、金融・通貨政策はそれまで以上に厳しい政府管理のもとに置かれた。国内的には、競争を緩和し、投資家保護を強め、またモルガンの力を減ずるべく、金融規制が導入された。連邦準備制度についても改革が進められ、より大きな政治的責任を持たせた。また、思想的に筋金入りの非主流派であり、ニューヨークを活動拠点としない銀行家マリナー・エクルズをFRBの議長職に就けた。ローズヴェルトは、国際的には、一九三三年四月にアメリカの金本位制離脱を断行した。彼は金本位制を「いわゆる国際銀行家が崇める古くさい物神」のひとつと言ってのけた。(15) さらに、ブレトン・ウッズでの議論を理解するうえで特に重要となる動きがあった。国際通貨政策に関する実権がニューヨーク連邦準備銀行から財務省に移されたのである。当時、財務省はヘンリー・モーゲンソーのリーダーシップのもと、ニューディール急進主義の中心組織となっていた。

当初、国際資本移動を妨げる動きはほとんどなかった。議会は大統領の権限を外国為替取引の管理にまで拡大し、またアメリカに対し債務不履行状態にある外国政府への貸付を禁じていたが、これらの措置は、さほど実効性はなかった。(16) ところがヨーロッパからの逃避資本の流入がますます巨額になり、インフレ効果を高めたことから、一九三六年には数多くの官僚、とりわけ財務官僚は為替管理の導入支持に回った。(17) 彼らの提案は（のちにブレトン・ウッズでの議論でもそうなるように）連邦政府内の自由主義者や金融界のメンバーから強い反発を受けた。金融界は、ニューヨークの国際金融センターとしての地位が弱体化することを憂慮していた。(18) 財務省は為替管理の代わりに、一九三六年一二月以後、資本流入が通貨に与える影響を不胎化するプログラムを実施した。〔訳注2〕 同時に財務省は、為替管理に頼ることなく、協力しながら、この「ホットマネー」〔投機的短期資金〕を規制できないか、イギリスと議論し始めた（ここにもブレトン・ウッズの諸提案の原型を見いだせる）[19]。

戦争が始まり、また戦後の国際経済秩序に向けた計画が動き始めたことによって、アメリカ連邦政府内では、金融自由主義の伝統からの方向転換に拍車がかかった。為替管理、さらには数多くの国内金融介入政策の持つ潜在的効果が戦争によって明らかになった。というのも、これらは戦時政策の根幹部分をなしていたからである[20]。戦後計画が動き始めたことによって、財務省内では、創造的で野心溢れる考え方が勢いづいた。特にモーゲンソーは、自身が明らかにしているように、戦後計画の動きに乗じて「国際経済学のニューディール」を打ち立て、一九二〇年代の国際金融を支配した銀行家の力を国内外において弱めようとした[21]。モーゲンソーによれば、この目論見は「世界の金融センターをロンドンやウォール・ストリートからアメリカ財務省に移し、諸国間で国際金融に関する新たな構想を生みだそうとする」ものだった[22]。モーゲンソーは、戦後計画全体に目を光らせる人物としてハリー・デクスター・ホワイトを選んだ。ホワイトは、主流派金融論に疑問を投げかけていたからである。たとえば資本移動問題について、ホワイトはすでに（一九三三年の博士論文において）自由な国際金融秩序を推奨する古典派の議論を疑問視していた[23]。ホワイトは、一九三七年にはケインズ経済学に転向するとともに、国家計画の遂行戦略を守るには「外国為替と貿易を中央集権的に管理する」ことが必要だと考えるようになった[24]。

一九三一年九月の為替危機によって金本位制を放棄せざるを得なくなって以降、イギリスでも国内政治に重要な変化が見られた。アメリカ同様、大蔵省が金融問題に対しより大きな影響力を行使するようになり〔訳注3〕、イングランド銀行やロンドン・シティの民間銀行は一九二〇年代に保持していた権力の大半を喪失した。[25] すぐさま政策に重要な変化が生じた。大蔵省は、より柔軟な金融政策を進め、対外収支ではなく、国内目標を重視した。国際的には、大蔵省管轄のもと為替平衡勘定を創設し、為替介入を容易にして、金の短期的移動が国内の金融状況に与える影響を相殺しようとした。さらに一九三二年六月には、海外の借り手に対する公的貸付を禁止し、ポンド・スターリングを防衛しようとした。この禁止措置は、のちにイギリス連邦・帝国内の借り手に対しては緩和されたが、ロンドンの民間金融機関による対外貸付は厳しい監視が続き、「対外貸付が許可されたのは、イギリス産業への利益が見込まれる、やむを得ない場合に限られていた[26]」。

こうした変化は劇的なように見えるが、大蔵省は実際には、一九三〇年代において概ね主流派の原則に従ったままだった。[27] たとえば、低金利政策の目的はマクロ経済管理ではなく、自身の債務返済費用の引き下げだった。同様に財政政策でも、大蔵省は概ね均衡予算を目指していた。アメリカと同じく、姿勢が大きく変化したのは、戦争が始まってからだった。戦争によって、為替管理の導入が必要になっただけではない。より重要なことだが、戦争をきっかけに、積極的かつ介入主義的経済政策を主張する経済学者が大蔵省に招かれるようになった。こうした経済学者のうち、最も重要な人物がケインズだった。戦時中、イギリス大蔵省で急速に頭角を現したケインズは、アメリカ人との議論に備え、戦後国際経済計画立案の仕事に就いた。モーゲンソーやホワイトと同じように、ケインズが願っていたのは、一九三〇年代に実験的に行われた様々な金融・経済政策をとりまとめて、ひとつの秩序を構築することだった。彼が特に強く必要性を感じていたのは、資本規制だった。彼はすでに一九三三年の段階で、政府に対し「金融は何よりもまず国内的なものにすべき」とアドヴァイスしていた。各国の政策の自律性を国際資本移動の妨害から守らなければならないという理由からである。[28]

ケインズはまた、戦後世界における国家間の経済関係に資するものとして、ドイツが行った介入主義的計画を強く支持した。ドイツ人と同じく「資本流出入の規制が戦後システムの恒久的特徴であるべきだ」と確信している。ケインズはこう明言したのである。(29)

第二節　初期のケインズ案・ホワイト案

ブレトン・ウッズの交渉は、ケインズとホワイトの意見の対立として描かれることが多い。戦後国際経済がどのように組織されるべきかについて異なった見解を保持していたと言われるのである。ブレトン・ウッズ交渉で議論された多くの問題について、たしかに見解の相違はあったが、国際的な民間資本移動の問題に関しては、二人とも資本規制の実施を強く支持していた。一九四一年から四二年に別々に書いた初期の草稿のなかで、ケインズとホワイトは、資本規制を承認すべき二つの根本的な理由を挙げていた。

第一に、それぞれが述べているように、新たな介入主義的福祉国家による政策の自律性が国際的な資本移動によって妨害されてはならないということである。一九三〇年代には一国のマクロ経済を計画的に管理する新たな手段が開発されたが、これらを守ることが二人にとって重大な関心事であった。ホワイトが記したように、資本規制は「各国政府が金融政策、課税政策を実行するうえで、きわめて大きな手段となるだろう」。「投機的な為替差益の可能性、インフレ回避や課税逃れの思惑によって引き起こされる資本逃避」を防げるからである。(30)ケインズが恐れたのも、そのような「通貨の短期的で投機的な移動もしくは逃避」だった。特に彼が憂慮したのは、「ほかに資金調達の手段がない債務国からの資金流出」であり、これによって債務国内のマクロ経済目標に対して不当な国際収支制約が課せられることであった。[31] さらにケインズは指摘した。「異常な」(abnormal) 資本移動、すなわち純粋に投機的な資本移動だけではなく、各国間の金利差に反応する「普通の」(normal) 資本移動も、一国のマクロ経済計画を妨害する。[32] 彼が懸念したのは、経常収支赤字国が現時点の国際標準以下の金利を維持しようとすると、大規模な攪乱的資本流出に見舞われてしまうという状況だった。対外均衡への配慮ではなく国内のマクロ経済状況優先で金利が決められるべきだとすれば、政策に対する外的制約をなくすために、そうした資本移動は規制されなければならないとし、次のように述べた。

資本移動の自由は、古くさい自由放任システムの根幹をなしており、世界中どこでも同じ金利にすることが正しく、また望ましいとの想定に基づいた主張である。……(中略)……私見によれば、国内経済全体の管理運営は、世界の他の場所の金利を気にせず、適切な金利を自由に設定できるかどうかにかかっている。資本規制は、ここから導かれる当然の帰結である。[33]

ケインズはまた次のようにも指摘している。日本とドイツが経験したとおり、国内で金融規制策を講じ、工業やマクロ経済の計画的運営をやりやすくしようとしても、預金者や資金の借り手が外国金融市場を簡単に利用できれば、規制策は台無しになってしまう。彼がイギリス上院で説明したところによれば、ブレトン・ウッズ協定における資本規制の承認によって「国内資本市場を管理する私たちの権利は、これまでにないほど確固たる基盤を持つ」ことになる。[34] さらに、ケインズ、ホワイトの両人とも、「政治的理由」がきっかけの資本逃避であれ、「社会法制の重荷」を逃れたい一心の資本逃避であれ、新たな福祉国家はこれらから守られなければならないと論じた[35]。ケインズが述べたように、「富裕階級の地位や私有財産の取り扱いを左右する激しい政治的論争など起こらないと言いうる国が戦後数年間は、ほとんどないのは確かである。もしそうだとすると、ある国においては、左翼勢力の盛り上がりが、しばらくの間、他国よりも大きくなるだろうと考え、常に恐怖心を抱く人が大勢いることになる[36]」。ホワイトも同じような議論を展開した。すなわち、「いかなる国であれ、政府が国益に資すると考えて行っていることに反する」資本移動は認められるべきではない。たとえ、こうした措置が「当該国において十分な富や所得を有し、一部を海外で保持したり投資したりできる、五ないし一〇%の富裕層の財産権」を制約することになっても、そうすべきだと述べた[37]。

ケインズとホワイトが資本規制を提唱した第二の理由は、彼らの信念に基づくものであった。二人は安定的な為替相場システム、より自由な国際貿易システムの構築を願っていたが、これらは自由な国際金融秩序とは両立できないと考えていた。安定的為替相場に関しては、ホワイトが述べているように、投機的資本移動が「外国為替混乱の主要因のひとつ」であり、安定的為替相場システムを維持したければ、それは規制されなければならない[38]。自由貿易システムに関しては、ケインズが述べているように、大規模かつ不安定な資本の動きを貿易収支尻で相殺しようとしても、貿易はそれほど融通が利かない。そのため、調整は「痛みを伴う、そしておそらくは破壊的な」ものになり、やがては保護主義的措置を求める政治的圧力を増大させるだろう[39]。したがって、資本移動が「貿易促進に向けて適切な補助的役割」を果たすどころか、国際貿易を「窒息させる」ような場合、これを阻止するには資本規制が必要となる[40]。

大戦間期を経験したことが大きな理由だが、ケインズとホワイトのこうした懸念は、多くの同時代人が共有していた。開放的金融秩序のもとで安定的為替相場を維持することの難しさは、一九三一年の危機において、すでに明らかだった。当時は、巨額の投機的資本移動によって、多くの国が金本位制を放棄せざるを得なかった。こうした経験から、主に主流派で構成されていた国際連盟金融委員会内の金委員会（Gold Delegation）メンバーさえ、一九三二年の報告書において、短期資本移動は規制されるべきであるし、「生産目的」に利用される均衡回復的資本移動のみ許されるべきであると勧告せざるを得なかった。(41) ラグナー・ヌルクセが主筆を務めた一九四四年国際連盟報告書でよく知られるようになったことだが、第二次世界大戦のころには、安定的為替相場システムを守るためには資本規制が必要とのコンセンサスができあがっていた。(42) 一九三一年、巨額の資本逃避に直面し、ドイツと日本が体系的な為替管理に打って出たことは、自由な国際金融秩序と自由な貿易システムは両立できないことの証左のように思われた。また多くの人は、一九三〇年代の投機的資本移動によって、伝統的貿易パターンが無残に崩壊したと見なした。たとえばアメリカ商務省は一九四三年、「このまま規制されなければ、こうした（投機的）資本移動は、国際取引の安定性を拡大するために他にどのような措置が講じられても、それらを即座に無に帰するだろうし、アメリカの財・サーヴィスの購入を希望する外国人が利用できるドルの総額は減少するだろう」と結論づけた。(43)

資本規制を主張したとはいえ、ケインズとホワイトはすべての国際資本移動に反対したわけではない。この点に注意することが重要である。「攪乱的な」資本移動は規制されるべきだが、ケインズもホワイトも、経常黒字国から経常赤字国への「均衡回復的な」資本移動は、国際通貨システムにおける「均衡維持に役立つ」という理由で支持されるべきだと論じた。(44) さらに言えば、ホワイトは、投機的資本移動は規制されるべきだが、「生産的資本」の国際移動は促進させるべきという国際連盟金委員会に同意した。[45] ケインズも「正当化できる」資本移動、すなわち、国際商取引の「実需を満たす」とともに、一九一四年以前の国際投資のように、世界の資源を開発するための、真の意味での新規投資を導く資本移動を支持した。[46] ケインズ、ホワイト両者がそれぞれの草稿で明らかにしたとおり、彼らは、ブレトン・ウッズの諸機関が為替相場の不安定性を抑え、国際経済への信頼を回復させることによって、均衡回復的な資本移動、生産的な資本の移動を促進することを期待していたのである。[47]

こうした資本移動が促進されるべきであるとはいえ、ケインズ、ホワイト両者とも、草稿における最重要の原則は、各国に資本規制の権利を付与することだと明記していた。資本規制が優先されたのは、新たな介入主義的福祉国家による政策の自律性を守るという目標を二人が重視する姿勢の現れでもあった。投機的で攪乱的な資本移動は、その性質上、特に破壊的なので、自由な金融秩序は自由な貿易秩序以上に、新たな介入主義的福祉国家による政策の自律性との調和が難しかった。こうした理由から、二人の「埋め込まれた自由主義」イデオロギーは、金融部門を狙って「埋め込まれ」たのである。

資本規制が優先されたのは、自由な国際経済秩序について二人の思い描くヴィジョンのなかで、自由な金融が二義的な地位に置かれたことも示していた。自由な金融秩序は安定的為替相場や開放的貿易システムを破壊する可能性があるので、自由な金融を犠牲にしてこれらを守るべきことに合意したのである。彼らは自由な国際金融秩序が便益をもたらすことなど端から疑っていたが、二人の疑念は大戦間期の経験によっても深まっていた。[48] というのも、一九二〇年代の国際的貸付が一九三〇年代初期の金融危機を招いてしまったからである。これはまた、自由貿易を支持すべき昔ながらの理屈が金融に関してはさほど妥当しないという同時代の経済学者に共通する感覚の現れでもあった。たとえば、ホワイトは次のように言う。「最も魅力的な条件を提示する国に資本が移動することによって、その資本は一国にとって最も大きな利益をもたらす。こうした想定が妥当するのは、常に存在しているわけではない、ある特定の条件が整っている場合だけである」[49]。ベルティル・オリーンは、一九三六年、多くの国際経済学者の考え方を次のように要約した。「こうした移転［資本移動］の役割と商品交換の機能には決定的な違いがある。後者は繁栄と経済成長の前提条件だが、前者はそうではない」[50]。

ケインズとホワイトは、一九三〇年代において国家が金融取引を規制するのは難しいと認識していた。彼らの当初の主張が重要なのは、資本規制の論拠を明確に述べていたからだけではない。資本規制の効果を高めるための二つの措置を盛り込んでいた点も重要だった。第一に、経常勘定取引を装う資本移動を阻止するため、すべての国に対し、違法な資本移動がないか、経常勘定取引を監視するための為替管理を実行する権利が与えられた。ケインズはこう説明している。「もし規制を効果的に行おうとすれば、たとえ経常取引に関するすべての送金方法に対して、分け隔てなく共通のライセンスが与えられるとしても、おそらく、すべての取引について為替を機械的に管理することが必要となるだろう」[51]。第二に、一九三〇年代後半に米英間で行われた会議で議論されたことだが、ケインズとホワイトは、資本規制の効果が高められるように、各国がそれぞれの規制を協調的に実施することを推奨した。ホワイトは述べる。「ほとんどすべての国は、投資の流出入規制を個々別々に行っているが、他国との協調がなければ、そうした規制は困難となり費用もかさむ。また、かなりの規制逃れを生むことになる」[52]。ケインズも同様の見方をしており、資本移動の規制を「単独で行う場合には、資本流出国・流入国双方で規制できる場合と比べ、実効性を得るのは難しいだろう。郵便物への検閲のない状況では、特にそうである」と述べている。[53] ケインズは草稿のなかで、協調することを強く推奨したが、ホワイトの場合はさらに一歩進めて、そうした協調を義務化すべきであると主張した。彼は一九四二年の草稿で、政府に求められることとして、次の二点を挙げていた。すなわち、各国政府は「(a) いかなる加盟国からの預金・投資であれ、当該国政府の許可がない場合にはそれを受け入れたり、許可したりしてはならない、(b) いかなる加盟国国民からの預金・投資・証券いずれの形態であれ、すべての財産について、当該国政府の要求に応じ、それらを利用できるようにせねばならない」という点である。[54]

第三節　ニューヨークの銀行家からの反発

資本規制に関するケインズとホワイトの初期の草稿は、論争を呼ばなかったわけではない。二人は、ニューヨーク金融界のメンバーから強い反発を受けた。金融界が懸念したのは、国家による資本規制の実施が認められるだけではなく、ホワイトの協調的実施条項のもとでは、それが国家に義務化されるという点である。いかなるものであれ、アメリカが投機的資金移動を規制しなければならないとすれば、一九三〇年代におけるニューヨークの銀行にとってのおいしい商売、すなわちヨーロッパからの逃避資本受入れができなくなる。より一般的には、他国による資本移動規制が認められるシステムのもとでは、開放的で自由な国際金融システムを再建できず、戦後世界のリーディング・バンクとして、そこから大きな利益を得られないということである。ニューヨークの銀行が特に恐れたのは、自分たちがスターリング地域内でのロンドンの支配的地位に対抗しようとしても、イギリスが資本規制を利用して、それを阻止しようとすることだった。[55]

しかしながら銀行家は、単に自己利益のために反発したわけではなかった。それと同様に、彼らには、規制計画の根本をなす「埋め込まれた自由主義」イデオロギーに反対する意図があったということが重要だった。ケインズとホワイトは、投機的資本移動が不均衡を拡大し、新たな介入主義的福祉国家による政策の自律性に悪影響を与えることを憂慮していた。だが銀行家はこれに同意しなかった。ケインズは、資本移動が国際的金利差に反応し不均衡を拡大すれば、国内のマクロ経済計画が妨げられることを懸念したが、銀行家によれば、そうした資本移動は金利政策が不適切であることを表しているにすぎなかった。利子率が「適切に」調整されれば、つまり一国のマクロ経済目標の達成ではなく、対外収支の維持という目的に対応すれば、対外不均衡をカバーするように短期資本が引き寄せられ、均衡回復的移動が起こる。国家が財政・金融を計画的に運営すべきという考え方に反発し、彼らはこのように述べた。実際、こうした金利の調整が一九三一年以前の金本位制の機能の根幹をなしており、彼らはその再建を望んでいたのである。

銀行家は、投機的ないし「異常な」資本移動の問題についても、ケインズ、ホワイトと意見を異にした。大戦間期において、そうした資本移動が安定的為替相場や自由な貿易関係に与えたダメージから目を背けていたわけではない。このダメージが繰り返されぬよう、多くの国が投機的資本移動を規制する必要があるという点で、彼らは、概ねケインズ、ホワイトに同意していた。[56] 立場の違いは、銀行家がそうした規制は一時的であるべきで、投機的資本移動という根本的原因が取り除かれるまでの過渡期に限定されるべきだと考えていたことにある。政治の不安定、変動為替相場のほかに、投機の主要な根本原因のひとつと彼らが見なしたのは、一九三〇年代に導入された非主流の国内経済政策であった。たとえば、金融会社ケース・ポメロイ商会のロバート・ウォレンが述べているように、投機的資本移動は、特定通貨に対する不信感から発生する。「こうした通貨が信頼を失うのは、政府の赤字が原因である。それは、現在のインフレによって賄われるか、あるいは将来インフレを引き起こしかねないものだからである」と彼は説明した。[57] ケインズとホワイトは、投機的資本移動を規制することによって、各国政府がマクロ経済レヴェルで国家の計画を実行する能力を維持・拡大しようとした。それに対して銀行家は、まさにこの政策を終わらせることによって、投機的資本移動を抑えようとしたのである。

銀行家の一部には、そうした「不健全な」政策を実行しようとする政府に対し、自分たちが課す健全な規律として、投機的資本移動を賞賛する者もいた。たとえば、チェース・ナショナル銀行のウィンスロップ・オルドリッチは、政府による一国経済の管理から発生しかねない「国内のインフレ圧力を阻止する」ために、あらゆる資本規制からまぬがれたドルが必要なのだと論じた。[58] 銀行家は、国際金融市場には不適切な政策を実行しようとする政府を善導する積極的力があると見なしていた。この立場は、国際通貨基金（IMF）のような公的国際金融機関の創設への反対姿勢にも現れていた。各国政府の運営する機関が市場志向のシステムと同じだけの効率性や合理性を実現できるとは、彼らには到底思えなかった。彼らが信頼する国際金融機関は、国際決済銀行（BIS）だけだった。[59] ケインズ主義かぶれの官僚ではなく、実務重視の中央銀行当局者によって運営されていたからである。

銀行家はまた、資本の規制と自由で民主的な政府とが両立可能かどうかにも関心を寄せた。ケインズとホワイトは、少数の富裕層による投資行動に規制をかけることが政府による政策の自律性にとって不可欠と考えていたが、批判者にとって、そうした規制はあまりにも「強権的」で、「ヒトラーの通貨システム」を彷彿させるものだった。[60] ジェイコブ・ヴァイナーによれば、資本勘定取引と経常勘定取引を区別することは難しく、資本規制に実効性を持たせようとすれば、「通信の検閲、違反者への厳罰による」しかない。「率直に言って、私にとっては空恐ろしい」考え方だとヴァイナーは述べた。[61] もう一人の批判者イムレ・デ・ヴェーグについては、ニューヨークのバンカース・トラストのJ・H・リドルが肯定的に引用している。デ・ヴェーグによれば、「資本移動規制の永続化・合法化は、暴力や専制的政府と闘おうとする世界のいかなる考え方とも相容れない」。[62] ケインズはこうした主張に反論し、資本規制は、郵便物の検閲といった手段をとらなくても実施可能だと述べた（ケインズは郵便物の検閲が「個人の権利に対する悪質な……（中略）……侵害」にあたることに同意していた）。だが、この反論に対し、銀行家は、資本移動をその他の国際取引から区別することの難しさをケインズとホワイトが軽視している点を強調した。[63]

ケインズ案、ホワイト案への現実的代替案として、ニューヨーク金融界のメンバーは、どのようなものを提示したのだろうか。最終目標として彼らが支持していたのは、資本移動が完全に自由なシステムだった。[64] しかしながら、彼らは譲歩し、国内外の安定性が確立するまでの過渡期には資本規制策をとり、投機的資本移動が貿易や為替相場の安定性を損なわないようにすべきだとした。この過渡期がなるべく短期間ですむように、彼らが支持したのは、ニューヨーク連邦準備銀行のジョン・ウィリアムズが提唱する「キー・カレンシー」構想だった。ウィリアムズによれば、安定的世界経済構築への手っ取り早い方法は、世界の二大通貨である米ドルと英ポンドの交換性を回復することだった。[65] 彼がアメリカに求めたのは、ドルの国際的利用に関する規制を全廃すること、ポンドについても同様の措置がとれるようイギリスへの巨額の貸付を行うことだった。キー・カレンシー構想によって、銀行家は、協調的資本規制の実施義務を伴うホワイト案に反対するさらなる根拠を手にすることになった。アメリカがもし資本規制策を採らざるを得ないとすれば、「キー・カレンシー」国としてリーダーの役割を担うことはできなくなる。ウィンスロップ・オルドリッチが明らかにしたように、ドルが「他国通貨の確かなアンカー役」となるには、「短期資本移動・長期資本移動［に対するもの］を含めて」ドルは、あらゆる規制から解放されなければならないだろう。(66)

一九四一年と一九四二年に最初の草案を書いたとき、ホワイトはニューヨーク金融界に何の相談もしなかったが、その後、展開した三つの事態によって、彼らの意見を真剣に考慮せざるを得なくなった。(67)第一に、一九四二年秋の連邦議会選挙において共和党が勝利したことである。多くの共和党議員は、銀行家の見解に対し、民主党議員よりも賛成する場合が多かったので、ホワイトは、最終案を議会で通そうとすれば、銀行家の要求をもっと真剣に考慮しなければならないと悟ったのである。(68)第二に、ウィンスロップ・オルドリッチの明確な反対姿勢である。草案に反対の他の銀行家、たとえばW・ランドルフ・バージェス、レオン・フレイザー、トーマス・ラモントらとは異なり、オルドリッチは初期ニューディールの熱心な支持者であり、彼の言葉は政権内部だけではなく、広く一般市民の間でもかなりの重みを持っていた。(69)そして第三に、最初の草稿を書いたあと、ホワイトは自らの計画について、アメリカ財務省以外の政府幹部職員と議論を始めざるを得なくなったことである。たとえばFRBや国務省だが、両組織の幹部は、ジェイムズ・フォレスタルやディーン・アチソンといったウォール・ストリートの多くの著名人やヴァイナー、ハーバート・ファイスといった学界人が提唱する金融自由主義の有力な支持者だった。(70)〔訳注4〕

当初はローズヴェルトの熱心な支持者であった（オルドリッチのような）人々からだけではなく、政権内部の銀行家からホワイト案に強い反対があったということは、金融に関するニューディールの政治的方向性がいまだに定まっていないことを意味していた。トーマス・ファーガソンは、こうした銀行家が初期ニューディールを概ね支持していたのは、モルガン商会をニューヨーク金融界における支配的地位から追いやりたかったからだと指摘している。[71] ローズヴェルトによる一九三三年から三五年の金融改革によって目的が達成されると、このほかの急進的な金融改革案に対する銀行家の支持は限られたものとなった。フォレスタルやアチソンといった一部の銀行家は政権との関係を保ったが、オルドリッチを含む他の銀行家は政権からますます距離を置き、過度の公共支出、インフレ的政策、金融規制の強化を非難するようになった。[72] ブレトン・ウッズ代表団の一人が記しているように、オルドリッチや会議に参加したその他のアメリカの銀行家は「モーゲンソー氏やホワイト氏が金融政策に対する国家の積極的介入を支持するものだから、彼らを『別の世界』の代表者と見なしていた」。[73]

一九三〇年代に実業界からローズヴェルトの命運を左右するほど大きな支持を与えたのは、（一般的に言って資本集約的部門・ハイテク部門の）産業資本家だったが、興味深いことに、彼らは資本規制やケインズ主義的計画の必要性について、銀行家よりもはるかに大きな共感を示した。「埋め込まれた自由主義」の考え方に賛同した彼らには、均衡予算を説き金本位制にこだわる主流派思想は一九三〇年代の大変動のなかで信頼を失墜させたと感じられた。[74] こうした「ニューディール派産業資本」の拠点であるアメリカ商務省は、一九四三年に出された戦後計画案のなかで、協調的資本規制という考え方に興味を示していた。[75] 同様に、産業資本家の一部が集まり一九四二年に結成された経済開発委員会（Committee for Economic Development）も、ケインズ主義的戦略を支持し、政策の自律性を保持するためには資本規制が必要と考えた。[76] 政府介入と資本規制の望ましさをめぐる産業資本家と銀行家のこうした分裂は、他の先進国でも見られた。

第四節　初期草案に対する若干の修正

ニューヨークの銀行家による反対は、資本移動に関するブレトン・ウッズ提案のその後の展開に大きな影響を与えた。協定の目的のひとつは「生産的な」資本の国際移動を促進することだと文書のなかで明言するよう、銀行家は強く求めた。[77] こうした圧力を反映し、ホワイト案の一九四三年改訂版では、次のように述べられている。基金の目的のひとつは「世界の貿易、生産的資本の国際移動を阻害する外国為替規制、二国間の清算協定、通貨に関する様々な操作、差別的な外国為替制度といった手段を控えさせることである」。[78] だがイギリスにとって、この新たな条項は大きな脅威となった。生産的資本移動に対する障壁の削減が明確に義務化されており、この条項が適用されれば、資本移動規制を行う権利は制限され、特に為替管理は実施しにくくなる。[79] 実際、こうした新条項に強く反対したのはケインズだけではない。イングランド銀行も、一九四四年の初め、新条項受入れ不可の姿勢を明らかにし、資本移動を制限するために為替管理に訴える権利が最終協定のなかで明確に保証されるよう主張した。[80]

イングランド銀行の姿勢は、ニューヨークの銀行家を特に落胆させたに違いない。というのも彼らは、より自由で伝統的な世界に戻りやすくするため、イングランド銀行との一九三一年以前の政治的同盟を復活させたがっていたからである。だがイングランド銀行幹部は、ロンドンの多くの金融業者と同じく、ケインズとホワイトの規制案を支持していた。イングランド銀行がこうした立場をとった理由のひとつには、為替管理の統括組織として、自国の国際収支が非常に脆弱だと認識していたことがある。しかしながら、それと同様に重要なのは、一九三一年危機の渦中、イングランド銀行がスターリング地域保護主義化の姿勢を次第に強めていったことである[81]。こうした転換は、危機直後から始まっていたが、戦時中、急に弾みがついた。このときイングランド銀行は、スターリング地域とのばらばらな取決めを変更し、通貨ブロックとしての体裁を強化したのである。一九四四年から四五年頃には、こうしてスターリング・ブロックを統合し拡大するほうが、ブレトン・ウッズで提起されるどのような案よりも、ロンドンやポンド・スターリングの国際的地位を維持するには効果的な方法だと提唱しはじめた[82]。

一九三〇年代を経験し、ロンドンの銀行家が規制の多いスターリング・ブロックに閉じこもったことから、ニューヨークとロンドンの銀行家が取り交わした一九三一年以前の同盟は崩壊したように見えるが、実際には、イングランド銀行はニューヨークの様々な金融業者と友好関係にあった[83]。ニューヨークの銀行家と同じく、イングランド銀行も、国際金融の世界は民間銀行と各国中央銀行によって統治されるべきだという理由で、IMFのような公的国際金融機関の創設には反対だった[84]。さらにイングランド銀行は、当時のある論者が述べているように、「金融センターとしてのロンドンの地位を維持し復興させることに、情熱的とも言えるほどの関心」を抱いていた。こうした関心を持っていたからこそ、イングランド銀行は、民間の国際金融業務が活発に行われる世界を育むうえで、一九六〇年代以降、重要な役割を果たした[85]。イングランド銀行はまた、国内の通貨・金融政策には規律が必要であり、利子率は対外収支を維持できる水準に設定すべきであるという姿勢は守り続けた。

こうした見解を保持しながらも、イングランド銀行は、ブレトン・ウッズでの交渉中、資本規制の問題についてはケインズと同じ立場に立った。そして両者ともに、為替管理によって資本移動を規制する権利の侵害に反対し、その主張を通した。「生産的」資本移動促進の必要性に触れた文言は反対すべきものであり、これについては、一九四四年四月、イギリス、アメリカの代表団が出した共同声明から削除されたのである。さらに、その二カ月後に合意をみたブレトン・ウッズ最終協定では、資本移動制限を目的とした為替管理実施の権利を各国に賦与することについて、協定第六条第三項で、「加盟国は、国際資本移動の規制に必要な管理を実施することができる」と明示した。[86] しかしながら、これには条件が付けられた。「だが、いかなる加盟国も、経常取引のための支払いを制限する方法、あるいは、決済上の資金移転を不当に遅らせる方法でこれらの管理を実施してはならない」。ブレトン・ウッズ会議後、一部高官（特にFRBや国務省の関係者）が述べたところによれば、本条項の文言は「経常的国際取引のための支払及び資金移動に制限」をかけることを禁じた第八条第二項aに付け加えられたものであり、これらの文言によって、そうした金融取引の規制手段として為替管理を体系的に実施する権利を排除した。[87] しかしながら、この部分の草案作成に関わった人々は、こうした認識は正しくないとはっきり述べている。[88] 実際には公文書から明らかなように、アメリカの銀行家はブレトン・ウッズに先立って行われたアトランティック・シティ会議のアメリカ代表団の説得に失敗した。資本規制の効果を高めるために為替管理を実施する権利など盛り込むべきではないとの考え方は、代表団には理解されなかったのである。[89] それでもなお、資本移動規制策としての為替管理によって貿易に伴う支払が制限されるのを、どうすれば防げるのかについては、特に経常勘定取引と資本勘定取引を区別することの難しさがあるので、明確にはならなかった。

銀行家は、協調的資本規制の義務化提案をトーン・ダウンさせることには、さらに大きな成功を収めた。これに関する最初の成功事例は、ホワイトによる一九四三年の草稿に見いだせる。この草稿では、対外資本規制の実施において協力が必要になるのは、IMFがそれを推奨した場合に限るとなった。さらに、各国政府は、申し出のあった国の国民が有する「預金、投資、〔もしくは〕証券といったあらゆる形態の財産」を手渡す義務はなくなり、こうした財産に関する「情報」を知らせればよいだけとされた[90]。望ましくない資本移動の規制に向けて協力する義務を述べた文言は、共同声明が発表された一九四四年四月の時点までに、ほとんどすべて取り除かれた。

アトランティック・シティ会議、ブレトン・ウッズ会議では、イギリスやポーランドの代表団がかなりの勢いで、協調的規制を義務化する条項を再び盛り込むべきという圧力をかけた。しかしながら、アメリカ代表団のメンバー（特にエドワード・ブラウンのような銀行家）は、これらの動きに強く反対した[91]。彼らは、「ブラック・マーケットの非合法化に必要な特別法案を議会に提出しなければならないような事態を避け」たがった[92]。最終的に、ひとつの妥協が図られた。最終協定では、各国政府が資本移動を協調的に規制することが認められると明言された（協定第八条第二項b）。しかしながら各国政府に求められるのは、申し出に応じIMFに対し、資本移動・保有に関する情報を提供することのみであり、その場合も、諸個人・団体の事情まで情報開示するには及ばないとした（協定第八条第五項a）[93]。さらに、IMF加盟国が遵守すべきこととして、他の加盟国が行う為替管理規制に違反する為替契約はすべて、自国領内においては「強制力を有しない」ものとすることが付け加えられた（協定第八条第二項b）。この条項は、強い印象を与えるかもしれないが、非常に弱い意味での協力にすぎない。この点は、ブレトン・ウッズの主要国代表団の顧問を務めた、ある法律家が明らかにしているとおりである。「この条項は、ある国が、別の国の定めた為替管理規制の遵守を監視したり、あるいは規制を実行したりする、いかなる義務を負うことも定めてはいない。……（中略）……［それが意味しているのはただ］他国の為替管理規制に違反する契約に関して、ある国の法廷で訴訟が起こった場合、その法廷は契約に強制力を与えないということである」[94]。長くIMFの法律顧問を務めたジョセフ・ゴールドによれば、「アメリカはこれを、他の加盟国の利益にかなう資本規制を導入すべきだとするいかなる提言も受け付けなくて済むようにするための条項と見なしていた」[95]。

協調的資本規制という考え方は、こうして最終協定にも残されたが、アメリカの銀行家は、この規制の明確な導入義務からアメリカ政府を実質上、解放したのである。一九四四年の共同声明の段階までは、投機的資本移動によって生じた赤字を補塡する目的で、加盟国がIMFから資金を引き出している場合、IMFは資本規制の実施を「義務づける」ことができるとする条項が残っていた。だが、アトランティック・シティ会議においてアメリカ代表団は、この条項を変更することにも成功した。ケインズとホワイトは、IMFにこうした権限を与えることを認め、IMF資金の利用目的を経常収支赤字、もしくは生産的資本の移動によって生じた赤字の補塡に限定しようとした[96]。アメリカが圧力をかけた結果、IMFの権限は縮小された。すなわち、投機的資本移動による赤字補塡のための資金利用を防ぐためにIMFができるのは、資本規制を「要請する」ことだけとなり、協調的資本規制を拒絶する加盟国にはIMF資金の利用資格がないことが宣言されることとなった（協定第六条第一項a）。アトランティック・シティ会議におけるアメリカの専門家グループによれば、以上のような変更がなされたのは、「アメリカが資本輸出規制を強制されたくなかった」からである[97]。ホワイトの協調的資本規制案に反対したアメリカの銀行家の勝利は、ブレトン・ウッズで行われた記者会見で確かなものとなった。そのときホワイト自身が、他の国々は自由に資本規制策を講じることができるが、「アメリカは資本規制策を望まない」と説明したからである。[98]

近年生じた金融市場のグローバル化は、ブレトン・ウッズ協定に示された国際経済秩序から直接生まれたものではない。ニューヨークの銀行家から反対を受け、様々な変更がなされたとはいえ、ブレトン・ウッズ最終協定では、ケインズとホワイトが初期草案において提起したように、国際資本移動を制限するアプローチが保持された。たしかに生産的な資本移動、均衡回復的な資本移動は促進されることとなった。それは、世界銀行の諸活動によって、また「輸出拡張のため又は貿易業、銀行業その他の事業の通常の経営において必要とされる相当の額の資本取引」に伴う赤字を補塡する目的でIMF資金を利用できるという事実（協定第六条第一項b(i)）によって、可能となった。しかしながら、最優先された原則は規制であり、国家には、すべての資本移動を規制する明確な権利が与えられた。IMF資金は「大規模な、あるいは継続的な資本流出」を補塡するためには利用できないこと、加盟国に対し、資金のそうした利用を防ぐために資本規制の実施を（義務づけるのではないにしても）「要請する」権限がIMFに与えられていること（協定第六条第一項a）によっても、資本規制は奨励された。同様に重要なのは、資本規制の実効力を高めるためにケインズとホワイトが思い描いた二つのメカニズムが最終協定に盛り込まれたことだった。最終協定は、協調的資本規制策を（弱々しい形式であるが）保証するとともに、不正な資本移動を監視し防止するために国家が為替管理策を講じることを認めたのである。

ブレトン・ウッズ協定の制限的な金融条項は「埋め込まれた自由主義」思想の枠組みが力を持っていた状況の一端を物語っている。「埋め込まれた自由主義」では、新たな介入主義的福祉国家が行う政策の自律性を国際金融の圧力から守ることが優先されていた。ジョン・ラギーが述べているように、この時代を分析する多くの論者は通り一遍の議論に終始し、こうした規範的枠組みが国家行動の指針となることとの重要性を無視していた。とはいえ、この時代、金融面での「埋め込まれた自由主義」が普遍的に受け入れられていたわけではなかった。「埋め込まれた自由主義」は、産業資本家、労働者グループ、ケインズ主義に賛同する官僚から強い支持を得たものの、一九三一年以前の金融政治を牛耳っていた民間銀行、各国中央銀行からは反対されることも多かった。「埋め込まれた自由主義」の信奉者と銀行家のこのような対立は、先進工業世界全体で見られた。そうである以上、ブレトン・ウッズでの論争の一部が、国境の枠を超えた論拠に基づき行われるのは必至であり、ケインズとホワイトは、ニューヨークの銀行家の反対に立ち向かうため同盟を組むことになったのである。[99] 最終協定のなかで資本規制が強く支持されたのは、一九三〇年代の大変動、さらには戦時の経験によって、ケインズ、ホワイトに代表される「埋め込まれた自由主義」勢力の政治的重要性が増し、その一方で、一九三一年以前のニューヨーク・ロンドン間銀行家同盟が弱体化して崩れ去ったからである。

自由な金融秩序は、安定的為替相場システム、より自由な貿易秩序と、少なくとも短期的には両立できない。ブレトン・ウッズの制限的金融条項はまた、こうした考え方が銀行家と「埋め込まれた自由主義」の信奉者との間で共有されていた状況も物語っている。この考え方は大戦間期の経験から生まれた。自由な金融は、自由な国際経済秩序の構成要因としてはさほど重要ではない。これに気づいたとき、彼らは、安定的為替相場と自由貿易の維持に向けて、自由な金融を放棄することを選んだのである。ニューヨークの銀行家の議論では、自由な国際経済秩序を構成する諸要素が相互矛盾する状況は、経済的・政治的安定性が回復すれば克服できるとされたが、それは、彼らの想定以上に困難であることが明らかとなる。

（1）たとえば、Ilgen（1985: 10）を参照せよ。
（2）Keynes（1980b: 17）.
（3）ブレトン・ウッズ交渉に関する古典的研究の著者たち（たとえば、Van Dormael 1978; Block 1977; Gardner 1980; Eckes 1975）は、民間国際金融に関する議論については、ごく簡単に言及しているだけである。De Cecco（1979）, Gold（1977）, Goodman and Pauly（1990）, Crotty（1983）では、彼らよりいくらか詳細な検証が行われている。
（4）たとえば、Costigliola（1984）, Hogan（1977）, Leffler（1979）, McNeil（1986）を参照せよ。
（5）Costigliola（1972）, Simmons（1992）.
（6）一九三一年危機の説明については、Kindleberger（1973）, Clarke（1967）を参照せよ。
（7）Kunz（1987: 71）からの引用。
（8）Hirsch and Oppenheimer（1976: 643）. 構造的断絶（structural break）については、Kunz（1987）, Van Der Pijl（1984）, Polanyi（1957）, Aronson（1977: 41）も参照のこと。
（9）たとえば、Cox（1987: 151-89）, Polanyi（1957）参照。
（10）Eichengreen and Cairncross（1983: 5）からの引用。
（11）Feis（1930, 1964）, Viner（1951）, Leffler（1979: 122, 174-77）, Einzig（1970: 286）.
（12）Child（1954）, Dowd（1953）を参照せよ。
（13）Bloomfield（1950: 9-10）.
（14）Bloomfield（1950: 187-88）. また Hall（1989: 387）も、ケインズ主義が拡がるうえで、第二次世界大戦が重要な役割を果たしたことを強調している。ブルム政府の取組みについては、Brown（1987: 89-90), Rosanvallon（1989: 182-83), Kuisel（1981: 124-25）を参照せよ。

(15) Hathaway（1984: 284）における引用。エクルズがケインズ以前にケインズ主義的考えを持ち合わせていた点については、Hyman（1976）を参照せよ。

(16) Williams（1939: 18-20).

(17) 流入額は非常に大きく、財務省の推計によれば、一九三五年から一九三七年の間に一カ月あたり一億ドルもがニューヨークに入ってきた（Warren 1937: 339)。一九三〇年代のヨーロッパからアメリカへの資本逃避については、Bloomfield（1950）も参照せよ。

(18) Bloomfield（1950: 182, 186-88, 195), Williams（1939: 20-21), League of Nations（1944: 165n1). Kindleberger（1987a: 24）もまた、一九三八年にニューヨーク連邦準備銀行内で、こうした問題が議論されていたことに触れている。

(19) Williams（1939: 20-21).

(20) Kindleberger（1943: 348), Bloomfield（1950: 187-88).

(21) Van Dormael（1978: 52）からの引用。

(22) Gardner（1980: 76）において引用されている。

(23) White（1933: 301).

(24) Rees（1973: 79）でホワイトが引用されている。彼の転向については、Rees（1973: 64-65）を参照せよ。

(25) たとえば、Kunz（1987: 6, 189）を参照せよ。

(26) Eichengreen and Cairncross（1983: 22).

(27) Ham（1981: chaps. 4-5).

(28) Keynes（1933: 758). 一九三一年のマクミラン委員会に対する彼の提案については、Moggridge（1986: 58）も参照のこと。

(29) Horsefield（1969c: 13）からの引用。Van Dormael（1978: 6-7, 33), Pressnell（1986: 18）も参照せよ。

(30) Horsefield（1969c: 67, 66).

(31) Horsefield (1969c: 32), Van Dormael (1978: 8) からの引用。これより前の草稿で、ホワイトも「資本喪失国のリザーブ・ポジション」に関心を寄せていた(Horsefield 1969c: 49)。また、Keynes (1980b: 16-17), Van Dormael (1978: 8) も参照のこと。
(32) この当時、「異常な」資本移動と「普通の」資本移動は区別されることが多かったが(たとえば、Fanno 1939; Bloomfield 1950: 33-35)、ケインズはこうした用語を使わなかった。
(33) Keynes (1980a: 149). また Keynes (1980a: 212, 275-76) も参照せよ。
(34) Keynes (1980b: 17).
(35) Horsefield (1969c: 31, 67).
(36) Keynes (1980a: 149). また Keynes (1980a: 31) も参照せよ。
(37) Horsefield (1969c: 67).
(38) Horsefield (1969c: 67).
(39) Keynes (1930: 335).
(40) Van Dormael (1978: 33, 10) からの引用。ホワイトもまた、「国際収支調整メカニズムがあまりにも急激に作用すること」を憂慮していた (Horsefield 1969c: 49)。Keynes (1980a: 16-17) も参照せよ。
(41) Flanders (1989: 230-31).
(42) League of Nations (1944). また、Ohlin (1936: 82), Henderson (1936: 168), Robinson (1944: 436) も参照のこと。一九三六年にはフランス財務省も、ブルム新政府に対し、資本逃避によるフラン切下げを回避すべく資本規制を導入するよう促した (Brown 1987: 74)。
(43) Robinson (1944: 434-45) における引用。また、Bloomfield (1946: 687; 1950: 182) も参照せよ。
(44) ケインズについては、Horsefield (1969c: 13, 32) において引用されている。ホワイトの見解については、Horsefield (1969c: 176, 49-50) を参照のこと。
(45) ホワイトは、「生産的資本は最も収益の上がる地域に仕向けるのが望ましいことなど、強調するまでもない」と主張した (Horsefield 1969c: 46)。

（46） Horsefield（1969c: 32, 11, 13）.
（47） Horsefield（1969c: 32, 46, 139, 176）.
（48） Harrod（1969: 566; 1972: 8）によれば、生産的資本の移動について、ケインズがさほど熱心でなかった理由のひとつには、大戦間期の経験がある。
（49） Horsefield（1969c: 67）.
（50） Ohlin（1936: 90）. ニューヨークの大物銀行家で、自由な金融秩序の支持者であるオルドリッチでさえ、国際的投資は世界経済の繁栄にとって決定的に重要なものではない、なぜなら「資本蓄積とは、……一般に国内政策の所産だからである」と論じていた（Aldlich 1943: 16）。
（51） Horsefield（1969c: 13）における引用（強調原著者）。ホワイトも、資金移動を規制する手段のひとつとして為替管理の活用を認めていた（Horsefield 1969c: 63）。
（52） Horsefield（1969c: 66）における引用。
（53） Horsefield（1969c: 13）における引用（強調原著者）。当時、影響力を持ったヌルクセの見解も参照のこと（League of Nations 1944: 188-89）。
（54） Horsefield（1969c: 44）における引用。ケインズが推奨したことに関しては、Horsefield（1969c: 13, 29, 31-32）を参照せよ。
（55） De Cecco（1976: 382-83; 1979: 52）. Enkyo（1989: 49）も参照のこと。
（56） たとえば、Brown（1944: 205）, Riddle（1943: 32）, Bloomfield（1946）, Williams（1949: 96-97; 1943: 6）を参照せよ。
（57） Warren（1937: 339-40）. また Warren（1937: 342-43）, Lutz（1943: 19）, Riddle（1943: 30-31）, Conolly（1936: 367-68）も参照のこと（リドルはニューヨークのバンカース・トラストのアドヴァイザーであった。またコノリーはＢＩＳに所属していた）。
（58） Johnson（1968: 282）. また Block（1977: 53）も参照のこと。
（59） アメリカ銀行家協会、レオン・フレイザー、Ｊ・Ｈ・リドルのいずれもが、国際金融協力の中心として、ＩＭＦではなく、ＢＩＳを推奨した（The American Bankers Association 1943: 13; Fraser 1943; Riddle 1943）。シカゴの銀行家エドワード・ブラウンもブレトン・ウッズ会議でBISの廃絶という解決策が示されたとき、強く反対した（Van Dormael 1978: 204）。

（60）Anderson（1943: 13）.

（61）Viner（1943: 103）.

（62）De Vegh（1943: 539）. Riddle（1943: 14）による引用。

（63）Keynes（1980a: 276）. 経常勘定取引と資本勘定取引は区別できないのではないかという考え方については、Aldrich（1944: 11）, Penrose（1953: 54）, U. S. Department of State（1948: 314）を参照せよ。

（64）たとえば、一九四四年七月一日付の *Wall Street Journal* editorial of July 1, 1944 を見よ（Eckes 1975: 166）。また、Riddle（1943）, Brown（1944: 205）も参照のこと。

（65）Williams（1936; 1943）. 銀行家はケインズやホワイトの資本規制条項に反対したが、興味深いことに、ウィリアムズ自身は銀行家とは意見を異にしていた。彼は過渡期の厳しい規制策に賛成しただけではなく、戦後世界においては永続的な資本規制が必要というケインズ、ホワイトの案を支持した。彼の考えでは、この措置は金本位制の「修正版」であり、投機的移動によって安定的為替相場が損なわれないために必要だった。またケインズ、ホワイトと同様に、ウィリアムズも国家による政策の自律性保持が必要だと確信していた。その他諸々の銀行家と違って、彼は積極的財政・金融政策の提唱者だった。彼が懸念していたのは、景気の拡大・縮小の波及、すなわち他国にデフレの犠牲を払わせながら一国の景気が拡大する事態を引き起こす資本移動ばかりではなく、「一国の景気循環」を混乱させかねない資本のパニック的逃避であった（Williams 1944: 45）。

（66）Aldrich（1943: 11）. また Aldrich（1944: 25-26）, American Bankers Association（1943: 16）も参照のこと。

（67）一九四三年までには、ホワイトは銀行家との定期的な会談に努めるようになった（Eckes 1975: 298n29）。Pressnell（1986: 121）, Robbins（1971: 199）, Howson and Moggridge（1990: 84）, Dam（1982: 99）も参照のこと。

（68）Eckes（1975: 74）, De Cecco（1979: 51）, Robinson（1971: 199）.

（69）Johnson（1968: 194-96, 212）.

（70）アチソンは、戦後金融計画に関する国務省の小委員会において議長を務めた（Oliver 1971: 15）。国際金融に関する財務省提案に対し、ハーバート・ファイスが不快感を示していたことについては、Howson and Moggridge（1990: 63）を参照せよ。ヴァイナーの見解については、Viner（1926, 1943: 103）, Oliver（1971: 18）を見よ。国務省やＦＲＢの代表者が、のちにブレトン・ウッズ会議のアメリカ代表団に加わることになる。

（71）Ferguson（1984）.

（72）オルドリッチは、政府出資のビジネス・アドヴァイザリー・カウンシルでの職を一九三五年に辞した（McQuaid 1976: 179）。オルドリッチのいろいろな発言については、Johnson（1968: 190-91, 210-11, 222）を参照せよ。

（73）I・ズローピンによる。Johnson（1968: 292）における引用。

（74）こうした産業資本家の出現に関する一般的議論については、Collins（1978）, Ferguson（1984）, Hogan（1987: chp. 1）を参照せよ。

（75）Robinson（1944: 434）.

（76）経済開発委員会（ＣＥＤ）によるケインズ思想支持については、McQuaid（1982: 117）, Salant（1989: 46）を見よ。また、資本規制に好意的なＣＥＤのアプローチについては、ＣＥＤが出資し、デューク大学の経済学者カルヴィン・フーヴァーが行った研究プロジェクト（CED 1945: 26-28, 32, 42, 56-57n1）、ならびにＣＥＤの公式報告書（CED 1945: 7, 20）を参照のこと。

（77）国務長官コーデル・ハルも、アメリカ銀行家協会も、ホワイトに対し、（ジェイコブ・ヴァイナーが外交関係委員会に働きかけたように）生産的資本移動促進策を盛り込むよう、圧力をかけた。これについては、たとえば、ハルのメモを参照せよ（NA, RG 56, Records of the Assistant Secretary: Choronological Files of H. D. White, June 29, 1943）。

（78）Horsefield（1969c: 86）（強調引用者）.

（79）Kahn（1976: 18）, Gold（1977: 13）.

（80）Pressnell（1986: 140, 148-49）, Fforde（1992: 40-43）, Van Dormael（1978: 114）. アナイリン・ベヴァンのような労働党の有力者は、資本移動を規制する権利の削減など考慮に値しないと公言していた（Pressnell 1986: 130）。

（81）Pressnell（1986: 69, 72, 74, 142, 148）, Fforde（1992: 39-40）, Strange（1971）.

(82) Pressnell (1986: 72, 96-97, 141, 148), Van Dormael (1978: 131-32).

(83) たとえば，Robbins (1971: 197), Fforde (1992: 33, 39) を参照せよ。

(84) Harrod (1969: 530), Pressnell (1986: 141), Fforde (1992: 39).

(85) Van Dormael (1978: 131) における引用。

(86) Horsefield (1969c: 194). この権利は，これに先立つアトランティック・シティ会議で導入されていた (NA, RG 56, Bretton Woods, Atlantic City Conference, document f-1, no. 172)。

(87) Horsefield (1969c: 195), Van Dormael (1978: 228-39).

(88) U. S. Department of State (1948: 314, 598). この意味はまた，アトランティック・シティ会議でも明らかになった。これについては，NA, RG 56, Bretton Woods, Atlantic City Conference: Meeting of Subcommittee Two of the Preliminary Agreement Committee, June 23, 1944 を見よ。あわせて Gold (1977: 5, 14), Rasminsky (1972) も参照のこと。

(89) この問題に関する，アトランティック・シティ会議アメリカ代表団内部の議論については，NA, RG 56, Bretton Woods, Atlantic City Conference: Meeting of the American Technical Group, June 17, 1944-Attachment D を見よ。

(90) Horsefield (1969c: 96).

(91) ポーランドとイギリスの提案については，U. S. Department of State (1948: 230, 334, 437)，NA, RG 56, Bretton Woods, Atlantic City Conference: Minutes of Meetings, June 28, 1944 を参照せよ。交渉のどの時点かは明確ではないが，アメリカは，いったんは協調的規制を求める条項の入った草案を提出した (U. S. Department of State 1948: 502, 542, 576)。しかし，この条項が再び現れることはなかった。

(92) Keynes (1980b: 138) からの引用。ブラウンの反対については，Brown (1944: 205), NA, RG 56, Bretton Woods, Atlantic City Conference: Minutes of Meetings, June 28, 1944 同じく Meeting of the Financial Agenda Committee, June 29, 1944 を参照せよ。

(93) Horsefield (1969c: 196-97), Bloomfield (1946: 706n33).

(94) Gold (1986: 792n2) における引用。

(95) Gold (1977: 15-16). 協定第八条第二項bの草案作成の歴史をうまく要約したものとしては、Gold (1982: 429-38) を参照せよ。

(96) Horsefield (1969c: 23, 49-50, 89-90, 133-34) を参照せよ。

(97) NA, RG 56, Bretton Woods, Atlantic City Conference: Meeting of the American Technical Group, June 17, 1944, Attachment D. ケインズはアメリカの高官を説得し、経済が不況に陥れば、戦後すぐに、アメリカがかなりの資本逃避に見舞われる可能性があることを分からせようとしていた (Bernstein 1984: 15)。

(98) Van Dormael (1978: 185) における引用。

(99) ケインズ＝ホワイト同盟については、Pressnell (1986: 121), Robbins (1971: 199), Howson and Moggridge (1990: 84) を見よ。ブレトン・ウッズ交渉期の同盟に国境を越えた性格を見いだす、これと同様の議論については、Ikenberry (1992) を参照のこと。

〔訳注1〕ここでの意味は、国内資産の増減を対外資産の増減と同じ方向に変化させる行動をとるという約束である。金流出国の貨幣当局は国内の貨幣供給を減少させ、逆に金流入国の貨幣当局は増加させるということであり、赤字国は国内信用の収縮、黒字国は金融緩和を行うというルールである。このルールを各国が守ることで、金本位制においては「物価の安定」「為替の安定」「国際収支の調整」の機能が自動的に達成される。これが主流派経済学の考え方であったが、実際には、たとえば大戦間期においても、訳注2にあるとおり「金不胎化」のような「ゲームのルール違反」が横行した（岩本武和「金本位制の神話と現実——管理通貨制度としての金本位制」本山美彦編著『貨幣論の再発見』三嶺書房、一九九四年、一五四〜一五五頁参照)。

〔訳注2〕一般に、巨額の金が一国に流入する際、これが自動的に通貨準備に組み入れられる結果生じる通貨増発を阻止または緩和する政策を「金不胎化政策」(gold sterilization policy) と言う。「流入する金が通貨を生まないようにするための政策」という意味である。

一九三〇年代、大量のホットマネーを吸収したアメリカは、一九三六年一二月以降、預金準備率を引き上げるとともに、財務省が政府証券の売上金で流入金・新産金を買い入れ、その金を財務省内の「不活動勘定」(inactive account）として留保し、通貨増発を回避した（大阪市立大学経済研究所編『経済学辞典　第3版』岩波書店、一九九二年、二六〇頁参照）。

〔訳注3〕イギリスに関し“the Treasury”は通常、「大蔵省」と訳される。「財務省」はヘンリー一世時代に開設され国家財政を司った“the Exchequer”を指す。イギリス大蔵省はエリザベス一世の治世下、財務省から分離・設置され、財務省は一九世紀に廃止された。大統領制のアメリカについては“the Treasury”に「財務省」の訳語を充てている。

ちなみに日本では、二〇〇一年の省庁再編に伴い、律令時代に遡るとされる「大蔵省」という名称から「財務省」に変更され、旧大蔵省所掌事業は財務省と金融庁に引き継がれた。大蔵省も財務省も英訳名は“the Ministry of Finance”である。

〔訳注4〕ディーン・アチソンは法律家であるが、政治家として国際金融政策に関わった。F・ローズヴェルト政権で財務次官を務めたが、一九三三年に辞任、その後、一九四一年に国務次官補として復帰した。ブレトン・ウッズ会議には国務省代表として出席し、戦後のトルーマン政権では国務長官（一九四九～一九五三年）を務めた。原著者ヘライナーは、アチソンの経歴を幅広くとらえ、ウォール・ストリートで活躍した人物としているようだが、銀行家ではない。

第三章　根強い警戒——交換性回復への緩慢で限定的な動き

戦後初期の数年間は、アメリカがその圧倒的なパワーを用いて、開放的で自由な国際経済秩序を築いた時代として描かれるのが一般的である。だが実際には、アメリカは第二次世界大戦後の一五年間において、一九四五年から四七年にかけての短期間を除き、自由な金融秩序構築に向けた動きをほとんど見せなかった。本章では、これに関わる議論を展開する。アメリカの政策立案者は、一九四五年から四七年には資本規制を実施しないという選択をしたが、一九四七年以後、自分たちがブレトン・ウッズでその構築を手助けした制限的金融秩序の側に立ち、海外での資本規制策を支持した[1]。アメリカからの圧力がなかったので、西ヨーロッパや日本の政府は、一九三〇年代および戦時中に導入した資本規制を続ける選択をした。実際に、戦後初期の時代、資本移動の規制は、引き続きこれらの国々において対外経済政策の中心だったので、一九五〇年代から六〇年代初めにかけて最終的にドルとの交換性を回復したときも、それを経常勘定取引に限定することを選択した。この決定は、アメリカからも完全に支持されていた。

本章はまず、一九四五年から四七年にかけてニューヨーク金融界が西ヨーロッパ全体で早急に交換性を回復させようとしたにもかかわらず、失敗に終わったことを分析するところから始める。この失敗に関し、これまで軽視されてきた要因として注目するのは、同時期に西ヨーロッパ諸国政府が破壊的な資本逃避を規制しようとしたのに、ニューヨークの銀行が支援を拒絶したという点である。本章第二節および第三節では、一九四八年のマーシャル・プラン導入に伴って生じた、アメリカ対外経済政策の転換について詳細に論じる。金融に関するアメリカの政策が、この時期にはブレトン・ウッズ会議で提示された規範的枠組みに回帰したことを論じていく。第四節では、一九五〇年代、ドルとヨーロッパ各国通貨との交換性回復を進めるにあたり、アメリカとヨーロッパの政策立案者が慎重な姿勢を見せていたことを述べる。最終節では、この時期に日本で進められた交換性回復が西ヨーロッパよりもさらに緩慢で限定的な動きであったことを手短に分析している。

第一節　資本逃避とキー・カレンシー構想の失敗

ブレトン・ウッズ協定は一九四四年七月に調印されたが、アメリカ議会は一九四五年の初めまでこれを承認しなかった。皮肉なことに、協定が批准されそうな、まさにその時、アメリカの対外経済政策がブレトン・ウッズの枠組みからシフトし始めた。一九四五年四月のフランクリン・ローズヴェルトの死去が政策転換を促す要因となった。ブレトン・ウッズ協定の立役者であるヘンリー・モーゲンソーやハリー・デクスター・ホワイトは、トルーマン新政権になり、突如自分たちの影響力がなくなっていることに気づいた。その一方、ブレトン・ウッズ協定に反対していた銀行家がすぐさま有力な地位に就き、対外経済政策の策定を指揮するようになった。ウィンスロップ・オルドリッチらが影響力を行使するなか、アメリカの政策立案者は、銀行家が以前、ブレトン・ウッズの諸提案に反対の姿勢を明確にするため打ち出したキー・カレンシー構想に好意的だった。[2]

この戦略の最も重要な目標は、イギリスに圧力をかけてポンドとドルの交換性を回復させることだった。これら二つのキー・カレンシーの関係を安定化させることによって国際貿易を復活させ、またロンドンとニューヨークにおける伝統的な民間国際金融取引を再構築することが期待されていた。一九四五年七月、武器貸与法に基づく援助を打ち切ったあと、アメリカは、一八カ月以内に経常勘定における交換性を回復することを条件として、イギリスに相当規模の貸付を行うことを申し出た。深刻な金融危機に直面していたイギリス労働党新政府は、貸付を受け入れるべきだというジョン・メイナード・ケインズの強い助言を聞き入れた。当時ケインズは、貸付受諾に懐疑的な上院議員の説得において重要な役割を演じており、一九四五年一二月、この貸付はブレトン・ウッズ協定とともに議会で承認された。

ポンドとドルの交換性回復を目指すと同時に、ニューヨークの銀行家は、イギリス以外の西ヨーロッパにおいて国内経済政策を主流派寄りに戻し、ポンド以外の通貨の交換性回復のスピードを上げようとした。こうした試みの一環として、IMF・世界銀行というブレトン・ウッズ機関を改編し、より保守的なものにすべく、主流派志向のアメリカ・西ヨーロッパの銀行家を両組織の要職に就けた。[3]さらに彼らは、ブレトン・ウッズ会議で承認された決議、すなわち国際決済銀行（BIS）を「できるだけ早期に」解散させることを求めた決議を執行しないという重要な決定も行った。[4]この解散決議はノルウェー政府が提起したものだった。ノルウェー政府は、バーゼルを拠点とする中央銀行間組織が一九三〇年代後半および戦時中、ドイツに協力した罪を問題視していた。決議はモーゲンソーとホワイトからも強く支持された。二人はＢＩＳに「激しく反発」し、一九三一年以前の金融秩序を支配した国際銀行家と対決していくうえで、これを廃止することが「国際的宣伝活動の材料」になると見ていた。[5] ニューヨークの銀行家は決議に猛抗議し、組織を維持しようとした。ＢＩＳは、一九三〇年代にはヨーロッパの主流派金融思想の牙城であったし、中央銀行間協力の復活を後押しする組織だったからである。[6] 当初、アメリカ財務省は、乗り気でないヨーロッパの中央銀行を説き伏せ、廃止決議を執行しようとしたが、一九四六年一一月にはこうした試みを断念した。そして翌月には、一九三九年から中断されたままだったヨーロッパ諸国中央銀行の月例会議を再開することとした。[7] その後ＢＩＳは、一九四七年から四八年の間はマーシャル・プランのもと創設された欧州域内決済メカニズム、一九五〇年以降は欧州決済同盟（ＥＰＵ）の代理執行機関としての役割を引き受け、存続が確実となった。[8]

銀行家はＢＩＳを救い出した。だがポンドとドルの交換性を回復するとともに、米英以外の諸国では主流派経済政策に回帰させるという、銀行家のより大きな戦略については、一九四七年半ばまでに完全な失敗に終わった。ポンドに対する大規模な投機が起こったため、イギリスは、交換性回復後六週間で厳格な為替管理体制をとらざるを得なくなった。他の西ヨーロッパ諸国では、主流派の経済政策を実行して自由化実現を試みたが、失敗に終わった。インフレが急速に進み、また巨額の収支赤字に対処するため、為替管理が強化されたからである。イタリア、フランスが顕著な例だが、一部の国は対外収支問題に対処するため、為替相場のフロート〔変動〕化まで検討していた。さらには、事態がこのような展開を見せたことによって、アメリカの民間投資家の信頼回復が妨げられた。信頼が回復していれば、彼らは対外収支不均衡克服の手助けとしてヨーロッパ諸国への貸付を拡大する可能性があった。

一九四七年危機の原因をめぐっては、これまでかなりの論争が繰り広げられてきた。通説によれば、戦争、さらには一九四六年から四七年の厳冬を経て、経済全体が混乱したことによって西ヨーロッパ中で工業生産が崩壊し、それが原因となり危機に陥ったということになる。しかしながら、アラン・ミルワードはこうした説明に異議を唱え、説得力のある反論を展開した。すなわち、この危機は、ヨーロッパが経済回復に失敗したことによってではなく、まさにそれに成功し商品輸入が増加したことによって発生した国際収支上の危機に他ならないと主張したのである。西ヨーロッパ諸国は、主流派のデフレ・プログラム〔訳注1〕を実施すれば国際収支問題を解決できたかもしれないが、対外収支を維持するために自国の拡張的経済プログラムを放棄しようなどという国はなかった（ベルギーは除く。イタリアにも一部当てはまらないところがある）。一九三一年以前の主流派金融思想は、マクロ経済政策の自律性を確保するため「埋め込まれた自由主義」という新しい考え方に取って代わられた。ミルワードが述べているように、「一九三〇年代、さらには戦争を経験した結果、様々な国において、完全雇用、工業化、近代化という政策選択が避けがたいものとなっていた[9]」。その結果、ミルワードによれば、西ヨーロッパ諸国は国際収支を維持するため、対外取引規制をさらに強化せざるを得なくなった。

ミルワードの分析は通説的見解を補正するうえで重要だが、西ヨーロッパ諸国における一九四七年の国際収支危機の原因として輸入を強調する彼の議論は、事の一部を解明したにすぎない。ヨーロッパ諸国における国際収支問題のもうひとつの主要な原因とは、資本が経済的・政治的に不安定なヨーロッパを離れ、アメリカの銀行システムのなかに逃げ込んだことだった。こうした資本逃避は、その性質上、非合法だったので、正確な額について信頼できる統計はほとんどない。しかしながら多くの経済史家は、この時代においては資本逃避の持つ意味がもっとも重要だったことを指摘している。[10] 当時、アメリカ政府も自らこの問題を調査していた。一九四七年六月三〇日付の内部調査によれば、西ヨーロッパ諸国の居住者がアメリカ国内に保有する個人資産は、合計四三億ドルに上った（開戦以後新たに「封鎖された」八億ドルの資産は含まれない）。調査した人たちが認めているように、この数字はまったく全体像を捉えきれていなかった。彼らは、合計額のうち、何パーセントが一九四五年以後に入ってきたものかについては、ほとんど知る手がかりはないとしていたが、「国際通貨金融問題に関する国家諮問委員会」（NAC）は、一九四六年九月以降、アメリカ国内における外国人保有資産は大幅に増えたと断定した。[11]

この資本逃避はなぜ規制できなかったのか。実際に西ヨーロッパ各国政府は、為替管理によってこれを規制すべく多大な努力をしていた。しかしながら、アメリカの銀行家がブレトン・ウッズで予測していたように、資本勘定取引と経常勘定取引を区別するのは難しく、為替管理はまったく機能しなかった。より厳格な為替管理策を次々と実施しないかぎり、経常勘定支払における「リーズ・アンド・ラグズ」やその他違法な手段による逃避を防ぐなど、彼らには望み得なかった。[12] こうして包括的為替管理に移行しようとしても、まさにそれこそが、より開放的な貿易秩序を創出するというアメリカの目的と衝突した。イギリスが重要な事例だが、戦時中、スターリング・ブロック域内で外国人が貯め込んだ巨額のスターリング残高があるため、非合法な資本移動を規制しようにも、それは困難をきわめた。イギリスがポンド・スターリングの交換性を維持したままで、スターリング残高を保持する有力な地域と個別ばらばらに協定を結んでも、実効性を持たせるのは難しかった。

ケインズとホワイトがブレトン・ウッズで議論したとおり、資本逃避規制を協調して実施すれば、より効果的だったろうし、開放的貿易秩序とも、より整合的だったであろう。一九四五年から四七年にかけて、西ヨーロッパ諸国政府は協調的資本規制の必要性を痛感していた。一九四五年から四六年にかけて、イギリスと多くの大陸ヨーロッパ諸国との間で合意に達した二国間経済協定には、投機的資本移動の協調規制条項が含まれていた。[13] 一九四七年の危機との関連でより重要なのは、ほとんどの西ヨーロッパ諸国政府がアメリカに対して、自国民の資産がアメリカに違法に入り込み、アメリカの銀行に預けられるのを阻止するよう、繰り返し支援を求めたことである。[14] 一九四二年にホワイトが正しくも予言していたように、一九四七年危機を解決する鍵はアメリカの支援にあった。

資本移動規制について、加盟国政府が他国と完全に協力できれば、世界の安定に向けた重要な一歩になると思われる。たとえば、戦争が終われば、多くの国がアメリカに対し、自国民のアメリカへの預金・投資の増大を認めないでほしい、許可するにしても当該国政府が認めたライセンスがある場合のみとしてほしいと要請することができるだろう。あるいは、非常に資本が不足している一部の国は、出ていった資本を元に戻す政策を支援するよう、アメリカに要請できるだろう。外国人が保有する、ある種の資本に関する情報提供、それに対する特別な規制の実施、さらには特別課税の実施をアメリカに求めることができるだろう。[15]

この時期、アメリカの対外経済政策を支配していた銀行家は、ブレトン・ウッズ会議の時と同様、西ヨーロッパからの資本流入に規制をかけるなど考えもしなかった。資本を引き戻すために国内でデフレ政策を復活させれば、ヨーロッパ諸国政府は自分たちで資本逃避を食い止めることが十分に可能だと、彼らは主張した[16]。しかしながら、自らの拡張的経済計画を放棄するつもりのないヨーロッパ諸国政府にとって、それは非現実的提案だった。銀行家の主張は、政治が西ヨーロッパ全域で「埋め込まれた自由主義」という新たな方向に向かっていることを彼らが認識できなかったことを物語っていた。さらに言えば、ヨーロッパからの資本逃避がただ単に国内のインフレ状況や通貨切下げの可能性によるものではなく、ヨーロッパの政治的不確実性に反応したものであるという事実認識が銀行家による処方箋にはまったく欠けていた。

協調的資本規制に反対するとき、銀行家はブレトン・ウッズの時と同じように、おそらく短期的な私的利益を優先したのであろう。アメリカが資本規制を実施すれば、戦後、ニューヨークを国際金融の重要拠点にするという彼らの目的が妨げられる。さらには、ヨーロッパからの資本逃避を取り扱うという、銀行の金儲けに邪魔が入ることになろう。しかしながら、こうした短期的利益を追求するあまり、彼らは自らの長期的目的、すなわち、より開放的な金融秩序を構築するために必要な国際通貨体制への信頼回復という目的を台無しにしてしまった。キー・カレンシー構想には、実際、根本的な矛盾があった。ブレトン・ウッズでの議論において銀行家が明らかにしたように、国際金融の安定に対し、戦後の資本逃避がもたらす諸問題を彼らは十分に認識していた。金融の安定的条件が確立するまでの過渡期には、資本規制が必要だと主張していたのである。にもかかわらず、キー・カレンシー構想では、アメリカ自身がそうした規制をすべて解除し、「自由な」ドルを回復させなくてはならない。そうなると、西ヨーロッパ各国政府が資本規制の実効性を高めようとしてもアメリカはそれに協力できない[17]。こうした矛盾が一九四七年危機のさらなる原因となった。

第二節　相殺融資としてのマーシャル・プラン援助

一九四八年にマーシャル・プラン援助が拡大されて初めて、上述のような短期的目標と長期的目標の矛盾が解消した。これまでは長らく、マーシャル・プランが西ヨーロッパ経済の回復を促進したと見なされてきた。ミルワードが説得力をもって論じたように、マーシャル・プラン援助の主な経済的意義は、経済回復の促進ではない。経済の回復はすでに進行中だった。援助の意義とは、ヨーロッパの国際収支危機を解決する、相殺融資（offsetting financing）の役割にあった。ミルワードが念頭に置いたのは、ヨーロッパの輸入によって生じる赤字の相殺である。しかしながら、マーシャル・プラン援助は、ヨーロッパからアメリカへの資本逃避を相殺するにも重要だった。『ニューヨーク・タイムズ』の「有能かつ権威ある」記者だったマイケル・ホフマンによれば、実際には、戦後初期の時代、西ヨーロッパからアメリカへの資本移動総額のほうがアメリカから西ヨーロッパへの援助総額を「凌駕」していた。(18) この算定が正しいとすると、マーシャル・プラン援助は、せいぜいのところ、攪乱的な資本移動を相殺する役割しか果たしておらず、その役割すら十分にはこなせていなかった。こうした解釈によれば、マーシャル・プラン援助の経済的意義とは、事実上、アメリカが西ヨーロッパからの投機マネー流入に規制をかけられなかったことの代償でしかなかったことになる。(19)

アメリカの政策立案者がマーシャル・プラン援助とヨーロッパの資本逃避とのつながりを非常に意識していたのは事実である。一九四七年末にフランス政府から、アメリカにある自国民の隠し資産を特定する手助けを特に強く求められるようになると、この問題について議会での認知度も増した。マーシャル・プランに伴うアメリカの納税者のコストは、裕福なヨーロッパ人の金をヨーロッパ内に留めさせることによって減らせるのではないかと、多くの議員が考えた。彼らは、「［ヨーロッパの］肥え太ってわがままな一握りの階層がそこらじゅうに資産を分散している」のを嘆き、「［アメリカが］逃避マネーの保護区になっていて良いのかどうか」と疑問を呈した。[20] アメリカ退役軍人会を例に挙げると、「金持ちのヨーロッパ人がアメリカで私的な隠し財産を持ち続けている間は、プログラムに必要な資金の供出をアメリカの納税者に強いるべきではない」という見解だった。[21] ニューディールの介入主義的政策を支持する政府当局者も、これに同意した。たとえば、商務省や新たに創設された経済協力局（ECA）当局者は、一九四八年一月には、こうした考え方を支持するようになった。[22] ローズヴェルト大統領がFRB議長に任命したマリナー・エクルズも、次のように述べており、これに同意していたように思われる。「問題は、外国人の私的権利を、彼らの母国政府が生き残りをかけて努力しているのに、それに背いてまで守ろうとするのかどうかということだった」。[23]

ところがアメリカの銀行業界は、今ある隠し資産を強制送還する動きには反対姿勢を貫き、それをうまく抑え込んでいた。彼らによれば、そうした動きは外国人の財産権を侵害し、アメリカ銀行業界に伝統的な秘匿主義に反するものだった。[24] 財務省の力によって、銀行家は政権内部で支持された。モーゲンソーが去ってのち、最初は規制に慎重なフレッド・ヴィンソンのもと、次にセントルイスの投資銀行家ジョン・スナイダーのもとで、財務省は主流派思想の拠点と化していた。上院での証言において、スナイダーは自らの懸念を明らかにした。すなわち、資本流入規制を進めるためには為替管理が必要になり、「そうなれば、世界の金融センターとしての私たちの地位が脅かされ、実質的なドル規制を行わないという政策が大打撃を受けるだろう」と発言したのである。[25] 最終的に銀行家は、アメリカが西ヨーロッパ諸国政府を支援する政策を受け入れた。各国は、戦時中、封鎖されていた資金を特定しようとしており、アメリカがそれを支援することになったのである。しかしながら、アメリカに一九四五年以降「自由に」流入してきた資金、将来流入が見込まれる資金はそれよりもはるかに多く、規制の手だては見つかりそうになかった。[26] アメリカ議会も、マーシャル・プラン援助の受入国は自国民が有する在外資産を「特定し、出所を明らかにしたうえで適切に利用」しなくてはならないという条項を含めるべきだと主張したものの、各国のそうした努力を支援する義務をアメリカ政府に負わせる条項ではなかったようである。[27]

銀行家から協調的資本規制実施の合意を取りつけられなかったのは、ブレトン・ウッズ会議以降のアメリカの政策決定パターンどおりだった。だが、資本逃避を相殺するためにマーシャル・プラン援助という形で行われる資金供給の拡大は、アメリカが過去の政策から離れ重要な一歩を踏み出したことを表していた。「通貨高を続ける加盟国からの資本逃避を埋め合わせるためにIMFの資金が浪費される」ことになるので、IMFは資本移動から生じる赤字を補塡するための資金供給を行うべきではない。ジョセフ・ゴールドが解説しているように、一九四六年にはこれがアメリカの立場だった。[28] しかしながら、一九四七年の危機は深刻なものだったので、アメリカは、マーシャル・プラン援助の拡大によって、自らこの負担を引き受ける決断をした。投機的資本移動への対処策として、マーシャル・プラン援助は新たなメカニズムを打ち立てた。しかもこちらの方がブレトン・ウッズ会議でケインズとホワイトが提示した二つのメカニズムよりも、アメリカの対外経済政策立案者にとって政治的に受け入れやすかった。こうした意味で、マーシャル・プラン援助の重要性は、より大きなものとなった。アメリカ銀行業界には、協調的資本規制は受け入れがたかった。資本規制策として西ヨーロッパ中で為替管理が強化されるのは、より開放的な貿易秩序を支持するアメリカの政策立案者にとっては由々しきことだった。破壊的資本移動にうまく向き合うための第三の選択肢、変動相場制もまた、安定的為替相場体制を構築するというアメリカの目的を前提とすれば、受け入れがたかった。ところが、相殺融資条項は、開放的貿易秩序、安定的為替相場、アメリカ金融界の自由主義的傾向とも並立しうる方法で、資本逃避の破壊的影響を防いだ。一九五〇年代には、この新たなメカニズムは、EPU内の決済を混乱させ続ける投機的資本移動の規制策を補完するうえで重要となった。[29] 次章で議論するように、これは一九六〇年代にも、増大する投機的資本移動への対処策において中心的役割を担うことになった。

破壊的資本移動による赤字を相殺するために資金を供給するという策は、ブレトン・ウッズの交渉でも実際に議論されていた。しかしながら多くの専門家は、巨額の資金が必要となるので、為替管理や協調的資本規制以上に現実味がないと考えていた。ヌルクセは、国際連盟に対する一九四四年の報告書でIMFの役割について議論する際、次のように述べている。「こうした基金が貿易その他の通常の取引に加え、あらゆる資本逃避をカバーしなければならないとすれば、巨額の資金を備えなくてはならないだろう。実際、実現可能な基金規模では、神経質な逃避資本の大規模な動きを相殺するには不十分であろう[30]」。ヌルクセは皮肉混じりに、こうも考えていた。資本逃避を相殺するためだけにアメリカが基金に進んで資金提供することなどはないだろう。「たとえばアメリカは、輸出増大によるる黒字を外貨建てで、とにもかくにも一時的ならば保持してくれるかもしれない。けれども、アメリカ財務省が直接的にせよ、間接的にせよ、たとえば巨額のオーストリア・シリングを、ただ単にオーストリア人がアメリカ・ドルを保有できるようにするためだけに進んで保持するかどうかは疑わしい[31]」。しかしながらアメリカは、協調的資本規制というヌルクセの代替的解決策は拒否し、こうした投機的資本移動をカバーするために、巨額の資金負担を引き受けたのである。したがって、マーシャル・プラン援助の大きさは、この時期に関する通説的歴史研究が想定しているように、ヨーロッパを再建するために必要な資金を表していただけではない。ヌルクセが鋭く予言し、のちに現実のものとなる、「神経質な逃避資本の大規模な動き」を相殺するために必要な資金の大きさをも表していたのである。

第三節　梃子としての対外援助か——一九四〇年代末の安定化プログラム

マーシャル・プラン、すなわちヨーロッパ復興計画（the European Recovery Program）は重要だったが、それは、投機的資本移動に対処する新たなメカニズムを打ち立てたから、という理由だけではない。マーシャル・プランの導入がアメリカの対外経済政策において、もうひとつの重要な転機となったからでもある。銀行家が一九四五年から四七年にかけてやろうとしたのと同じく、西ヨーロッパの政策転換を促し続けられるように、アメリカはマーシャル・プラン援助を梃子として使ったのだと考えられるかもしれない。一見、こうした推論が正しいように思われることだろう。ヨーロッパ復興計画が策定されたのは、西ヨーロッパの経済政策におけるいくつかの重要な転換時期と重なるからである。こうした政策転換がきっかけとなって、一九五八年、多国間でドルとの交換性を回復するに至ったのだと見なされることが多い。しかしながら、歴史上の記録をさらに詳しく検討すれば、一九四七年以後、アメリカが対外経済政策を転換したことについては、ケインズとホワイトがブレトン・ウッズで提起した「埋め込まれた自由主義」の影響がより重要だったことが分かる。

この時期、西ヨーロッパにおける経済政策の重要な転換例として、一九四七年から一九四九年にかけて大陸ヨーロッパ諸国が主流派の安定化計画を導入したことが挙げられる。この計画は、一九四七年の収支危機を招いた急速な拡張政策をくつがえすことによって対外不均衡を是正し、多国間でドルとの交換性を早期に回復させるための土台となった。ヨーロッパの経済政策におけるこうした重要な変化は、アメリカによって促されたと見なされるかもしれないが、最近の研究が明らかにしたところによれば、アメリカの果たした役割は、むしろ曖昧なものだった。この曖昧さの原因は、マーシャル・プラン援助をどのように利用すべきかをめぐって、一九四七年以後、アメリカの対外経済政策立案者の間に深い対立が生まれたことにあった。財務省やIMF内の銀行家は、この援助を使って、援助受入国に主流派の安定化計画を実施させ、早急に交換性を回復させることを望んだ。ところが銀行家は、国務省や（マーシャル・プランの管轄機関である）経済協力局の当局者から相当な、そして多くの場合、圧倒的な反対に遭った。マーシャル・プラン援助は、まずもって経済成長を促すために活用されるべきだ。いかなる安定化計画であれ自由化であれ、それが奨励されるのは、生産において大きな成果が得られたあとのことだ。国務省・経済協力局当局者はこう考えていたのである。(32)

彼らはヨーロッパの拡張的政策に対し、より大きな理解を示していたが、それは、対外経済政策に対する「ニューディール派産業資本家」の影響力が大きくなったことも一因だった。本書第二章で見たように、これら産業資本家は、ケインズ主義的な計画化や対外資本規制の必要性に対し、ニューヨークの銀行家よりも共感を示していたからである。こうした実業家は一九三〇年代から戦時中にかけて政府内で勢力を拡大したが、対外経済政策に対する影響力は、マーシャル・プラン導入とともにピークに達した。最も有力なメンバーの一人であるステュードベイカー・コーポレーションのポール・ホフマンは、経済協力局長に選任されると、経済発展委員会から多くの仲間を呼び寄せ、この政府部局の重要ポジションに就かせた。[33] アメリカ国務省内の安全保障戦略担当者の主要な目標とすべきは、デフレではなく経済成長であることは、冷戦によっても明確となった。経済成長は西ヨーロッパの政治的安定を維持し、イタリア、フランスといった国々における共産党の力を削ぐための手段だったからである。冷戦はまた、ヨーロッパの経済的・政治的統合が、多国間でドルとの完全な交換性を回復させるという目標よりも優先すべきこともはっきりさせた。イギリスへの貸付を議論したときのような、あまりにも強い圧力をかけるやり方も、重要な同盟国の離反を招く危険があるので回避された。[34]

アメリカの対外経済政策立案集団には、こうして一方に財務省やＩＭＦの銀行家がおり、他方には経済協力局や国務省のニューディール派産業資本家や安全保障戦略担当者がいて、分裂していた。つまり、マーシャル・プランのもとでの「アメリカのヘゲモニー」といっても、ヨーロッパ人にとってはむしろ戸惑うことも多かったということなのである。[35] たとえば、イギリス労働党政府がアメリカ財務省やＩＭＦ（さらにはヨーロッパの保守派）からデフレ政策や早期の交換性回復を求められても、それに反対の場合、アメリカ国務省や経済協力局の支持を得られることが多かった。[36] これと同じく、イタリア、西ドイツ、ベルギーがアメリカ財務省のお眼鏡に適うように主流派に基づく計画を策定したときは、経済協力局からの反対に直面した。経済協力局は各国を説得し、新たなケインズ主義の採用を促していたからである。[37] こうしたことから分かるように、アメリカがマーシャル・プラン援助を梃子として積極的に利用し、大陸ヨーロッパ全体で一九四七年から四九年の急激な政策転換を促したと捉えるのは難しい。アメリカ政府の一部局が主流派への回帰を唱えても、別の部局が拡張的政策を推し進めた。あえて言うなら実際には、工業生産の拡大という目標こそが、アメリカの政策立案者集団の中で勝利したのであって、国内金融・通貨の安定化という銀行家の目標は、せいぜい「惜しくも第二位」といったところだったのである[38]。

大陸ヨーロッパでの政策転換を促すうえで、アメリカの圧力よりも重要なのは、それら多くの国々における国内政治の展開だった。大陸ヨーロッパにおける一九四七年から四八年の経済危機は深刻だったので、西ヨーロッパの多くの有力政治家、知識人、銀行家は、主流派経済政策への回帰を特に求めるようになった。危機に対処するためのまったく異なる代替案を目の前にし、ヨーロッパの中間層は、主流派への回帰を求める人たちを支持した。大陸ヨーロッパで一九四七年から四八年に行われた選挙で、こうした変化は明確となった。一九四五年から四七年に形成された不安定な中道左派同盟は、強力な中道右派政府に敗れた。一九四八年までには、ヨーロッパ復興計画に加わる一六カ国のうち、社会主義的政府が率いる国はたった三カ国（イギリス、ノルウェー、スウェーデン）となった[39]。

こうした主流派思想復活の度合いが、ベネルクス諸国、スイス、フランスといった、金ブロックを形成していたところで特に強かったというのはもっともなことだろう[40]。結局これらの国では、主流派支持者がすでに一九三〇年代において、かなりの影響力を獲得していたのである。だがイタリアや西ドイツにおける主流派思想の復活は、少し異なった理由による。経済協力局の官僚は「埋め込まれた自由主義」に基づき左派と右派の妥協を進めようとしたが、ファシスト時代の経験に反発する多くの政治家、知識人がこれを受け入れなかった。それに代わって、彼らが求めたのは、市場自由化政策であった。ヴィルヘルム・レプケ、フリードリヒ・ハイエクといったフライブルク学派、オーストリア学派の学者を後ろ盾とする、これらの「新自由主義者」はそれぞれの国で有力な地位を占めており、全体主義に舞い戻らないためには、より厳格な通貨規律、自由市場での交換性回復が必要だと強調した。[41]イタリアでは、中央銀行総裁ルイージ・エイナウディが一九二〇年代に優勢だった自由主義経済学者の一群に支持され、きわめて重要な政治的役割を果たした。一九四七年から四八年のデフレ政策を推し進め、マーシャル・プラン時代の自由化政策を実行したのが彼である。[42]ルートヴィヒ・エアハルト（一九四九〜六三年、連邦経済大臣を務めた）は、戦時中のドイツで秘密裡に新自由主義を復活させた中心人物であり、一九四八年の通貨改革（彼が導入した）、それに続く自由化計画について、エイナウディ同様の目標を達成した。[43]

この時代に主流派経済思想への回帰を促すうえでは、あと二人のヨーロッパ人、ハイエクとペール・ヤコブソンも大きな役割を果たした。一九四七年四月、西ヨーロッパの不確実性が最高潮に達したとき、ハイエクは、のちにモンペルラン協会と呼ばれる初の会合を招集した。そこには、国境を越えた私的フォーラムの形で（ミルトン・フリードマンのような多くのアメリカ人に加え）西ヨーロッパ各国から新自由主義の思想家、政治家が結集した。のちにフリードマンが述べたように、ここは新自由主義の「再結集の場」として機能した。[44]初回の会合が成功して以降、新自由主義思想を奨励し続け、ハイエクのリーダーシップの下、ほぼ毎年様々な国で会合を重ねた。エイナウディやエアハルトといった重要人物もそのメンバーだった。[45]ヤコブソンは一九三一年から一九五六年までＢＩＳの主席経済顧問を務め、一九三〇年代のヨーロッパにおいて、不屈の姿勢で主流派を擁護した。一九四〇年代末から一九五〇年代の初めにかけて、彼はＢＩＳでの地位を利用して、マーシャル・プラン援助がインフレ状況を永続させるためではなく、主流派政策への回帰を促すために使われるよう働きかけた。

この目的に向けて、彼はアメリカの当局者にロビー活動を行うとともに、ヨーロッパ各国の中央銀行総裁に圧力をかけた。ヤコブソンは常々、通貨政策においては規律を重視し、自由市場を通じて早期に交換性を回復すべきことを主張していたが、これら中央銀行総裁は「その影響を強く受けた」と言われている。(46) イタリアの例に見られるように、西ヨーロッパ諸国政府は、適切な国内政策をめぐってケインズ派の経済協力局と論争する際、自分たちの味方として彼を雇い入れることさえあった。(47)

第四節　ドルとの交換性回復に向けたヨーロッパの慎重な動き——一九五〇年代の状況

一九四〇年代末の安定化計画以後、アメリカは、一九四九年のヨーロッパ通貨切下げ、一九五〇年のEPU創設、一九五〇年代における自由化を含め、様々な事態を推し進めて、ドルとの交換性回復に向けた動きの礎を築いたと言われることが多い。しかしながら、こうした見方に十分な説得力があるわけではない。イギリスの金融関係者が多角主義に舵を切ったことが一例だが、ヨーロッパにおける内発的展開のほうが一九五〇年代の交換性回復を促した要因としては重要だった。行論の都合上、まずはアメリカの役割について、さらに詳しく見ておきたい。

九月のイギリス・ポンドを皮切りとして、一九四九年に西ヨーロッパ諸国が行った通貨切下げは、それによってヨーロッパの対外収支不均衡が是正され、一九五〇年代の自由化が可能になったという意味で重要だった。アメリカが（IMFとともども）公の場で意図的にポンドに対する「口先介入」を行って、決定的な切下げに追い込んだとする議論は多い。イギリスの為替管理は「穴が多く」、このような公式声明をきっかけとして、規制の困難な資本逃避が発生したというのである。[48]しかしながら、こうした議論が完全に正しいとは言えない。たしかにアメリカ財務省とIMFは通貨切下げを支持したが、アメリカの政策はここでもまた割れた。安全保障上重要なイギリスの離反を招くおそれがあることから、国務省が警鐘を鳴らしたのである。[49]より重要なのは、FRBと財務省の合意によって、資本逃避を積極的に奨励していたアメリカ政府関係者からの圧力が弱まったことである。FRBと財務省が一九四九年、合意した内容とは、ニューヨーク外国為替市場での「チープ・スターリング」(cheap sterling)取引を厳重に取り締まり、イングランド銀行によるポンド防衛を支援するということであった。〔訳注2〕こうした取引は、イギリスの為替管理を定めた規制の下では違法であるものの、ニューヨーク市場その他でますます拡大していた。イングランド銀行は外国からの支援がなければ、それらをほとんど抑止できなかった。アメリカ当局が一九四九年に与えた支援内容には、ブレトン・ウッズ会議において、また一九四七年から四八年の時点でニューヨーク銀行業界がまさに反対していた協調行動が含まれており、投機的資本移動の規制で奮闘しているイギリスへの支援を強く印象づけるジェスチャーとなった。[50]さらに一九四九年八月にはIMFが声明を発表し、協定第八条第二項bに基づく加盟各国の義務、すなわち、自国領内において他の加盟国の為替管理に違反する外国為替契約があった場合、これを「強制力を有しない」ものとする義務を再度確認した。この声明が示唆しているように、IMF当局者もポンドに対する投機と闘う術を模索していたのである。[51]

一九五〇年のEPU創設によって、地域がいくらか限定されていたとはいえ中央銀行間の交換性が回復した。そしてこのことが、西ヨーロッパがより開放的な貿易・為替取引体制を完成するうえで決定的に重要だったと言われる。しかしながら近年の歴史研究が明らかにしたところによれば、これは、ヨーロッパの新自由主義者やアメリカ財務省・IMF内の銀行家が思い描いた事態ではなかった。彼らは、完全に多角的で市場ベースの交換性を早期に回復するうえで、EPUなど不要な障害だと考えていた。彼らの頭の中でEPUとは、不健全な政策を促す「緩やかな」通貨ブロックだった。各国独自で完全な交換性を回復したいと願っても、EPUがそれを妨げると考えたのである。彼らは早期の交換性回復、少なくとも「より厳格な」通貨同盟を提案したが、経済協力局や国務省内で激しい反対にあった。安全保障上の理由からヨーロッパ規模での協力関係の醸成を求め、多角的な交換性の即時回復よりも工業生産の拡大に関心を持っていたので、経済協力局と国務省はEPUの創設を主張した。また、EPUを比較的「緩やかな」通貨ブロックとすべきだとするイギリスやスカンジナヴィア諸国の社会主義政権の肩を持った。(52)

EPUをめぐる交渉においてアメリカの立場が曖昧であることがさらにはっきりとしたのは、一九四九年末、イギリス金融当局がポンドの交換性を早急に回復することを目的として借款を申し入れたときの対応であった。この計画を提起したのは、イングランド銀行とイギリス大蔵省当局者であり、彼らは、ロンドンが将来、スターリング・ブロック向けの国際金融センターとしてやっていけるかについて深く憂慮していた。「チープ・スターリング」の違法な取引が海外で増大したことによって、ロンドンは国際金融ビジネスの拠点としての地位を脅かされていた。そのうえEPU創設となれば、閉鎖的なスターリング地域の存続が脅威にさらされるだけではなく、国際通貨・金融の諸問題がロンドンの市場参加者に代わってヨーロッパ各国政府の手に委ねられる可能性もあった。こうした課題に直面したイギリス金融当局にとって、ロンドンが国際金融における地位を維持する最善の方法は、アメリカからの貸付に支えられながら「早急に」スターリングの交換性を回復することだった。この計画は、一九三一年以後、イギリス金融界が保護主義的スターリング・ブロックを支持してきた状況をまったく逆転させることを意味した。財務省内のアメリカの銀行家は、一九二〇年代には存在したイギリスとの金融同盟を完全に復活させる可能性があると認識していたので、この提案を強く支持した。これは実際のところ、一九四五年から四七年にかけて彼ら自身が提案したキー・カレンシー構想にかなり類似していたように思われる。ところが、経済協力局は計画を拒否した。この計画は新たに創設されるはずのEPU内で進められるヨーロッパの協調に向けた努力を無にするからである。(53)

近年の研究によれば、EPU創設以後、アメリカが交換性回復を促すために特段の動きを見せなかったことも明らかになっている。アメリカは、より注目を集めた、もうひとつの計画にも反対した。これは「ロボット作戦」と言われる計画で、一九五二年から五三年にかけてイングランド銀行とイギリス大蔵省当局者によって提起され、ポンドの早急な交換性回復を求めたものである。イギリスの計画は、ここでもまたアメリカ財務省によって支持される一方、(一九五一年、経済協力局のあとを継いだ)相互安全保障庁の長官によっては、ヨーロッパの統合を妨げるという理由で拒否された。(54)アメリカはまた、西ドイツ、ベルギー、オランダといった国々への援助もほとんど与えなかった。これらの国は、一九五〇年代の初め、EPU内で実質黒字の立場にあり、また早くも一九五三年にはドルとの交換性回復を求め始めていた。実際、EPUに関する最近の研究のなかで、ジェイコブ・カプランとギュンター・シュライミンガーが明らかにしているように、アメリカは、このときも、そして一九五〇年代のその他いかなるときでも、EPU諸国にドルとの交換性回復を促そうとしたことはなかった。(55)

この不干渉アプローチは、アメリカ対外経済政策の総点検を行った、一九五四年のランドール委員会で確認された。ヤコブソンは完全な交換性を早急に回復させるべきだと述べたが、委員会はこの陳述を拒絶し、交換性回復を行うにせよ、漸進的であるべきで、またそのタイミングは完全に西ヨーロッパ政府の判断に任されるべきだと結論づけた。[56] 委員会はまた、EPUの枠組みの外側でイギリスがやっているような、単独行動によって交換性の回復を図る試みにも強く反対した。ランドールによれば、交換性の回復を急げば、ヨーロッパ中で「生活水準の大幅かつ突然の下落」が引き起こされるし、それにより「安全保障上、アメリカにも災厄が及びかねない。もちろん、そのような危険は冒すべきではない」。[57]

一九五〇年代の初め以降、ドルとの交換性回復を促すうえで先頭に立ち、決定的な役割を果たしたのは、アメリカよりもむしろイギリスだった。ロボット作戦が拒否されたことに伴い、イングランド銀行とイギリス大蔵省はEPUから脱退した。そしてロンドンが繁栄できるような、市場ベースで完全な交換性が実施される世界の回復に向けて「自国内から」働きかけを始めた。[58] この方向に向けた第一歩はロンドン外国為替市場の再開であり、一九五一年に実施された。次なる重要な動きは一九五三年に起こった。この年、イングランド銀行はEPU加盟国を説得し、各国が認可した民間銀行に他国通貨での取引をさせるようにした。一年後、イギリスは穀物、金の標準品（standardized products）についてロンドン商品市場を再開した。[訳注3] こうした動きは、ヨーロッパ全体で、限定的とはいえドルとの交換性を回復させる効果を持った。商品迂回取引（commodity shunting）を通じて通貨間の交換が可能となったからである。[訳注4] さらに一九五四年、スターリング地域の取引自由化が拡大すると、イングランド銀行は一九五五年の初め、ニューヨークとチューリヒの外国為替市場への介入を開始して、海外でのポンド価値を公定レートの上下一％以内に維持しようとした。それによって、ポンドとドルやその他通貨との実質的な交換性回復を図ったのである[59]。

こうした動きによって一九五五年までに、西ヨーロッパは市場ベースでのドルとの交換性回復に近づきはしたが、実際にそれが達成されるまで、さらに三年を要した。これだけ遅れたのは、自国通貨を交換可能とすることによって政策の自律性が対外的な制約を受けるのではないかと、ヨーロッパ各国政府がなお懸念していたことの現れだった。ドルとの交換性が回復すれば、市場諸力、特に投機的資本移動の衝撃が強まるが、各国は自国の通貨準備がその衝撃を和らげるのに十分なほど大きくなるまで待つことを選択した。ヨーロッパで一九五四年から五五年にかけて始まった好景気は、アメリカに対する対外収支を悪化させただけであった。各国の懸念が増幅され、また多くの国の対外収支の脆弱性が露呈した。イギリスは一九五五年、ドルとの交換性回復を遅らせるとの声明を発表したが、これによって、交換性の即時回復に関するヨーロッパでの議論は事実上収束した。それ以前と同じように、イギリスの決定はアメリカによって強く支持された（もっとも、イングランド銀行は激しく反発した）[60]。

一九五八年、西ヨーロッパ諸国の国際収支が強化されると、ついにヨーロッパ各国政府は、自国通貨のドルとの交換性回復に同意した[61]。こうした動きによって、民間の国際市場参加者の間で信頼が回復し、彼らが国際金融市場に再参入することになったのだが、西ドイツ以外のすべての国では、交換性の回復が経常勘定取引に限られていたことは忘れられがちである。この決定は西ヨーロッパの新自由主義者を立腹させた。彼らは一九五〇年代を通じてずっと、経常勘定のみならず資本勘定についても交換性を回復すべきだと主張してきたからである。彼らが強調したことは、ブレトン・ウッズ会議での銀行家と同じである。どのような外国為替管理策もそうだが、資本規制は、ハイエクが一九四四年に述べたとおり「全体主義、個人の自由の抑圧へと踏み出す決定的な一歩」である。ハイエクは続けてこう述べる。そうした規制が意味するのは「個人を国家の専制に完全に委ねることであり、逃れる手立てがすべて禁止されている究極的状況である。富裕層にとってだけではない。すべての人にとってそうなのだ」[62]。ヨーロッパの新自由主義者は、健全な経済政策を促すうえで資本移動が果たす重要な役割も指摘した。レプケが述べたように、「為替管理の廃止によって、まったく新しい状況がより早く、より徹底的な形で作られれば、政府の交代によって経済政策の行方が不確実になる危険性はそれだけ低下するだろう。……(中略)……あとを継ぐ政府がいかなるものであれ、すでに達成されたことを『左翼的』経済政策への回帰によって破壊することは非常に難しくなるだろう」[63]。

西ヨーロッパのほとんどの政府は、生産的で均衡回復的な資本移動を歓迎する一方、投機的で攪乱的な資本移動の力によって、政策の自律性が阻害され、ブレトン・ウッズの安定的為替相場体制が混乱するのを恐れていた。さらに、資本規制を存続させる各国の決定は、一九五六年、IMFの決議によっても支持された。ここでIMFは、「いかなる理由であれ」資本移動を規制する権利が各国にあることを再確認したのである[64]。アメリカのランドール委員会も、「巨額の資本逃避が起こるリスクは今なお非常に大きい」という理由で、資本勘定における交換性回復については特に消極的だった[66]。このように、ドルとの交換性回復は、戦後の自由な国際経済秩序の構築にとって重要な契機であるとはいえ、アメリカ政府も西ヨーロッパ各国政府も、いまだにブレトン・ウッズの制限的金融秩序を支持していた。

第五節　日本における交換性回復への緩慢で限定的な動き

ブレトン・ウッズの金融秩序を守るこうした姿勢は、アメリカの戦後対日政策においては、さらに明瞭だった。戦後世界における日本の役割についての計画づくりは、真珠湾直後から始まり、当初その主導権は、ニューディールの諸原理を日本に持ち込もうとするニューディーラーが握っていた[66]。日本国内でこの目標を達成するため、一九四五年から四七年にかけて彼らは、政治・経済・社会全般にわたる一連の改革に着手した。国際面では、この時期、アメリカが西ヨーロッパで行っていたようには、交換性の性急な回復を求めなかった。アメリカの占領当局は、「占領以前に日本政府が続けていたどのようなものよりも徹底した」為替管理体制を整えた。海外にある日本の銀行、企業がすべて閉鎖されただけではなく、占領当局は当初、「政府レヴェルであれ、民間レヴェルであれ、日本人と外国人との」すべての接触を一時停止するようなことまで行った[67]。

一九四七年から四八年には、冷戦によってアメリカの対日政策が「逆コース」を辿り始めた。これには、戦前の日本と経済的関係のあったアメリカ実業界の代表からなる「旧・日本ロビー」が、この時期ワシントンで復活したことも影響していた。アメリカは日本社会の急進的変革を目指すプログラムを中止し、日本のビジネスリーダーの忠誠心を育み始めた。日本の国際経済政策に関して、この時期のアメリカの政策立案者は、西ヨーロッパに対する政策と同じように、二つのグループに分かれていた。当初実権を握っていたのは、財務省、ＦＲＢ、国務省の一部部局、ＩＭＦに籍を置く人々であり、銀行業に携わった経験のある人が多かった。彼らは経済援助に制限を設けるとともに、デフレ的手段を用いて通貨の交換性を早急に回復する政策を主張した[68]。一九四八年、彼らはウィリアム・ドレイパーの立てた計画を支持した。ドレイパーはウォール・ストリートの投資会社ディロン・リードの副社長を務めた人物である。彼の計画は、対内的には厳しい国内安定化プログラム、対外的経済関係については大幅な自由化を内容としていた。アメリカ銀行家協会の会長を務めたデトロイトの銀行家ジョゼフ・ドッジは計画の実行役を依頼され、その仕事を見事にやり遂げた。ドッジ・プランは日本国内からかなりの反対を受けたが、ドッジは日本の銀行家から支持され、彼らとの関係を深めていった。こうした日本の銀行家は戦前から影響力があり、その中には、BIS理事会副会長を務めた加納久朗子爵もいた。(69)

これらの銀行家は、安全保障上の理由で国務省の一部メンバー、さらには特にダグラス・マッカーサー元帥率いる占領当局から強い反発を受けた。マッカーサーによれば、「日本の統治構造は脆弱」なので、デフレ政策、自由化政策はおそらく国内政治を不安定化し、アメリカの安全保障上の利益を損ねることになる。(70) 銀行家に反対する当局者は、これらの政策の代わりに、経済協力局が西ヨーロッパで行ったのとほとんど同じやり方で拡張政策を推進しようとした。一九四九年末から一九五〇年代の初めにかけ、日本経済が崩壊の兆しを見せ、銀行家の戦略の危険性がより顕わになるにつれて、彼らは影響力を持ち始めた。日本の外国為替ポジションの脆弱性に対する認識が次第に高まると、二つの重要な法律が制定された。一九四九年の「外国為替及び外国貿易管理法」と一九五〇年の「外資に関する法律」であり、これによって、国際収支に対する政府の管理が再び強まった。(71) これらの法律は資本逃避を規制するためだけではなく、希少な外貨をより効率的に配分するための一時的手段として導入されたが、実際には日本の外国為替規制レジームの法的基盤として機能し、一九八〇年まで続いた。[訳注5]

朝鮮戦争勃発によって、政策は銀行家の立場に立つ内容から、さらに遠ざかった。日本の安全保障上の重要性が高まり、厳格な経済プログラムを求めるアメリカの圧力が緩和されたからである。戦争勃発によって、アメリカから巨額の経済援助ももたらされた。チャーマーズ・ジョンソンの言葉を借りれば、朝鮮戦争は「日本にとってマーシャル・プランと同じ役割」を果たした。[72] 戦争が終わると、アメリカのより寛大な政策路線が定着した。主に安全保障上の配慮から、自由化の圧力をかけることなく経済援助を強化し続けた。デフレと一九五四年の通貨危機に伴う国内政治の不安定化によって、アメリカの政策立案者は、こうした新戦略の重要性をあらためて認識することとなった。[73]

アメリカからの強い圧力がないなか、日本がいつ通貨の交換性を回復するかは、日本の政策立案者に委ねられた。彼らが選択したのは、対外取引に対し高度の規制を続けることであり、外国為替の保有は、政府および特別に指定された少数の外国為替銀行に限定された。こうした制限的アプローチが必要になった要因のひとつは、外貨獲得額が不安定で、日本が投機的資本移動に非常に弱く、したがってこれを警戒していたということがある。[74] 工業部門の成長を促すために導入された人為的低金利が資本逃避によって崩壊しないようにするためにも、厳格な為替管理が必要だった。さらには、日本の法人・個人が海外借入によって政府の信用規制をかいくぐることも禁じなければならなかった。

一九六〇年代の初めになって、ようやく日本は外国との金融関係を自由化し始めた。一九六四年、日本政府は、経常勘定について通貨の交換性を回復させると発表した。同年、経済協力開発機構（OECD）に加盟して、様々な自由化コードを受け入れたが、それには資本移動の自由化コードも含まれていた（これについては次章で述べる）。[訳注6] こうした動きの背景にはアメリカやIMFの圧力もあった。圧力がかかり始めたのは、一九六〇年代の初め、日本の対外収支ポジションにようやく強い改善傾向が現れたころである。自由化の動きには、先進国の仲間入りをしたいという日本の意向も反映されていた[75]。しかしながら、こうした動きは非常に限られたものだった。日本が回復した交換性は、西ヨーロッパ諸国政府が一九五八年に決定した「市場」ベースの交換性回復よりもはるかに制限が多く、政府間取引ベースだった。民間人は外貨の保有を認められなかったし、経常勘定取引、資本勘定取引は、すべて政府や特別に認可された外国為替銀行に委ねられたままだった。さらに、一九四九年から五〇年にかけて制定された外国為替規制法がそのまま存続したことによって、政府は、市場参加者に対してかなり大きな裁量的権力を手にした[76]。日本はまた、西ヨーロッパ諸国政府がOECD加盟に際し留保したよりもさらに多く（合計一八個）の例外を設け、資本移動の自由化コードによる影響を緩和した。こうした動きは海外で多くの「苛立ちと不満」を招いたが、アメリカは受け入れた。レオン・ホラーマン[77]が述べているとおり、総じて「規制システムの構造そのものは、潜在的な力を保持し影響を受けないままだった[78]」。

戦後初期は、アメリカがその圧倒的な力を行使し自由な国際経済秩序を打ち立てた時代として描かれるのが一般的である。だが、アメリカはこの時代、金融部門に関しては自由な経済関係を構築しなかった。こうした事態について、本章では四つの考察を行った。第一に、一九四五年から四七年にかけてアメリカの対外経済政策を牛耳ったニューヨークの銀行家は、より開放的で自由な国際金融秩序を目指したものの、ヨーロッパからの資本逃避抑制の動きを支持せず、目的達成に向けた努力を怠った。ブレトン・ウッズ会議の時点では銀行家自身も認識していたように、西ヨーロッパの収支赤字を削減し国際金融の安定性を取り戻すため、短期的には、こうした資本逃避を抑制しなければならなかった。そして長期的展望に立ち、より開放的で自由な国際金融秩序を確立するためには、西ヨーロッパの収支赤字の削減も国際金融の安定性回復も、ともに必要だった。彼らが資本逃避抑制の動きを支持しなかったのは、ヨーロッパからの資金を受け続け、ニューヨークを金融センターとして開放しておきたかったからである。

第二に、ブレトン・ウッズ会議の時と同じく、アメリカの政策立案者の頭にあったのは、攪乱的で投機的な資本移動によって、開放的貿易秩序の創設、安定的為替相場の維持が危うくならないようにするには、金融自由主義をあきらめなければならないということだった。こうした資本移動の破壊的影響を最小限にできなければ、国家は為替相場のフロート化のみならず、貿易を阻害する為替管理の導入も考慮せざるを得なくなるということが、一九四七年の危機によってはっきりした。マーシャル・プランやEPUの形で、相殺融資を拡大したことが功を奏し、こうした混乱は最小限に抑えられたが、投機的資本移動の抑制に必須の手段は資本規制だと見なされていた。

第三に、先進工業世界の政策立案者は「埋め込まれた自由主義」の思考様式に影響され続けたということである。一九四七年以後、諸外国で資本規制策が導入されるのをアメリカが支持したことは、「埋め込まれた自由主義」を支持するニューディール派産業資本家の政治力の強さを物語ってもいた。これらの産業資本家は銀行家や主流派知識人と対立したが、彼らには海外に重要な同盟者がいた。ブレトン・ウッズでの様々な交渉がそうした特徴を持っていたように、ここでは国境にとらわれない政治が繰り返されていた。(79) ニューディーラーは、一九四五年から四七年の間、日本で厳格な為替管理がしかれたときにも重要な役割を演じた。

そして第四に、冷戦期アメリカの戦略的目標に関心を持つ人々の間で、ニューディーラーの対外経済政策アプローチは強い支持を得た。安全保障戦略を構想した人たちは、西ヨーロッパと日本における経済成長の促進、政治的安定の確保を目指していたため、「埋め込まれた自由主義」に共感を抱いていた。彼らはまた、ヨーロッパと日本を何が何でも自由化しようとすると、アメリカの重要な同盟国を離反させるかもしれないという危惧も抱いていた。したがって、これら同盟国に対するアメリカの対外経済政策は、それだけを取り上げるのではなく、一九四七年以降のソ連との対立という、より幅広い文脈のなかで考察するべきである[80]。

本章で描いてきたこと全体を通して、戦後初期の時代における、ブレトン・ウッズの制限的金融秩序の強さが浮き彫りとなった。しかしながら、この時期には、秩序崩壊を予兆するいくつかの事態も展開していた。第一に、一九四〇年代末には中欧で新自由主義の思潮が生まれていたことである。この動きは徐々に力を増し、一九七〇年代から一九八〇年代までには、ブレトン・ウッズ会議でケインズとホワイトが提示した「埋め込まれた自由主義」の規範的枠組みの支持者に対し、重大な異議申し立てを始めた。第二に、BIS存続の決定がなされたことである。かつてアメリカの銀行家が望んだように、この組織は、一九五〇年代末以降、姿を現す国際金融市場の安定性を維持するうえで重要な役割を果たすこととなる。第三に、一九四七年の経済危機で明らかになったように、攪乱的・投機的資本移動を規制するためブレトン・ウッズで考案されたメカニズムを発動するには、いずれにも根本的な政治的困難が伴ったことである。協調的資本規制に対しては大国の拒否権行使が容易だし、包括的な為替管理は開放的世界経済とは両立しなかった。一九七〇年代、一九八〇年代において、こうした困難に再び見舞われることとなる。さらには、破壊的資本移動を管理すべく一九四七年以後導入された解決策、すなわち相殺融資の拡大は、一時的な効果しかないことも判明する。第四の展開は、イギリス金融当局が一九四〇年代末における保護主義的スターリング・ブロックに代わり、再び多角主義を志向し始めたことである。ニューヨークの銀行家がブレトン・ウッズ会議で予見していたとおり、イギリス金融当局は、ロンドンの国際金融センターとしての地位を維持しようとした。イギリス金融当局のこうした姿勢が、一九六〇年代には、より開放的な国際金融秩序の生成を後押しするうえで決定的な役割を果たすことになる。この点については、次章で扱う。

（1）ここでの議論は、Strange（1990）と異なる。ストレンジは、戦後初期の時代、アメリカが西ヨーロッパや日本の政府に圧力をかけて資本規制を撤廃させようとしたことを示唆している。もちろん彼女が認めているように、この分析は「個別の記録・文書にあたって導き出したのではなく、推論から演繹されたものである」（Strange 1990: 264）。

（2）オルドリッチの役割については、Johnson（1968: 317）を見よ。

（3）Gardner（1980: 298-99）.

（4）ブレトン・ウッズ会議の時、ＢＩＳはまだドイツ統治下の地域にあった。「できるだけ早期に」という文言がこの事実を反映しているのは明らかだった（Schloss 1958: 119）。

（5）Schloss（1958: 120）, Eckes（1975: 152-53）. また Schloss（1958: 102-12, 118-21; 1970: 22）, Beyen（1951: 121-24, 156-57）も参照せよ。ＢＩＳという組織はスイスで設立認可を受けており、ブレトン・ウッズでの決議では、そもそも廃止できなかったとする論者もいる。こうした主張は確かにそのとおりなのだが、間接的圧力を通じて廃止にもちこむことはできたであろう。たとえばブレトン・ウッズ会議においては、ＢＩＳ廃止に向け中央銀行が動かない国はＩＭＦのメンバーにはなれないという提案が実際に行われたのである（Keynes 1980b: 96; Beyen 1951: 156-57）。

（6）ディーン・アチソンのような政権内部のアメリカの銀行家は、ブレトン・ウッズの決議に強く反対した

（Howson and Mogridge 1990: 63）。

（7）Jacobsson（1979: 188-90）, Eckes（1975: 152-53）, Schloss（1970: 32）. ヤコブソンによれば、財務省国際金融顧問のアンドリュー・オーヴァビー（当時はニューヨーク連邦準備銀行から出向中）が財務長官ジョン・スナイダーを説得し、ブレトン・ウッズでの議決の執行をやめさせようとした。しかしながら「国際通貨金融問題に関する国家諮問委員会」（NAC）は、一九四八年四月まで、決議の執行中止に正式には同意しなかった。実際、NACの議事録によれば、一九四七年一〇月になっても、スナイダー財務長官は、BISという組織の価値について確信を持てないままだった（NA, RG 56, Records of the NAC, NAC document no. 661; NAC Minutes, October 13, 1947, pp. 2-3, and April 21, 1948, p. 7）。

（8）BISにこうした役割が与えられることは、西ヨーロッパ諸国中央銀行が保証した（Fforde 1992: 177-78, 205-6）。

（9）Milward（1984: 466）.

（10）たとえば、Bloomfield（1954）, De Cecco（1972: 163, 170-71, 173; 1979: 56, 58-59）がある。ミルワードでさえ、簡単にではあるが、この重要性について認めている（Milward 1984: 4, 44）。ヨーロッパの資本逃避を引き起こしただけではなく、西ヨーロッパの不安定性は、アメリカの輸出業者や銀行がヨーロッパ通貨を受け取りたがらない事態も引き起こし、それがさらに西ヨーロッパの国際収支問題を悪化させた。

（11）NA, RG 56, Records of the NAC, staff document no. 189, October 10, 1947; NAC document no. 547, November 12, 1947; NAC document no. 580, January 14, 1948. より詳しい議論は、Helleiner（1992a）を参照せよ。

（12）たとえば、Bloomfield（1954: 23-28, 68-69）を参照せよ。為替管理措置に加え、イタリアやフランスは、海外で違法に保持されている資本は問答無用で輸入資金として使うことができるとする計画によって、一方的に資本を国内回帰させようとした。この計画は「ごくわずかな効果しかもたらさなかった」（Bloomfield 1954: 64, 54, 63; Ellis 1950: 253-54, 292, 329）。フランスはまた、金の自由市場や資本勘定への変動為替相場を導入することによって、資本を国内回帰させることも狙った。しかしながらIMFは、そうした方法ではアメリカの支援よりもはるかに小さな効果しかもたらさないと結論づけた（NA, RG 56, Records of the NAC, NAC document no. 602, January 19, 1948, p. 11）。

（13）Bloomfield（1946: 705n32; 1954: 64, 69-70).

（14）財務長官スナイダーは、一九四八年二月の議会答弁で、こうした申し出があったことを認めた（U. S. Congress 1948b: 805)。フランスはそうした支援を、早くも一九四六年から求めていた（U. S. Congress 1947: 141)。

（15）Horsefield（1969c: 66).

（16）たとえば、U. S. Congress（1948a: 1431）を参照せよ。また、アメリカの有力銀行が一部手がけた、国際商業会議所の一九四六年版金融レポートも参照のこと（Jacobsson 1979: 214)。IMFも一九五〇年に次のように論じている。「もちろん大部分において、責任ある当局の力を使えば、適切な予算政策、国内信用政策を通じて資本逃避を制限することが可能である」（Bloomfield 1954: 72)。

（17）しかしながら、西ヨーロッパの政府に連携した人物が少なくとも一人いた。それは、当時ニューヨーク連邦準備銀行に勤務していたアーサー・ブルームフィールドである。彼は、資本逃避の受け皿になっている国は為替管理を行ったり、少なくとも情報を共有したりして、資本逃避国を支援する必要があると指摘した（Bloomfield 1946: 705)。

（18）Michael Hoffman, "Europe Feels Drop in Capital Flight," *New York Times*, July 25, 1953, p. 5. 彼を評して「有能かつ権威ある」とするのは、Bloomfield（1954: 59n87）による。「事実上、アメリカ政府による対外援助のかなりの部分は、援助受入国からアメリカその他の国に流出する投機的資金移動を補塡するためのものであったのは明らかである」とブルームフィールドは結論づけた。De Cecco（1979: 59）も参照せよ。

（19）しかしながら、より広い意味で考えると、資本逃避を減少させるうえでマーシャル・プラン援助が実際に重要だったことは間違いない。なぜなら、この援助によって、西ヨーロッパ経済・政治の将来に対する民間部門の信頼が回復したからである。

（20）U. S. Congress（1948a: 399; 1947: 141）からの引用。特に、ヘンリー・キャボット・ロッジ上院議員の陳述を参照のこと（U. S. Congress 1948a: 223, 393-99)。また、フランスの要請を支持するため、それぞれ一九四七年一一月二五日、一九四七年一二月二日に下院に提出された法案 H. R. 4576 および H. J. Res. 268 も参照せよ。フランスからの圧力については、NA, RG 56, Records of the NAC, NAC Minutes, November 8, 1947, p. 12; November 24, 1947, pp.

7-8; January 6, 1948, pp. 2-3 を参照。議会での議論について、より詳しくは、Helleiner（1992a）を見よ。
（21）U. S. Congress（1948b: 936）.
（22）特に一九四八年一月の「国際通貨金融問題に関する国家諮問委員会」（ＮＡＣ）における議論を参照せよ（NA, RG 56, Records of the NAC, NAC Minutes, January 6, 1948, pp. 2-4）。
（23）NA, RG 56, Records of the NAC, NAC Minutes, January 22, 1948, p. 3.
（24）たとえば、U. S. Congress（1948a: 1040-42, 1431）を参照。銀行からの強い反発は、U. S. Congress（1948b: 805）, NA, RG 56, Records of the NAC, NAC Minutes, November 24, 1947, and March 18, 1948, p. 5; Records of the NAC, document no. 580 でも確認できる。
（25）U. S. Congress（1948b: 806）. また、その八〇四頁および U. S. Congress（1948a: 394）にあるスナイダーの証言も参照のこと。
（26）一九四八年二月二日のスナイダーの声明による（U. S. Congress 1948b: 804-6）。
（27）Bloomfield（1954: 65n98）からの引用。経済協力局によれば、表現としてはそうした義務が含意されていたが、財務省や国務省はそうしたものではないと主張した（NA, RG 56, Records of the NAC, NAC Minutes, May 5, 1948, p. 5）。より詳しい議論は、Helleiner（1992a）を参照せよ。
（28）Gold（1977: 23）. この「不当に制限的な」解釈（ゴールドの言葉による）がなされた日付は、一九四六年九月二六日だった。
（29）ＥＰＵの資金が投機的資本移動を相殺する目的で利用可能であることは明白だった（Kaplan and Schleiminger 1989: 130; Zacchia 1976: 584）。一九四〇年代末から一九五〇年代にかけて、撹乱的資本移動によって困難がもたらされ続けたことについては、Bloomfield（1954: 14-21, 58-59, 68-69）, Mikesell（1954: 191-205）を参照せよ。
（30）League of Nations（1944: 188）. Henderson（1936: 168）もまた、破壊的資本移動を相殺するための資金供給策について論じていた。
（31）League of Nations（1944: 188）.
（32）こうした不一致については、特に Hogan（1987: chap. 2, 249, 253, 420, 437）および Maier（1987a: 136; 1987b: 175）

を参照せよ。

（33）Schriftgeisser（1960: 128-33）.

（34）Hogan（1987: 23, 27, 228）, Dobson（1988: 117, 119）.

（35）経済協力局・国務省とＩＭＦ・財務省との分裂は、おおよそのところ産業資本家と銀行家の対立を表していたが（Maier 1987a: 138-39）、銀行家でも、経済協力局にいたウィリアム・アヴェレル・ハリマン、ともに国務省にいたロバート・Ａ・ラヴェット、ディーン・アチソンは、経済協力局・国務省側に立ち、財務省内の銀行仲間による厳しい提案には反対した（Wexler 1983: 100; Kaplan and Schleiminger 1989: 80-82, 151-53; Hogan 1987: 71-74, 262）。しかしながら、いずれの場合も、彼らが政策に同意したのは冷戦下の安全保障を熟慮したうえでのことである。第二章で見たように、「ニューディール派」の銀行家が民主党に肩入れすることはあっても、非主流の金融政策を受け入れるに至ることはほとんどなかった。

（36）Hogan（1987: 67-68, 294, 420）.

（37）たとえば、Hogan（1987: 153-54, 197, 356, 436）, De Cecco（1972: 178-79）, Milward（1984: 18）, Harper（1986: 162-63）, Kaplan and Schleiminger（1989: 54）を参照せよ。

（38）Wexler（1983: 97）からの引用。この点は、Hogan（1987）のテーマでもある。

（39）主流派政策への回帰が促されたことについて、同じく、大陸ヨーロッパにおける国内政治の変化が重要とする見方は、たとえば、Milward（1984: chap. 3）, Maier（1987b: 173-74）, Heilperin（1968: 232）, Hogan（1987: 444）を参照。主流派思想推進にあたり、ヨーロッパの銀行家が重要な役割を果たしたことについては、たとえばJacobsson（1979: 208）, Block（1977: 90, 240n48）を見よ。

（40）マーシャル・プラン時代（一九四八〜五二年）における、これら諸国、特にベルギーでの主流派については、Hogan（1987: 64, 226, 294）, Milward（1984: 262）, Maier（1987a: 138）, Diebold（1952: 22, 39, 141）参照。しかしながら、フランスにおける主流派の支持者は、政・官の「近代化推進派」同盟と対立することが多かった。近代化推進派は戦後に頭角を現し、経済の計画化、急成長戦略を重視していた。

（41）新自由主義学派の勃興については、Johnson（1989）, Lenel（1989）, Zweig（1980）, Friedrich（1955）を参照。最も

重要な著作を二冊挙げれば、それは Wilhelm Röpke, *The Social Crisis of Our Time*（初版一九四二年）と Friedrich Hayek, *The Road to Serfdom*（一九四四年刊）である。

（42）De Cecco（1972; 1989）を参照のこと。

（43）たとえば、Allen（1989）を参照せよ。アメリカが強い影響力を行使して、一九四八年の通貨改革を唱導し（Klopstock 1949: 281n10）、エアハルトの権勢を資金面で支えたのは明らかである。彼は自分のことを「アメリカが発掘した新人」と称していた（Hardach 1976: 143n5）。しかしながら、エアハルトの成功には、国内の新自由主義者による支持が決定的に重要だったのであり、彼は一九四八年の自由化計画において、アメリカが望む以上の自由化さえ推し進めた（Bark and Cress 1989: 206-7）。

（44）Nash（1976: 26）における引用。Stigler（1988: 116-17, 142）, Hayek（1967: 148-57）も参照のこと。この協会（ハイエクは「アクトン＝トクヴィル協会」と名づけるつもりだった）の創設メンバーには、エイナウディ、ハワード・エリス、ヴァルター・オイケン、フリードマン、フランク・グラハム、エリ・ヘクシャー、フランク・ナイト、フレデリック・ルッツ、ルートヴィヒ・フォン・ミーゼス、フリッツ・マハループ、カール・ポパー、ライオネル・ロビンズ、レプケ、ジャック・リュエフ、ウォルター・ルストウ、ジョージ・スティグラーがいた。

（45）Machlup（1976: xi-xiii）, Nash（1976: 25-27）. ハイエクは一九六〇年に会長職を退き、一九六〇年代の初めにはヴィルヘルム・レプケ、その後、フレデリック・ルッツ（一九六四〜六七年）、ミルトン・フリードマン（一九七〇〜七二年）が引き継いだ。

（46）Kaplan and Schleiminger（1989: 64）. また Kaplan and Schleiminger（1989: 103）, Jacobsson（1979: 98-99, 198, 209-10, 246-58）, Ridgeway（1959: 179-82, 281）, Schloss（1958: 98, 141）, Wexler（1983: 28-29, 261-62n16）も参照のこと。

（47）De Cecco（1989: 221）, Jacobsson（1979: 228）.

（48）たとえば、De Cecco（1989: 59-60）, Hogan（1987: 228, 253）を参照せよ。

（49）Dobson（1988: 119-21）.

（50）Fforde（1992: 227. 229-30, 235）, *Business Week*, September 3, 1949, p. 94.

（51）Horsefield（1969a: 210）, Gold（1950: 329-30）. ＩＭＦ協定第八条第二項ｂの由来については本書第二章を参照。こ

の声明が明確にしているように，当該通貨が協定第八条の下での交換性をいまだ回復していない場合でも，遵守義務が適用される。

（52）Kaplan and Schleiminger（1989: 38-43, 49-53, 58, 64-65, 151-53, 340），Hogan（1987: 253, 261-62），Diebold（1952: 409-10），Milward（1990）．

（53）Kaplan and Schleiminger（1989: 68-71, 74, 78），Diebold（1952: 100）．イングランド銀行が自らの見解を変えたことについては，Fforde（1992: 221, 228-29, 242, 247-48）を参照。

（54）Kaplan and Schleiminger（1989: 164-65, 174, 181, 195-96），Dobson（1988: 147-49）．

（55）Kaplan and Schleiminger（1989: 162, 183, 195-96, 204-5, 210）．

（56）U. S. Government（1954a: 72）．Randall（1954: 10-11, 17）も参照のこと。ヤコブソンの陳述は，小さな報告書のなかで引用されている（U. S. Government 1954b: 13）。

（57）Randall（1954: 16），Kaplan and Schleiminger（1989: 43-44）．

（58）Hinshaw（1958: 18-20），Kaplan and Schleiminger（1989: 207）．

（59）Rees（1963: 153, 156-59, 182, 188-89, 191-93），Strange（1971: 64-65），Hinshaw（1958: 22-24），Kaplan and Schleiminger（1989: 194）．

（60）Kaplan and Schleiminger（1989: 210），De Vries in Horsefield（1969b: 274）．

（61）Katz（1961），Hinshaw（1958）．

（62）Hayek（1944: 92n2）．また Röpke（1959: 240-41, 248-49），Heilperin（1968: 236），Hayek（1937: 71-72），Robbins（1937: 68-71），Kaplan and Schleiminger（1989: 186-87），Flanders（1989: 134-36）も参照せよ。

（63）Röpke（1959: 245）．

（64）ＩＭＦ決議については，Horsefield（1969c: 246）を参照せよ。

（65）U. S. Government（1954a: 467）．また U. S. Government（1954a: 73-74, 77）も参照のこと。

（66）Cohen（1987: 32-48），Welfield（1988: 26）．

（67）Hollerman（1979: 710, 708）．

(68) Borden (1984: 80-81, 88-89, 138), Cohen (1987: 166, 406, 415), Schonberger (1977; 1989: chaps. 6-7), Iriye (1977).

(69) Schonberger (1989: 200), Cohen (1987: 180, 441-42). しかしながら、Sebald (1965: 91) が記しているように、日本の銀行業界にも反対はあった。

(70) NA, RG 56, Records of the NAC, NAC document no. 714, June 25, 1948, p. 4. また、Borden (1984: 14) も参照のこと。ただしYamamoto (1977: 419) で述べられているように、占領当局金融部門における、主流派寄りの考え方については留意すべきである。

(71) Borden (1984: 96), Hollerman (1967: 225-26), Ozaki (1972: 78-81), Adams and Hoshii (1972: 492-93).

(72) Borden (1984: 146) におけるジョンソンの引用。安全保障上の日本の新たな重要性については、Welfield (1988: 49-50, 88-89) を参照せよ。

(73) Borden (1984: 176-80).

(74) Hollerman (1967: 110-11), Adams and Hoshii (1972: 511).

(75) Fujioka (1979: 23-26), Hollerman (1967: 155, 204, 223, 228), Ozaki (1972: 77).

(76) Adams and Hoshii (1972: 492-93), Hollerman (1967: 155-56, 230).

(77) Ozaki (1972: 78), Adams and Hoshii (1972: 463).

(78) Hollerman (1967: 230).

(79) この時期の政治が国境を越えた性格を帯びていたことについては、Hall (1989: 388n64) において注記されている。

(80) Haggard and Simmons (1987: 503-4) も参照せよ。

〔訳注1〕インフレーションの抑制を目的として行われる財政支出の削減、金融の引締めなどを指す。具体的な政策内容としては、財政の均衡化、国営企業の民営化、公務員の削減、賃金の抑制、金利引上げ、マネーサプライの抑制などが挙げられる。経済の過熱を抑え、安定化を図るものだが、本文中にあるように、戦後復興のさなか、さらなる工業化、経済成長による完全雇用を志向する西ヨーロッパ諸国では、政治的に受け入れがたい内容であった。

主流派経済学では、一般に経済分野における国家の役割を限定し、市場メカニズムの優越性・普遍性が説かれる。

国際収支危機に陥った国に対し、それぞれの国情、初期条件によらず一律にデフレ政策を求める主流派経済学の思想は、いわゆる「ワシントン・コンセンサス」の政策一〇項目（①財政規律の確立、②公共支出の優先順位変更、③税制改革、④金融自由化、⑤輸出競争力を維持するレヴェルでの単一為替レートの設定、⑥貿易自由化、⑦直接投資の受入れ、⑧国営企業の民営化、⑨規制緩和、⑩私的所有権の確立）に体現されており、世界金融危機後も大きな変化はない。

近年では、緊縮財政によって公的サーヴィスが削減されるなか、多国籍企業がタックス・ヘイヴンを活用し租税回避を行う状況を糾弾すべく、財政支出の削減に反対し、企業への課税を求める「アンカット運動」が世界各地で高まっている。

〔訳注2〕英米金融協定に基づくポンド・スターリングの交換性回復が失敗したのち、イギリスはロンドン金融市場の地位保全とドル流出に対応すべく、一九四七年一〇月、「為替管理法」を制定した。これによってポンド勘定は、他通貨への振替の可能性に応じ「指定地域勘定」「アメリカ勘定地域」「振替可能勘定」「双務勘定」「その他勘定」の五つに区分され、法律上は、イギリス当局の許可がない場合、アメリカ勘定地域以外の国・地域はポンドのドルへの交換ができなくなった（宮崎礼二「英米通貨関係史」上川孝夫・矢後和彦編『国際金融史』有斐閣、二〇〇七年、一九三頁）。

こうして為替管理が行われているなか、イギリス管理当局の手が及ばない市場で公定レートよりも安く取引されるポンド・スターリングを「チープ・スターリング」という（Alec Cairncross and Barry Eichengreen, *Sterling in Decline: The Devaluations of 1931, 1949 and 1967, 2nd ed.*, Palgrave Macmillan, 2003, 115）。

当時、イギリス国外では一般にポンド過剰とドル不足であり、またドル商品は希少で、当該地域通貨の公定レートでのドル表示価格よりもプレミアム付きで高く売れるという状況にあった。したがって非居住者には、自らのポンドが公定レートよりも安くなろうとも、イギリスの為替管理をかいくぐり、ポンドをドルに換える強いインセンティヴが発生していた（Fforde 1992: 220-21, 229）。

たとえば、為替管理法上、「振替可能勘定地域居住者保有のポンド」（振替可能ポンド）はドルへの交換は認められていなかったが、実際には、イギリスの恒常的国際収支赤字を背景に、ニューヨークなどの自由市場では公定レートよりも安い相場で振替可能ポンドが取引されていた（田中綾一「ポンド・スターリングの交換性回復過程――1951-55」『立命館国際研究』一一巻二号、一九九八年、七四頁）。一九四九年六月には、スターリング地域からアメリカに到着する商品の少なくとも三分の一はチープ・スターリングで支払われるという推計まであった。訳注4にあるとおり、スターリング地域とドル地域の貿易が非ドル地域間の取引に偽装される手法が蔓延り、イギリス国外でのチープ・スターリング取引が盛んになった（Fforde 1992: 220, 235）。

チープ・スターリングの存在は、ポンド・スターリング諸国の本来入手可能なドル収入を減じるだけではなく、準備通貨としてのポンドの地位、公定レートに対する信頼を損ねる。さらには、国際金融センターとしてのロンドンの復権を妨げることになり、問題の解決が急がれた（Fforde 1992: 167）。

本章訳注4も参照せよ。

〔訳注3〕穀物や鉱産資源等、商品市場で取引される商品ごとに、売買の標準的な指標として定められた銘柄を指す。

〔訳注4〕イギリスの為替管理法下、ポンドのドルへの直接的交換が厳しく制限されているなか、ポンドを公定レートより安く直接ドルと交換するのではなく、その交換を間接的に実現する手段として「商品迂回取引」（commodity shunting）が用いられた。一例を挙げれば、次のとおりである。

振替可能勘定国オランダの商人が、アメリカで売れるスターリング地域の商品、たとえばマラヤからゴムを手に入れ、まずはそれをロッテルダムに送り、振替可能勘定のポンドで支払う。この支払いは、為替管理法上、問題はない。

次にゴムをアメリカに再輸出する。商品はニューヨークの一般的市場価格から割り引いて、つまり通常の取扱業者よりも安く売られる。そしてドルの売上金でドル地域の商品が購入され、それがオランダに送られる。そこからさらに、振替可能勘定国のエジプトに再輸出される。稀少なドル地域の商品は公定レートを上回るプレミアが付き、振替可能ポンドで売られる。こうして、アメリカに持ち込んだゴムの安売り分より、エジプトでのドル地域商品売却益が上回る迂回取引ができれば、為替管理をかいくぐることができる（Fforde 1992: 220-22）。

〔訳注5〕第二次世界大戦後の日本の経済自由化は長い時間をかけ、段階的に行われた。戦後の為替管理政策を振り返れば、まず一九四九年の「外国為替及び外国貿易管理法」（外為法）では、対外経済取引は「原則禁止」とされた。

取引の許認可を受けた場合でも、大蔵大臣認可の外国為替公認銀行を通じて行うこと（為銀主義）とされていた。また一九五〇年公布の「外資に関する法律」（外資法）では、日本経済の自立と健全な発展及び国際収支の改善に寄与する長期優良な外国資本に限りその投下を認可するとしており、対内投資は政府の管理下に置かれた。

その後、一九八〇年、外為法の改正とともに対外取引は「原則自由」となり、外資法は廃止されたが、為替管理は継続した。法律名から「管理」が削除され、事前の許可・届出制の原則廃止（内外資本取引等の自由化）、外国為替業務の完全自由化（為銀主義廃止）などが定められた「外国為替及び外国貿易法」が施行されたのは一九九八年だった。

詳しくは、荒巻健二「資本取引自由化の sequencing ――日本の経験と中国への示唆」（『開発金融研究所報』第二一号、二〇〇四年一一月）参照。

〔訳注6〕ＯＥＥＣ（欧州経済協力機構）が発展的に改組され、一九六一年に設立されたＯＥＣＤ（経済協力開発機構）は市場主義を原則とする先進諸国が集まり、自由な討議・情報交換を通じ「経済成長」「途上国支援」「多角的自由貿易の拡大」を図る組織である。ＯＥＣＤは世界的規模での貿易・投資の拡大に向けて、資本自由化コードならびに貿易外取引自由化コードを設けている。

ＯＥＣＤ自由化コードは最高意思決定機関である理事会の決定に基づき、加盟国政府の行動規則を定めた法的文書である。加盟国は資本移動と貿易外取引に関する制限を撤廃しなければならないが、留保を付し段階的に自由化を進めていく権利があり、治安・安全保障上の理由による例外、一時的な経済的困難を理由とする適用制限などが認められている。しかしながら、加盟国は新たな制限は設けられないし、いったん撤廃された制限は再導入できない（スタンドスティル義務）。自由化を留保する項目があっても時間をかけて制限を撤廃せねばならず、また、より制限の少ない代替的手段がないか、定期的に制限状況が審査される（ロールバック原則）。取引制限は適用に差別があってはならないし（無差別原則）、資本移動・貿易外取引の制限に関する情報は完全かつ包括的なものが誰でも入手できるようにせねばならないとされている（透明性の確保）。詳しくは、*OECD Codes of Liberalisation of Capital Movements and of Current Invisible Operations: User's Guide 2007*, OECD Publishing, 2007 を参照のこと。

国家主権や労働者保護・環境保全に与える影響の大きさ、通貨金融危機への懸念などから、資本自由化には現在に至るまで批判も多い。高い水準での投資の保護・自由化、投資家・国家間の紛争解決手続き（ＩＳＤＳ）の規定を盛り込んだＯＥＣＤの多国間投資協定（ＭＡＩ）もこうした批判を受け、一九九八年、交渉が打ち切られた。

ちなみに二〇一五年七月時点で合意間近とされているＴＰＰ（環太平洋戦略的経済連携協定）にもＩＳＤＳ条項はあり、日米を含め交渉各国内において上記の懸念が払拭されていない。

第Ⅱ部　グローバル金融の復活

第四章　ユーロ市場への支持――一九六〇年代の状況

一九五〇年代後半以降の金融市場のグローバル化に関する説明では、ほとんどの場合、技術や市場の圧力の重要性が強調されている。国際資本移動を規制できないため、国家はそうした圧力を受け入れざるを得なかったと言われるのである。しかし、国家はグローバル金融復活に際し、通説の想定よりも、はるかに重要な役割を果たしてきた。国家は、規制を緩和することによって、さもなければ得られないほどの自由を市場参加者に与えてきた。ブレトン・ウッズの初期の草稿でケインズとホワイトは、資本移動規制の困難を克服するために包括的為替管理と協調的資本規制を提案していたが、国家はまた、重大な局面において、この二つのメカニズムを稼働させないという選択もした。さらに国家は、最後の貸し手行動をとり、国際的な規制・監督行動において協力し、国際金融危機を回避してきた。本章の主題は一九六〇年代のユーロ市場に対するイギリスとアメリカの支持である。これは、国家が市場参加者に格別の自由度を提供した最初のエピソードである。

経常勘定の交換性の回復は、民間による国際金融活動の再開を促したが、資本規制が幅広く行われ、国際市場の参加者にとって巨大な障害物となっていた。フレッド・ハーシュとピーター・オッペンハイマーが指摘したように、一九六〇年代の国際金融システムは「いつでもアクセス可能なホールもあれば、まったく近づけないホールもあるミニゴルフ場のようなもので、乗り越えなくてはならない障害物がいろいろと現れた」[1]。ユーロ市場はこれら障害物の狭間に、一九五〇年代後半に作られ、一九六〇年代には主にロンドンが取引の中心となった。そこでは国際金融取引が比較的自由に行われた。取引は域外通貨、特にドルで行うことが可能で、国家の規制から完全に自由だった。この「オフショア」市場は国内金融システムから厳密に分離されたままだったが、それでも民間の市場参加者にとっては、過去数十年の間で最も自由な国際金融環境だった。一九六〇年代にユーロ市場が急速に成長したことは、銀行家がこの新たな自由をどれだけ活用できたかを示していた。

ユーロ市場は「国家なき」金融市場、すなわち、いかなる国の政府の規制も及ばない市場参加者によって作られたものとして描かれることが多かった[2]。たしかに市場参加者は、市場の創出・成長に一定の役割を果たした。しかしながら、ユーロ市場は当初から国家の支援に大きく依存していた[3]。創成期には、特にイギリスとアメリカの二つの国家がユーロ市場を強く支持した。イギリスはユーロ市場に物理的な場所を提供し、ロンドンで規制なしの取引が行われることを許容した。一九六〇年代のユーロ市場ではアメリカの銀行や企業が支配的な存在だったので、アメリカによる支持も、イギリス同様、重要だった。アメリカは、自国の銀行や企業がユーロ市場に参加するのをやめさせる力があったにもかかわらず、そうした選択をしなかった。実際、一九六〇年代半ばまでには、アメリカ当局は、自国の銀行・企業がロンドンのオフショア市場に活動拠点を移すことを積極的に奨励するようになっていた。

ユーロ市場の創設は、ブレトン・ウッズの制限的金融秩序からの移行を示す画期となったものの、この秩序は、一九六〇年代を通じ、依然として強さを保っていた。たとえば、ほとんどの先進工業国は資本規制を続けていた。事実、アメリカやイギリスでさえ、オフショアのユーロダラー市場を支持していたのと同時に、資本規制策を用いた。つまり一九六〇年代は移行期であった。一九六〇年代にイギリスとアメリカがユーロ市場を支持した政治的理由は、本章の第一節、第二節で議論する。第三節では、国家が戦後初期の制限的慣行から完全には離脱したがらなかった状況が続いたことについて述べる。

第一節　ユーロ市場へのイギリスの支持

一九五〇年代、イギリス政府がほかの西ヨーロッパ諸国政府以上に期待していたのは、交換性回復が資本移動の自由をもたらし、それによってロンドンの国際的取引が活性化することだった。したがって、交換性がついに回復したにもかかわらず、一連の国際収支危機に見舞われ、資本取引におけるスターリングの国際的利用にますます厳しい規制をかけざるを得なくなったとき、イギリス金融当局が挫折感を味わったのも当然だった。一九五七年の為替危機は、交換性が完全に回復するはるか以前に、これらの諸問題が始まっていたことを示していた。為替危機のきっかけは、ドイツによる平価切上げの噂、イギリスの経済政策への信頼喪失に反応した資本逃避であったと言ってよい[4]。危機の当初、保守党政府は、金利引上げ、政府支出削減という主流派政策で対応した。しかしながら、さらなる緊縮政策に対し国内からの反発が強まり、こうした政策ばかりではなく、スターリング地域からの資本流出規制を実施せざるを得なくなった。政府は、スターリング地域外との貿易資金を融通する際にスターリング建ての貿易信用〔訳注1〕を利用することを制限し、地域内居住者による外貨建て証券の購入を規制した。

これらの規制からロンドンの銀行家が読み取ったのは、重大な国際収支危機に直面してなお、イギリス政府がケインズ主義的福祉国家を堅持している以上、交換性が回復しても自分たちは自由に国際取引ができないのではないかということであった。こうした危惧は、二度にわたって現実となった。すなわち一九六一年に、保守党政府はより深刻な通貨危機に直面し、スターリング地域内外の資本移動規制を再び強めた。そして一九六四年から六七年には、為替危機によって、政府はスターリング地域からの資本流出規制を厳格化せざるを得なくなった。そしてついに一九六六年、スターリング地域内の資本流出に対して自主規制が導入されると、ロンドンの銀行家は、保護されたスターリング地域でさえ、もはやロンドンの国際的ビジネスが続けられないことを悟った。

しかしながら、一九五〇年代初頭にイギリス金融当局が着手した戦略の失敗、すなわちスターリングの多角的交換性を基礎としてロンドンの国際的地位を再構築する試みの失敗があったからといって、ロンドンの国際的銀行家の完敗という結果にはならなかった。一九五七年のスターリング危機の渦中、ロンドンの銀行家は、問題の解決手段をユーロダラー市場に見いだした。イギリスの銀行はスターリング地域外の国々の貿易金融にスターリングを用いることが規制されており、このことがユーロ市場の発展を促した(5)。これまで貿易金融の手段としてスターリング建てアクセプタンス・クレジット〔訳注2〕を利用してきた顧客は、それに代わる新しいメカニズムをロンドンの金融業者に要求し続けた。ロンドンの銀行家は、海外居住者のドル預金を担保にドル資金を融資することによって、こうした需要に応えられるようになった。このビジネスは非常に魅力的だったので、一九五九年の初めに規制が解除されたとき、銀行家はユーロダラーを用いたこの新たな事業を継続した。こうしてドル建てに事業を移すことで、ロンドンの事業者は、イギリスの資本規制に妨げられることなく、国際的な事業を維持する方法を見いだしたのである。

民間事業者が作ったユーロダラー市場を、イギリス金融当局は積極的に支援した。彼らにとってユーロダラー市場は、ケインズ主義的福祉国家、イギリスの経済的地位低下という現実を前に、ロンドンの国際的地位回復をどのように実現するかという問題への解答であった。ユーロダラー市場をもっとも積極的に支持したのは、イングランド銀行であった[6]。市場活動への規制を手控えただけではなく、いくつかの重要な施策を講じた。たとえば、一九六二年、ロンドンで外貨建て外国証券の発行を認める決定を行い、ユーロボンド市場の成長を可能にした。その動きは絶妙のタイミングだった。絶妙のタイミングでなされたその決定により、一九六三年のアメリカの資本規制プログラム実施以後、ロンドンがニューヨークに代わって主導的な国際資本市場となったのである。

第二節　アメリカがユーロ市場を支持する二つの理由

ロンドンをユーロダラーセンターとして確立させるイギリスの戦略が当初成功を収めたのは、アメリカの資本規制プログラムの実施時期と重なったことが大きな要因だった。この規制プログラムは、一九六〇年代にますます深刻化する国際収支問題への解決策として企図されていた。西ヨーロッパ各国政府は、アメリカの対外債務がその金準備を上回るようになるまで交換性回復を延期する決定をしたので、これ以後、ドルへの投機アタックが増大した。市場参加者はもはや、ドルの金への交換性をまったく信用していなかった。投機アタックによってアメリカの政策が難しくなった最初の事例は、投機的ドル売りに見舞われた一九六〇年の一〇月である。主流派の対応策としては、資金をアメリカに引き戻すために金利を上げ、国内支出を削減するなどの調整政策をとるということになっていただろう。しかしながら、ワシントンの政策立案者は、一時的な対外収支問題と認識していたため、これに対応して国内政策を変更するつもりはなかった。代わりに彼らは、短期資金をアメリカに環流させる「オペレーション・ツイスト」という限定的な策を講じた。これは、長期金利に影響を与えずに短期金利を上昇させる政策だった。

対外赤字がまったく減少傾向を示さず、市場の信用が落ち続けたので、ケネディ政権はより重大な措置の検討を余儀なくされた。政権内には、短期資本の逃避を規制する為替管理の導入を提唱するものもいたが、(7) それよりはむしろ、ニューヨーク資本市場からの長期対外貸付を縮小することに注目が集まった。交換性回復以後、ニューヨークの銀行家は長期の対外貸付を大幅に増加させており、一九四五年以来求め続けていた世界の貸し手の地位をついに獲得していた。しかし、ワシントンの政策立案者は、アメリカの対外収支は脆弱化しているという認識に立ち、これらの貸付は攪乱的な望ましくない資本移動であって、アメリカの国際収支問題を悪化させていると考えた。

一九六三年七月、そのような資本流出を削減するためにとられた最初の措置が、アメリカで売られるすべての新規発行の外国証券・株式に金利平衡税〔訳注3〕（IET）を課すことだった。金利平衡税はケネディ政権内の二人の銀行家ダグラス・ディロンとロバート・ローザによって設計された。他の政権幹部はジョン・F・ケネディを説得し直接的資本規制を考慮すべきと訴えたが、二人は市場志向の代替策として金利平衡税を選んだ。[8] ディロンとローザは、金利平衡税を提唱するとともに、西ヨーロッパ各国政府にそれぞれの資本市場の自由化と規制緩和を奨励する積極的なキャンペーンを行い、ヨーロッパの資本市場が不完全だからこそ、多くのヨーロッパ企業がニューヨーク市場から不必要な金を借りなければならなかったのだと主張した。彼らによれば、諸外国で自由化と規制緩和が進めば、国際資本市場はより適切に機能するようになる。そうなれば、たとえば、国際金利差は、資本の生産性に関する各国ごとの差異をより正確に反映するようになるだろう。これはまた、アメリカからヨーロッパへの攪乱的な資本流出を減少させ、アメリカによる資本規制の必要性を低下させるだろう。[9]

ディロンとローザはアメリカの政策をより自由化しようとしたが、そうこうしているうちに資本規制を厳格化するため二つの措置が導入された。まず一九六四年、金利平衡税の適用範囲が、ノンバンクによる一年ないし三年の貸付だけではなく、一年以上の銀行融資にまで拡大された。そして一九六五年、アメリカの銀行・企業による資本輸出を削ぐべく自主規制プログラムが設定された。ヴェトナム戦争の激化とリンドン・ジョンソン大統領の「偉大な社会」プログラム〔訳注4〕によって、アメリカの国際収支状況が悪化したことも、これら二つの措置がとられた一因だった。これらはまた、資本輸出を続けようとして金融機関が捻り出した代替策のいくつかを封じることも意図していた。特に金利平衡税について言えば、当初は適用外だった銀行融資に対外貸付をシフトすることによって、課税逃れが生じていたからである。実際、直接的な資本規制に反対する中でディロンとローザが警告したように、そしてブレトン・ウッズ会議に出席した銀行家もかつて主張していたように、資本規制をかいくぐるのは容易であり、まともに機能させようとすれば、規制をどんどん強めるしかない。ローザによれば、そうした規制は、最終的には「文字通り、アメリカ資本主義の血流をせき止めてしまう」。[10]

これらの措置は、戦後の資本移動にアメリカが課した最初の規制だったが、そこには、一九四〇年代、五〇年代と同じように、自由な金融秩序のもたらす便益なるものに対するアメリカの政策立案者の疑念が示されていた。たとえば、一九六七年の『大統領経済報告』で資本規制が妥当とされたのは、資金移動は、金融政策、税制、金融構造、景気循環が国家間で異なることに反応しているにすぎず、世界の稀少資本の最適配分にはつながらないという理由からであった。一九六八年、アメリカ銀行家協会でさえ認めざるを得なかったように、資本移動の多くが投機的かつ非生産的で、租税回避を目的とするものである以上、自由な資本移動を正当化する根拠は薄弱だった。[11]

資本規制プログラムはまた、アメリカの対外経済政策における重点項目の継続も示していた。すなわち、一九四七年以来そうであったように、ニューディールの経済理念とグローバルな安全保障上の目標における優先事項が、アメリカの銀行家の利益よりも重視され続けていたのである。資本規制プログラムの代替案としてアメリカ銀行業界の代表が主張したのは、一九六〇年代を通じ、主流派のデフレ措置をとると同時に海外軍事支出・援助支出を削減すべきということだった。[12] しかし、どちらも、ワシントンの政界では真剣には考慮されなかった。ケネディ政権もジョンソン政権も、海外援助・軍事支出の削減によって、アメリカのグローバルな役割を制限したり減少させたりするつもりはなかった。そのうえ、一九六〇年代の初めにケインズ主義への転向を公言していたため、民主党両政権は、対外収支不均衡を是正する目的で介入主義的国内政策を放棄するつもりもなかった。ケインズ、ホワイトと同様に、実際にケネディのアドヴァイザーの多くも、すべての問題を高度に政治的な観点から見ていた。すなわち、「これは金融政策全般をめぐる闘争だ。一方には、一国の政府がいる。もう一方には、常に民主党政権に反発してきた国内保守派の支持するヨーロッパの銀行家がいる」と見なしていた[13]。安全保障問題、国内の金融・財政政策の自律性を両政権が優先したことは、ニューディール政策を支持したアメリカ労働総同盟・産業別組合会議(AFL-CIO)や、少なくとも最初は同政策を支持した経済開発委員会(CED)内の産業界のリーダーによって受け入れられただけではない。議会もまた強く支持したのである[14]。銀行家の政治的立場が弱かったことを示すさらなる事例としては、銀行の海外展開が、産業資本家よりも厳しく規制されていたということがある。ケネディ政権は当初、アメリカ産業資本の海外直接投資規制に積極的だったが、ルーサー・H・ホッジス商務長官と有力な産業資本関係者から強い政治的圧力を受け、一九六二年、規制を緩めざるを得なくなった[15]。ニューヨークの銀行界は金利平衡税のターゲットにされやすかった。また一九六五年以降の銀行規制も、多国籍産業資本への規制より厳格に実施された。ジョン・コニーベアが指摘しているように、この時期、銀行は自らがどれだけ「政治的に脆弱」で「歴史的にみても弱い」立場にあるかを実感していた[16]。

資本規制プログラムの阻止にはほとんど成功しなかったが、(一九五七年以降のロンドンの同業者と同じように)アメリカの銀行家は、新興のユーロダラー市場へ参入することによって、自分たちの抱える問題から一時的に逃れられるようになった。彼らは、ロンドンに国際的なドル事業を移すことによって、資本規制プログラムが国際的取引に課す制限から逃れ、国際金融における支配的な地位を保持することができた。こうした手が使えると分かり、資本規制プログラムへの銀行家の反発は、実際、かなり減少した[17]。彼らがすぐに気づいたように、ユーロ市場を使えば、預金準備率規制や金利上限規制といった国内のニューディール金融規制を回避できた。たとえば一九六六年、および一九六九年から一九七〇年にかけての国内の信用収縮の間、国内の金融業者は、金利上限規制を嫌い、ユーロ市場を「周遊」していた。

オフショア市場への事業展開について、銀行家は、国内からかなりの政治的支持を得ていた。アメリカの銀行の海外支店からの外貨貸付は、最初から明確に金利平衡税の対象外とされたし、一九六七年には、銀行から強い圧力を受け、オフショアでのドルの貸付についても金利平衡税が免除されるようになった。銀行家はまた、自主的貸付規制がオフショア銀行活動には適用されないことも保証された。さらに、連邦準備制度や財務省といった、連邦政府のなかでも伝統的に銀行家の利益に理解のある部局は、銀行のオフショア活動を積極的に奨励し、海外での新たな銀行支店の設立にはほとんど規制を課さなかった。一九三一年以前の時代の遺産、たとえば第一次世界大戦後のアメリカの対外貸付を奨励することを目的として成立した一九一九年エッジ法なども、アメリカの銀行による海外事業拡大を助長した[18]。一九六五年以降は、アメリカの多国籍産業資本の政治力が相対的に強いことが銀行にとって恵みの雨となった。自主的資本規制プログラムを多国籍産業資本に課したとき、ジョンソン政権は規制プログラムへの反対を抑えるために、海外事業活動の資金調達のためならユーロ市場を使えばよいと、明確にこれら企業に働きかけたのである[19]。

アメリカの銀行と多国籍産業資本が入り込むことによって、ユーロダラー市場は短期資金市場から姿を変え、以前はニューヨーク市場が満たしていたニーズに対応する本格的な国際資本市場となった。アメリカの金融界に対し、ロンドンのユーロ市場は、厳しくなる一方の連邦政府によって邪魔されずに国際的な活動を行うことができる場を提供した。アメリカの銀行家が戦後初期にロンドンの銀行家との連携を模索していた時には思いもよらなかった展開で、シティが伝統的に開放的な市場であったことが功を奏し、より自由な国際金融秩序が生み出された。一九二〇年代に隆盛を誇ったロンドン―ニューヨーク金融枢軸を、国内に政治的制約を抱えつつ、どのように再構築するか。実際のところ、ユーロ市場が生み出されたことによって、両国の銀行家は、この問題への解決策を偶然見いだした。財務長官ヘンリー・ファウラーの指摘によれば、「自由世界は発展途上の国際資本市場に、合理的判断に基づき意図的に参入したのではなく、不注意にも舞い戻ってしまったのだ」ということになるが、彼はユーロ市場発見の偶発的性格を正しく表現していたのである。(20)

アメリカ政府が新興のユーロダラー市場を支持したのは、単にアメリカの銀行や企業の利益を慮ってのことではなかった。同様に重要だったのは、ユーロダラー市場が外国人にとってのドル保有の魅力を高める方法を提供するとアメリカ政府が認識したことだった。一九六〇年代後半の最初のドル危機以来、一貫してアメリカ政府は、外国の中央銀行にドル保有を促すことによって対外赤字を補塡し、自らの調整政策を先延ばしにしようとしてきた。赤字が大きくなるにつれて、ドルの金への交換は控えてもらいたいという要請は、より手の込んだものとなり、アメリカの海外軍事支出といった問題と関連づけられることが多くなっていった。(21) しかしながら、この戦略には二つの大きな限界があった。第一に、多くの政府は、アメリカが事実上、一種のドル紙幣本位制を受け入れさせようとしているとして反発した。外国政府、特にフランスは、国際通貨体制の基軸通貨発行国として、アメリカ政府が通貨発行特権を濫用しているという認識をますます深めていた。外国政府はまた、ドル保有がもたらす国内マネーサプライへのインフレ効果を懸念した。第二に、アメリカが外国政府に圧力をかけても、ますます重要となりつつあった民間国際金融機関にはほとんど影響を与えられなかった。アメリカの赤字が拡大するにつれ、ドルの金への交換性に対する信頼が損なわれた。そのうえ、当時はアメリカ国内の要求払い預金に利子は付かず、その他短期預金への利子支払いは連邦準備制度の実施するレギュレーションQ〔訳注5〕によって制限されていて、ドルは、外国政府にとって保有する魅力が比較的乏しい資産だった。

アメリカは、外国の中央銀行によるドル保有をレギュレーションQの規制対象から外す措置をとってドルの魅力を高め、外国人に訴えようとしたが、ユーロダラー市場の出現は、ドルの魅力を高めるうえでそれ以上に有効だと分かった。ユーロダラー市場に金利規制がないということは、官民どちらのドル保有であろうと、アメリカあるいは大陸ヨーロッパよりも高い市場金利を享受できることを意味した。さらに、ユーロダラー市場は流動性が高く、規制もないので、投資を行う場としては魅力的だった。ユーロダラー市場がドル保有を促したことは、アメリカの政策立案者によって広く理解されていた。マルチェロ・デ・チェッコが早くも一九六〇年に指摘しているように、ディロンは議会に対し、ユーロダラー市場が「外国人にドル預金を維持するよう説得し、結果的にアメリカからの金流出を止める絶妙の方法」をもたらしたと述べた。[22] アメリカ銀行家協会も、この利点を強調し、ユーロダラー市場を規制しないようアメリカ当局に働きかけた。[23]

ユーロダラー市場をアメリカが支持したのは、資本規制プログラムに対するアメリカの銀行・企業からの反応だけではなく、世界経済におけるアメリカの地位の変化にも関係していた。対外赤字の増大に直面し、アメリカ政府は、外国政府と民間投資家にこれらの赤字を補塡するよう促すことによって、調整措置を採らずに済ませようとした。この戦略で中心となるのは、外国人に対しユーロダラー市場の魅力を高めることだった。こののち一九七〇年代、一九八〇年代を通じて一般化していくアプローチを採ることによって、ワシントンの政策立案者は、外的制約が高まるなか自国の政策の自律性を維持する手段として、より自由な国際金融秩序を育成したのである。

第三節　開放性拡大への対処

ユーロ市場が誕生し、さらには、交換性回復後、国際金融取引に対する市場参加者の信頼が復活したこともあって、一九六〇年代の金融市場は、過去数十年間みられなかったほど開放度が高まった。しかしながら、イギリスとアメリカはユーロ市場を支持したものの、先進工業諸国は、ブレトン・ウッズで議論された理由、つまり、攪乱的な投機的資本移動は政策の自律性を制約し、ブレトン・ウッズの安定的為替相場体制と自由な貿易関係の両方を破壊しかねないという理由から、国際資本移動を警戒し続けた。起こりうるこうした混乱を最小限に抑えるため、国家は、一九四〇年代後半と一九五〇年代には効果を発揮した二つのメカニズムを活用した。すなわち、単独で資本規制を実施するとともに相殺融資を利用したのである。

単独での資本規制

政策の自律性と為替平価を維持するための手段として、イギリス・アメリカ両国が単独で資本規制を講じたことはすでに述べた。ほとんどの大陸ヨーロッパ諸国政府も（第三章で議論したように、日本も）、一九六〇年代を通して、同じ理由から、長期・短期とも資本移動に制限を課した。一般に、これらの政府は直接規制を採用したが、（西ドイツ、オーストリア、スイスのように）国内銀行の対外勘定に特別準備を求めたり、非居住者の預金勘定への利子支払いを規制したりする、より間接的な方法を選好する政府もあった。(24)

しかしながら、これらヨーロッパ各国政府それぞれの関心は、常にイギリスやアメリカと同じというわけではなかった。イギリス、アメリカは、国際収支赤字が悪化し、拡張的な金融・財政プログラムが混乱することのないように、資本流出に対し規制策を講じた。一方、一九六〇年代、大陸ヨーロッパ政府の多くは、国内のインフレ抑制政策が無に帰することがないよう、資本流入を規制しようとしたのである。これらの国々の場合、交換性回復が、国内のインフレ、さらには大規模な国際収支黒字の時期と重なっていた。金融の開放が進んだ一九六〇年代のような環境で、こうした条件が重なり、各国中央銀行は国内の政策目標と対外的政策目標との衝突に見舞われた。国内のインフレを抑えるため金融引締め政策を採れば、短期資本を引き寄せてしまい、その結果、対外収支の黒字は増大するだろう。だからといって、対外均衡を目的として金利を引き下げると、国内のインフレを加速してしまうだけである。[25]

このジレンマに直面して、ヨーロッパの各中央銀行が選んだのは、ブレトン・ウッズの枠組みにしたがい、一九六〇年代を通じて国内のマクロ経済目標を優先し、金融引締め政策が呼び寄せる攪乱的な資本流入は規制して対外収支を均衡させることだった。[26] ヨーロッパの各中央銀行が政策の自律性を果たそうとしたことが示しているように、交換性回復の前には、西ヨーロッパ中で「埋め込まれた自由主義」派と、主流派に近い民間銀行・中央銀行との間で論争が繰り広げられたけれども、主流派グループは事実上、一九三一年以前の主流派からはかけ離れていた。一九三一年以前の通貨政策の目標は、少なくとも理論的には対外収支の均衡維持だったからである。一九三〇年代の混乱の結果、中央銀行は、計画的金融政策を通じて国内マクロ経済の安定を維持するという目標を追求し始めるようになった。[27] こうした計画的金融政策重視の姿勢は、新自由主義の多くの著名な思想家によって支持された。一九二〇年代のインフレと一九三〇年代の不況を経験したので、彼らは、市場経済存続のための中心的な条件の一つは、厳格な金融ルールに基づき、独立した中央銀行が金融の安定を維持することだと主張した。(28)

しかしながら中央銀行は、金融自由主義の原則を保持しており、資本規制の使用は一時的なものにとどめるべきだと強調した。中央銀行の議論によれば、国際通貨システムが本質的に「不完全である」以上、規制は必要だった。実際、アメリカは、自国の政策に対する規律を欠いており、西ヨーロッパにインフレを輸出していた。より適切な国際通貨システムが確立し、アメリカの行動にもっと制約をかけられるようになるまでは、政策の自律性を維持するための次善の策として、資本規制が正当化される。これが西ヨーロッパ金融当局の主張であった。(29)

金融市場の開放は、別の面でもヨーロッパの政策の自律性を脅かしたが、これがまた一九六〇年代に資本規制策を講ずる動機となった。フランス、イタリア、スカンジナヴィア諸国のような一部の国々では、国際金融市場の復活は、戦後の総合経済計画と産業政策の重要な手段となっていた措置、すなわち人為的低金利と信用割当の効果を弱めかねなかった。(30)海外からの借入や海外への投資によって、国内の市場参加者がこうした国内金融調整メカニズムから逃れられないように、対外規制が必要だった。同様に、国際的に動き回る投機資金が増えれば、割引率操作に依拠する国内金融政策の有効性〔訳注6〕は弱まる可能性があった。たとえば金融引締め政策をとったとしても、高金利が国際的な浮動資金を引き寄せ、その結果、国内金利が下がることになれば、政策の効果はまったくなくなるだろう。これは実際に一九五九年半ばから一九六〇年半ばにかけて西ドイツが経験したことであり、これによってフランクフルトの金融当局は、為替管理の再導入を真剣に考えるようになった。(31)

西ヨーロッパ、アメリカ、日本の政府がすべて自由な資本移動を制限したことを考えれば、一九六一年にOECDが設立された時、その組織で資本移動自由化コードが作られたことは、少し意外かもしれない。[32]しかし実際には、自由化コードと言ってもその内容は限定的であり、この時期、各国が全体として国際資本移動を警戒し、ブレトン・ウッズ体制の枠組みを遵守し続けたことが明らかになったにすぎない。コードの第一条には、資本移動の自由化義務を果たさなければならないのは「効果的な経済協力に必要な範囲で」行われる場合のみだと明記された。OECDで金融局長を務めたレイモン・ベルトランが指摘したように、この留保条項が盛り込まれたことにより、「コードの基本的な履行義務は、実質上、自主性に任された」。[33]したがって、IMF協定の諸条項に盛り込まれた資本移動規制の権利とは矛盾しなかった。さらに、コードに調印する際、どの国も、すべての項目に関し、将来の期日を設定し、それまで履行を先延ばしすることできた。[34]また自由化コードには免責条項(第七条)も含まれており、「経済・金融の混乱が深刻」である場合や「もし加盟国の総合収支が一定の率で悪化する場合、あるいは深刻であると当該国が判断するほどの状況に陥っている場合」には、自由化コードの各条項を一時的に停止できた。レイモン・ベルトランが述べているように、「これら二つの特例条項は広範囲に及ぶので、義務を果たさないためのどんな言い訳も成り立ってしまう」。[35]また自由化キャンペーンが対象としたのは、資金の移動ではなく、直接投資だった。ケインズとホワイトは、生産的資本の望ましい移動と、攪乱的な投機資本の望ましくない移動を区分したが、資金の移動が話題に上ったときはいつでも、この区分が持ち出され、前者のみが自由化の対象とされた。たとえば、(商業信用を除く)短期資本移動は、自由化コードから除外された。OECDの報告書にあるように、「それらはホットマネーを運ぶ手段だからであり、またそうした資金の規制が国内金融政策を強化するために必要だと考えられることが多かったからである」[36]。中・長期の資本移動の自由化が奨励されたとしても、それは、貿易や通常の銀行業務、個人的取引に直接関わる資本移動だけだった[37]。コードは、国境を越えた証券取引の自由化も目指したが、そうした資本移動が不均衡を増幅させている場合、それを許可する義務はなかった。こうした留保条項があってもなお、各国が自由化コードに同意する際、明記した先延ばし項目の半数以上は、証券取引の自由化に関するものだった[38]。

要するに、ハンス・ランドストロムが指摘するとおり、自由化コードと言っても、自由な国際金融システムの望ましさをめぐって新たなコンセンサスができあがったことにはならなかった[39]。むしろ、自由化コードの大半は、具体的に金融自由化を促進するべく、OECDの金融担当者たちが努力し続けたということを表していたにすぎない。一九五〇年代、OECDの前身である欧州経済協力機構（OEEC）の金融担当者も、そうする資格がないにもかかわらず、金融取引の自由化を加盟各国政府に要求していた[40]。同様にEPU理事会の金融担当者も、資本移動を規制する権利がEPU規約に含まれているにもかかわらず、一九五〇年代を通して、資本規制の解除を政府に強く働きかけた[41]。このように、主としてOECDのコードは、国際機関に数多くいた金融担当者の新自由主義志向を示していたにすぎず、いかなる政府であれ、ブレトン・ウッズの金融フレームワークから逸脱していることを表すものではなかった。

相殺融資

一九六〇年代、ほとんどの国が国際資本移動を警戒し続けたことを示す、もうひとつの事例は、各国間で相殺融資の大規模なネットワークを構築していたことである。その主な動機は、マーシャル・プランやEPUの時期と同じだった。すなわち、攪乱的かつ投機的な資本流出に見舞われた国家において政策の自律性を維持すること、そして、資本規制の効果を高める手段として国家が貿易を阻害するような為替管理を実施せざるを得ない状況を回避することが目指された。(42) この時期、資本流出の補塡に利用できる資金について二つの動きがあった。

まず第一に、IMF資金を資本移動の補塡に使えるようにしたことである。これには、IMF協定第六条第一項に関する、一九四六年の厳しすぎる解釈を覆す必要があった。資本移動によって生じる赤字を補塡するためにIMF資金を利用することはできないと規定していたからである（第三章参照）。一九六一年、この解釈変更に重要な役割を果たしたのは、一九五六年からIMF専務理事を務めていたペール・ヤコブソンだった。彼がIMF資金の利用を支持したのは、そうすることによって貿易制限という手段を防げるだけでなく、資本規制の必要性が低下し、結果的に、より自由な国際金融システムを構築しやすくなるからだった。(43) ヤコブソンはまた、資本移動の補塡に使えるIMF資金を増額した。一九六二年の一般借入取極〔訳注7〕（GAB）創設はもちろんのこと、一九六四年から一九六五年のIMFクォータ〔訳注8〕の増額に見られるように、彼の試みは成功した。両措置とも明らかに、資本移動を相殺するために資金が利用できるようにすることを意図していた。(44)

しかしながら、IMFの意思決定構造は厄介であり、巨額資金の迅速な供給はそう簡単ではなかった。投機的な資本移動に対する防御の最前線のニーズに応えるためには、より機動的な機関、すなわち国際決済銀行（BIS）が必要であった。一九四〇年代後半、廃止の危機からアメリカの銀行界によって救済されたが、その後、BISは、一九五〇年代のヨーロッパで、EPUの代行機関としてマイナーな地域的役割を果たしただけであった。BISに地域限定の機能しかないことは、日本がサンフランシスコ平和条約に調印する際、BISの会員資格を断念するよう「説き伏せられた」とき明らかになった[45]。さらに言えば、一九四〇年代後半から一九五〇年代にかけて、アメリカの公的機関の代表はBIS月例会議に出席していなかった。しかしながら、一九六〇年のドル危機のあと、ヨーロッパ諸国は、FRBの代表者の出席を求めBIS会議に招いた。チャールズ・クームズの言葉を借りれば、一九三〇年代の初め以降「萎んでしまった」一九三一年以前の大西洋中央銀行間協力の伝統が復活したのである[46]。一九六〇年代の初めにはカナダ銀行と日本銀行もオブザーヴァーとして招かれ、一九七〇年に正式メンバーとなった[47]。公式の協定などないBISの、クラブのような雰囲気の中で、FRBの代表者は率先して、主要な先進工業国中央銀行間で一連の短期信用とスワップの話をまとめ上げ、投機的資本移動を補塡しようとした。一九六五年までに一一の中央銀行間で合意し、一九六四年から一九六六年のスターリング防衛の際は、こうした中央銀行間協力の重要性が明らかとなった[48]。

一九六〇年代、IMFとBISで相殺融資ネットワークが具体化することに関して、議論がまったくなかったわけではない。カナダのルイス・ラズミンスキーは、一九六一年に第六条第一項の解釈が変更されたことを警戒するとともに、相殺融資は投機的資本移動の自由を拡大し、結局は為替相場システムの安定性を脅かすだろうと正確に予測していた[49]。フランス政府も、この融資によって、本来必要な調整が行われなくなるという理由で、一般借入取極の創設のみならず、第六条第一項の解釈変更に反対した。それをオランダとベルギーも支持したが、フランスのもくろみは失敗した。ほとんどの資金がドルとポンドの防衛に使われたので、これら各国にとって、補塡は、フランスのIMF代表が語ったとおり、単なる「アングロサクソン諸国のトリック」のように思われた[50]。そうならないようにするため、フランスと西ドイツは、相殺融資をする場合、受入国の経済政策に対する「多国間サーヴェイランス」を義務づけるべきだと主張した。サーヴェイランスの主体は、BIS、IMF、および新たに創設されたOECDの第三作業部会（財務官僚や中央銀行当局者をメンバーとしている）であった。だが、こうしたサーヴェイランス・メカニズムが設立されても、これら組織の勧告はほとんどが主流派的なものであり、それに耳が傾けられたのは、一九六四年から一九六七年にかけてのイングランド銀行、一九六七年のイタリア銀行のように、勧告された政策内容を国内の「仲間」も支持したときだけだった。[51]

これら多様な相殺融資ネットワークが重要なのは、ただ投機的圧力を緩和したからだけではない。そうしたネットワークによって、各国の財務省や中央銀行、そして国際機関に在籍する金融当局者間での緊密な国際連携が促されたという意味でも重要だった。ここで言う国際機関とは、OECD、IMF、世界銀行、BISといった組織であり、職員は主にG10諸国、すなわちアメリカ、カナダ、日本、西ドイツ、フランス、イタリア、イギリス、スウェーデン、オランダ、ベルギー出身者だった。[52] そのうえ、こうした国際連携は、一九三一年以前の時代には際立っていたものの、戦後初期にはほとんど存在しなかった金融国際主義の再興も後押しした。ポール・ヴォルカーが指摘しているとおり、一九四〇年代、一九五〇年代のアメリカ政府内で、「国際金融の経験と専門性を備えた人物はあまり多くはなく、海外の金融当局者をよく知る［政策］担当者はほとんどいなかった」。[53] しかしながら、一九六〇年代にいろいろな会議が開かれたことによって、G10諸国の重要な金融政策立案者の間に「長く続く友好関係」が育まれ、「常連の参加者の間で使命感、仲間意識」が共有されるようになった。[54]ヴォルカーは振り返る。OECDの第三作業部会において、たとえば金融当局者は、「国際通貨体制の安定を守るという、非常に特別で重要な、しかし周りには理解しにくい責任を果たす存在として、自らを考えるようになった。高僧のように、あるいは国を離れた王子のように、彼らは、ほとんどの人にはなじみのない技能、秘密保持と相互信頼をかなりの程度必要とする技能を教え込まれた」。さらに彼らは、ヴォルカーが述べているように、「たぐいまれな責任感、共通の目的意識を持ち、相互信頼を育んだ。こうした信頼に基づき、のちに彼らは、迅速な意思決定能力を発揮することになったのである」[55]。

一九六〇年代の一〇年間は国際金融の移行期だった。資本規制が各国で講じられ、相殺融資ネットワークが発展したことから分かるように、先進工業世界では国家がなおも、投機的で攪乱的な資本移動、より一般的に言えば開放的国際金融秩序を警戒していた。しかしながら、ユーロ市場の創設と成長を支持するなかで、アメリカとイギリスは、ブレトン・ウッズの制限的金融秩序からの最初の決定的な転換を促した。

ここで注意すべきは、イギリスやアメリカの単独行動が、より開放的な金融秩序を推進したこと、貨幣には固有の可動性・代替可能性があるため、自由化に向けた両国の単独行動が国際的金融活動の急成長にとって有効だったことである。これら二カ国が認めた自由はわずかなものだったが、資金力豊富な市場参加者はその自由を活用できた。単独行動のもたらす自由化がより開放的な秩序を後押しできることは、一九五〇年代にイギリスがＥＰＵ内で行った自由化ですでに明らかだった。同じことが一九七〇年代、一九八〇年代にもさらにはっきりすることになる。

イギリスがリーダーシップをとって金融の開放を支えるという構図は、一九七〇年代、一九八〇年代に至っても、グローバル化のトレンドを形成する政治状況を特徴づけていた。イギリスがこのように熱心だったのは、国際金融センターとしてのロンドンの地位を維持するという傾向が歴史的に根強かったからである。こうして、国際金融センター・ロンドンの維持という傾向は「過去を引きずる」形で続く一方、ヘゲモニー国としてのイギリスの地位は衰退していた。イギリス金融当局は、ユーロ市場の中に、こうした状況に折り合いをつける手段を見いだしたのである。

同じ時期、アメリカもユーロ市場を支持したが、これもまた、アメリカがこの後の二〇年、ますます金融自由化に熱を上げていく状況の予兆となった。ユーロ市場支持の理由のひとつは、ニューヨークの金融界と多国籍産業資本が、アメリカの資本規制プログラムの結果、失った自由の代償として、ユーロ市場へのアクセスを要求したことだった。産業資本家と銀行家とのこうした同盟は、重要な変化を意味していた。というのも、戦後初期、二つのグループは、金融自由主義の問題をめぐって対立していたからである。事実、この同盟は、ブレトン・ウッズの制限的金融秩序を支持してきた国内連合が破綻し、より自由なアプローチを支持する連合が生まれたことを示していた。アメリカがユーロ市場を支持するもう一つの理由は、外国人の手を借りながら対外収支赤字の補塡を進めるための重要なツールをユーロ市場に見いだしたことである。このツールは、その後二〇年の間に重要性を増すこととなった。というのも、アメリカは、新たな開放的グローバル金融秩序における自らの支配的立場をますます利用するようになり、国内外で制約要因が強まる中、政策の自律性を維持しようとしたからである。

BIS内に相殺融資ネットワークが構築されたことは、この組織が一九四〇年代と一九五〇年代に担った限定的機能とは対照的に、次の二〇年間、国際金融をめぐる政治において重要な役割を果たすであろうことも示していた。それはまた、一九三一年の危機以来、痛ましいほど欠落していた中央銀行間協力の精神をよみがえらせた。こうした融資ネットワークを構築するなかで、G10諸国の中央銀行は、一九七〇年代、一九八〇年代に国際的な最後の貸し手として協調行動をとるための土台を築いたのである。これについては、第八章で述べる。

(1) Hirsch and Oppenheimer (1976: 661).
(2) たとえば、Wriston (1986: 133) を参照せよ。
(3) たとえば、Frieden (1987: 116), Kelly (1976: 41), Strange (1971: 209) を参照せよ。
(4) Katz (1961: 20).
(5) Strange (1976: 180).
(6) Kelly (1976: 42-45, 57-82).
(7) Odell (1982: 107), Conybeare (1988: 157).
(8) Conybeare (1988: 82-85, 101, 107), Hawley (1987: 23, 48, 53). こうした理由で金利平衡税を支持した者がほかにもいた。U. S. Congress (1963c: 362, 376-77) を参照せよ。
(9) Hawley (1987: 48-49). 一九六四年の大統領タスクフォースは、この議論を取り上げ、報告書において、国務省・財務省がＩＭＦ、ＯＥＣＤを通じ海外の規制撤廃を進めるよう勧告した (ABA 1968: 246)。OECD (1966: 16-17), ABA (1968: 203), Volcker and Gyohten (1992: 33) も参照せよ。
(10) Conybeare (1988: 157) に引用されている。ディロンによる発言も参照せよ (U. S. Congress 1963a: 28)。
(11) ABA (1968: 203-6, 225, 229, 246, 252). 租税回避は一九六〇年代のユーロボンド取引のかなりの部分を占めていた (Cooper 1971: 204; Genillard 1970: 326)。
(12) U. S. Congress (1963b: 309), Conybeare (1988: chap. 5, 190-208, 226-27), Hawley (1987: 53-56, 75-76).

（13）Odell (1982: 106). 実際、ケネディ大統領は、民間資本移動の自由を維持するために政府のプログラムを切り詰めるなど「馬鹿げている」と述べたとされる（Conybeare 1988: 154）。Conybeare (1988: 69-70, 79, 101), Hawley (1987: 21, 64-65) も参照せよ。デイヴィッド・ロックフェラーのような銀行家でさえ、国家安全保障のための支出を削減することよりは資本規制のほうが望ましいという見解を受け入れた（Hawley 1987: 36）。

（14）AFL－CIOと議会の見解については、Conybeare (1988: 132-36, 181-86) を参照せよ。CEDは一時的にのみ資本規制を受け入れるつもりだった（CED 1961: 65; Hawley 1987: 39, 74-75）。Ferguson and Rogers (1986: 51-57, 237n21) の指摘によれば、ニューディールの産業家はケネディとジョンソンが国内の成長と安全保障を重視したことを強く支持した。

（15）Hawley (1987: chap. 2).

（16）Conybeare (1988: 110, 114, 117), De Cecco (1976: 394).

（17）Hawley (1987: 60-61), Conybeare (1988: 109-113, 118). 一九六八年、アメリカ銀行家協会は、ユーロ市場によってアメリカの諸団体は資本規制プログラムを相殺するための手段を獲得したと指摘したが、そのような方法は「規制による弊害を完全に相殺」したわけではないと述べている（ABA 1968: 243）。

（18）エッジ法による対外貸付支持については、Conybeare (1988: 116, 120), Odell (1982: 127), Aronson (1977: 62), Hawley (1987: 52), ABA (1968: 245), Spero (1980: 47-48), Robinson (1972: 182-84), Kelley (1976: 87) を参照せよ。

（19）事実、Versluysen (1981: 31) が述べているように、もしもユーロ市場がなかったなら、ジョンソン政権は、一九六八年、多国籍産業資本に対し強制的な資本規制を課すことはなかっただろう（この点については第五章で議論する）。

（20）Roll (1971: 61) におけるファウラーの言葉。

（21）Coombs (1976: 8), Strange (1976: chap. 9).

（22）De Cecco (1987b: 187). こうした理由に基づきアメリカがユーロダラー市場を支持したことに関しては、Strange (1971: 209) も参照せよ。

（23）ABA (1968: 5, 240, 252-53).

（24）一九六〇年代の西ヨーロッパの資本規制全般を概観するには、特にKatz（1969）, Mills（1976）を参照せよ。オーストリア、西ドイツ、スイスの中央銀行の間では、金融の自由を維持するという規範的義務が強力であり、このため、これらの国々は直接的資本規制が採れなかった。これについては、たとえば、オーストリア国立銀行総裁ラインハルト・カミッツの見解を参照のこと（Thurn 1972: 163-64）。
（25）Gilbert（1963）, Katz（1969）. 通貨の交換性が回復する前は、資本移動が制限されていたこと、そして、インフレーション時には赤字、デフレーション時には黒字という組み合わせをもたらす独特な環境が存在したことによって、対外目標と対内目標の衝突は最小化されていた。Bloomfield（1968: 31）, Gilbert（1963）を参照せよ。
（26）Katz（1969: 4, 32, 42, 44）.
（27）Katz（1969: 45）, Bloomfield（1959: 24）, Goodhart（1985）を参照せよ。
（28）Bernholtz（1989）, Barry（1989: 109）, Hardach（1976: 143）. これは、一九世紀マンチェスターの自由主義者が奉ずる純粋な自由放任アプローチを、新自由主義者が大幅に修正した議論の一部をなす。
（29）たとえば、Kloss（1972: 105-6）を参照せよ。
（30）たとえば、Zysman（1983）を参照せよ。
（31）Katz（1969: 12）.
（32）コードについてはOECD（1971: 41-43）を参照せよ。コードの前身は一九五九年に欧州経済協力機構内で作られた。
（33）Bertrand（1981: 6）.
（34）自由化を促進するため、一九六四年、資本自由化コードが修正された。修正内容には、各国が希望したとき、どの先延ばし項目を付加したり削除したりできるのかを、資本フローのタイプ別で区分することが含まれていた。
（35）Bertrand（1981: 8）. 特例が認められるのは一八カ月にすぎなかったが、この規定は無視されることが多かった（Bertrand 1981: 8-9）。
（36）OECD（1971: 38）.
（37）OEEC（1961: 34-36）.

（38）Lundstrom（1961: 136）, OEEC（1961: 33）.

（39）Lundstrom（1961: 134, 136）. Goodman and Pauly（1990: 10）も参照せよ。

（40）たとえば、ＯＥＥＣ理事会の勧告（OEEC 1954: 79; 1957: 38）とあわせ、一九五五年のＯＥＥＣ貿易外取引委員会の勧告（Rees 1963: 216）を参照せよ。

（41）Kaplan and Schleiminger（1989: 34, 235）, Diebold（1952: 106n31）.

（42）Horsefield（1969a: 505）, Jacobson（1979: 363）, Schweitzer（1966: 53-54）.

（43）Gold（1977: 25）. 実際、ＩＭＦは早くも一九五四年には資本移動によって生ずる赤字に融資していた（Horsefield 1969b: 412-14）。

（44）Chalmers（1972: 19）, De Vries（1985a: 513）, Horsefield（1969c: 245）, Strange（1976: 97, 107）. 厳密に言えば、ブレトン・ウッズ協定第六条第一項が意図していたのは、資本移動といっても、投機的性格のものではなく、生産的な資本移動を相殺するためにのみＩＭＦ融資を行うことだった。しかしながらヤコブソンは、ＩＭＦ協定の条文を自由に解釈し、一九六〇年代を通じ、ＩＭＦ資金を利用していた。さらに、一九六九年に初めてＩＭＦ協定の条文が改正されたとき、第六条第一項は、すべての資本移動について、ＩＭＦが融資できることを認めるように書き換えられた（Gold 1971: 22; 1977: 27）。

（45）Schloss（1970: 34）. 西ドイツは一九五〇年四月、メンバーとなることが再承認された。戦後、東ヨーロッパの諸政府はＢＩＳメンバーのままだった。

（46）Coombs（1976: 22）. アメリカは、一九六〇年以後、ＢＩＳの会議にオブザーヴァーとして参加したが、ＢＩＳ設立時に割り当てられた株式を再取得することはなかった。一九三〇年代には、ＢＩＳのアメリカ代表は民間銀行家だった。

（47）Adams and Hoshii（1972）, Plumptre（1977: 188, 198）. 一九六〇年代においてなおＢＩＳがヨーロッパ中心主義だったことについては、Volcker and Gyohten（1992: 57）における行天豊雄の経験談を参照せよ。

（48）Hirsch（1967: 246-48）, Strange（1976: 84-86）, Russell（1973）, Coombs（1976: 24-41）.

（49）Horsefield（1969a: 504）.

（50）Jacobsson（1979: 360）に引用されている。Strange（1976: 99, 107, 109, 111）, Horsefield（1969a: 504, 506）も参照せよ。

（51）Strange（1976: chap. 5; 1971: 289-91）, Russell（1973: 461-62）, Hirsch（1967: 254）. 多国間サーヴェイランスの歴史については Pauly（1992）を参照せよ。

（52）これがＯＥＣＤ第三作業部会のメンバーであり、ＢＩＳ理事会のメンバーだった。つまり同じ国々が一般借入取極を創設したのである。スイスが遅れてＧ10に加わったが、グループ名は変更されなかった。

（53）Volcker and Gyohten（1992: 24）.

（54）Russell（1973: 439）, Volcker and Gyohten（1992: 30）からの引用。Coombs（1976: 26-28）, Strange（1976: 971）も参照せよ。

（55）Volcker and Gyohten（1992: 29, 30）.

〔訳注１〕為替手形の引受・割引信用がポンド・スターリング建てで行われることを指す。「引受信用」は輸出業者の代金の受け取りを確実にするために、銀行が信用状を発行して貿易手形の支払いを保証する。また「割引信用」は期限付きの貿易手形を満期前に割り引くことで輸出代金を早期に回収可能にするものである（上川孝夫・藤田誠一・向壽一編『現代国際金融論』有斐閣、一九九九年、六三頁）。

〔訳注２〕ポンド・スターリング建ての引受け信用状。輸出手形の金額をポンド・スターリングで表示し、為替手形の対外支払いを引き受けることを保証する（上川孝夫・藤田誠一・向壽一編『現代国際金融論』有斐閣、一九九九年、六三頁）。

〔訳注３〕一九六三年に提案され、翌年から時限立法としてアメリカで実施された課税方式。非居住者の起債に二・七五〜一五％課税して、借入コストを高めることで資本流出の抑制を図った。国内外の金利差を平衡化することが目的とされたためこう呼ばれる。一九七四年に撤廃された。

〔訳注４〕一九六四年からジョンソン大統領によって進められた政策を指す。福祉政策の導入、貧困の除去、高齢者・貧困者への医療補助、公民権法などによる、黒人をはじめとするマイノリティへの政治的・社会的な権利の拡充

と地位の向上が主な目的とされた。これによって、一九六五年にメディケア（Medicare 老齢医療保険）とメディケイド（Medicaid 低所得者医療保険）が作られ、貧困者には食糧切符、児童手当、住宅補助政策等が導入された。財政規模の肥大化により、後のレーガン政権による市場重視型の政策へとつながったとの見方もある（伊東光晴編『岩波現代経済学事典』岩波書店、二〇〇四年、三〇頁）。

〔訳注5〕預金金利規制（要求払預金の付利禁止、貯蓄・定期預金の金利上限規制）を定めたアメリカの連邦準備法一九条に基づく規則（上川孝夫・藤田誠一・向壽一編『現代国際金融論』有斐閣、一九九九年、二八一～二八六頁）。

〔訳注6〕一般に「割引率」とは将来の貨幣価値を現在価値に変換する際に使われる率である。たとえば年間利子率五％とすると一年後の一万円の現在価値は五％割り引かれ、九五二四円ということになる（伊東光晴編『岩波現代経済学事典』岩波書店、二〇〇六年、八四五頁）。本文中の割引率は利子率と考えてよく、ここでは利子率を操作する金融政策の有効性が問題になっている。

　国際金融に関する「トリレンマ論」が教えるところでは、資本移動の自由、国内金融政策の自律、為替相場の安定という三つの政策目標は同時に達成できない。固定相場制下、利子率の操作により国内の経済状況に対応しようという金融政策が実効性を確保するには、資本移動は制限されていなければならない。利子率の変化に対応し国際的投機資金が活発に流出入するようだと有効な金融政策は打てないということになる。

〔訳注7〕アメリカ、ドイツ連邦銀行、日本、フランス、イギリス、イタリア、スイス国立銀行、カナダ、オランダ、ベルギー、スウェーデン中央銀行、の一一の先進諸国（またはその各国の中央銀行）から特定額の通貨を市場に連動した利率で借り入れることを可能にするＩＭＦの融資制度。一九八三年の広範な見直しにより、ＧＡＢに基づいた貸付限度額は約六〇億ＳＤＲから一七〇億ＳＤＲへと大幅に拡大されるとともに、これに関連したサウジアラビアとの取決めにより一五億ＳＤＲが付け加えられた。ＧＡＢ条項の大幅な修正により、ＩＭＦは、自前の財源が不足するという事態に直面した場合は、ＧＡＢ非参加国向け融資の財源調達にもＧＡＢを利用できるようになった。

　なお、ＧＡＢという場合、既存の融資制度としては一般借入取極とするのが一般的だが、ＧＡＢ創設時には一般借入協定（General Agreement to Borrow）と表記されていた。この点については伊藤正直・浅井良夫編『戦後IMF史』名古屋大学出版会、二〇一四年および西川輝『IMF自由主義政策の形成』名古屋大学出版会、二〇一四年も参照せよ。

〔訳注8〕IMFの融資財源は、加盟国が振り込むクォータ（出資割当額）が中心となっている。各加盟国には、総じてそれぞれの世界経済での相対的な地位を基に、クォータが割り当てられる。各国のクォータが、IMFへの各国の資金上のコミットメントの上限及びその議決権を定めるとともに、IMF融資へのアクセスに影響する。IMFに加盟する際、経済的規模及び特質が総じて同じと思われる、加盟済みの国々のクォータと同じ範囲内で、最初のクォータが割り当てられる。IMFでは、加盟国の相対的地位を評価する際の助けとして、クォータ計算式を活用する。

現行のクォータ計算式は、GDP（比重五〇％）、開放度（同三〇％）、経済変数（同一五％）及び外貨準備高（同五％）の加重平均を採用している。クォータは、IMFの会計単位である特別引出権（SDRs）建てとなっており、IMFの最大の加盟国はアメリカで、二〇一四年一〇月現在のクォータは四二一億SDR（約六五〇億ドル）である。最小の加盟国はツバルで、現在のクォータは一八〇万SDR（約二七八万ドル）となっている。

IMFは、融資のための資金が必要な際にはクォータの残額を加盟国に求めることができ、その場合は加盟国の自国通貨による払い込みが可能である。クォータと、全加盟国が同数有する基礎票を合わせたものによって加盟国の議決権の比重が決定する。また、各加盟国がIMFから融資を受けられる金額や、SDRの割当額を決定する際にもクォータが用いられる。IMFの融資のほとんどは加盟国のクォータから支払われる。例外は、貧困削減・成長ファシリティに基づく融資で、この融資のための資金はIMFが管理するトラスト・ファンドと、IMFおよび広範囲にわたる加盟国からの資金提供による。

第五章　金融協力の失敗——一九七〇年代前半の状況

ケインズとホワイトが予測したとおり、一九六〇年代に民間の国際金融取引が拡大したことによって、投機的資本移動に拍車がかかった。そして一九六〇年代末には、ブレトン・ウッズの安定的な為替相場制度に対しますます破壊的な影響を与えることとなった。こうした投機的圧力の増大に直面した西ヨーロッパと日本の政府は、安定的な為替相場制度の維持に利益を見いだし、資本移動規制支持の姿勢を明確にした。ブレトン・ウッズの設計者同様に、西ヨーロッパと日本の政府が懸念したのも、投機的資本移動が国際貿易システムに動揺をもたらすという状況だった。ベルギーの財務大臣ウィリー・ド・クラークは述べている。「こうした投機的資本移動が国際貿易の動向、したがって世界中の何百万人もの雇用に影響を及ぼすのは道理にかなっているのだろうか。私たちは、まったくそうは思わない[1]」。効果的に資本移動を規制するために、ヨーロッパと日本は、ブレトン・ウッズで議論された協調的資本規制を何とかして導入しようとした。ブレトン・ウッズの為替相場制度崩壊をめぐる政治状況は、これまでかなり研究されてきたが、ヨーロッパと日本のこうした取組みは、その当時議論に参加していた人たちには重要だと認識されていたにもかかわらず、ほとんど無視されてきた。しかしながら、この取組みが失敗したことによって、ブレトン・ウッズの為替相場制度の命運は決したのである。

本章第一節では、ヨーロッパと日本の取組みをあとづけるとともに、それがアメリカの強い反対によってどう妨げられたのかについて述べる。アメリカ当局者は、ブレトン・ウッズの制限的枠組みを維持する責任を放棄し、協調的規制に反対しただけではなく、一九四五年から四七年の時期以来なかったことだが、完全に自由な国際金融秩序の創設を強く要求し始めた。本章第二節で説明するのは、アメリカの対外経済政策において、なぜこうした新たな金融自由主義が生まれたのかということである。アメリカが国際金融市場における支配的な地位を利用して政策の自律性を維持しようとしたこと、そして、国内政治が「埋め込まれた自由主義」という戦後の思想的枠組みから離れていったことが金融自由主義出現の理由である。

第一節　協調的資本規制とアメリカの反発

一九四〇年代後半以降、相殺融資や各国ごとの資本規制といった策が講じられることによって、攪乱的な投機的資本移動があっても、国家の政策の自律性、ブレトン・ウッズの為替相場制度、開放的な貿易秩序は保たれていた。しかしながら一九七〇年代の初め、これらのメカニズムの効果はなくなった。主要な経済大国間で国際収支の不均衡が拡大し、当時の平価に対する信用が揺らぐにつれて、もはやそれまでの融資額では相殺できないほど、国際的な投機的資本移動が激増したのである。既存の金融協定のこうした機能不全が初めて明らかになったのは、一九六七年のことだった。このときには、IMFとG10中央銀行からかつてない規模の融資が行われたにもかかわらず、ポンド切下げを防げなかった。一九七一年八月、機能不全は確実になった。アメリカから西ヨーロッパへの巨額の資金移動がアメリカの金兌換停止をもたらし、また、ヨーロッパと日本の通貨が一時的にフロート化を強いられたのである。相殺融資を増額することはできたかもしれないが、一九七〇年代初頭までに、主要国は協調的資金供給戦略を次第に放棄していった。フランスは、早くも一九六五年から一九六六年に、イギリスとの中央銀行間スワップ協定〔訳注1〕への参加を拒否した。適切な調整措置をとれなかったイギリスを助けることにしかならないと考えたからである。(2) 一九六〇年代末までに、西ヨーロッパ各国政府は、膨らみ続けるアメリカの赤字を補塡することにますます消極的になっていた。一方、アメリカが望んでいたのは、投機的資本移動によって、アメリカが適切とみなすだけの通貨切上げを西ヨーロッパ各国政府に強制することだった。

一国だけの資本規制では投機的資本移動を抑えられなくなってきていたことも、一九七〇年代初頭の危機の原因であった。西ヨーロッパ各国政府の無力さは、一九七一年から七三年にかけて、最も劇的な形で露呈した。当時、各国政府は資本規制を強化し、資本流入による自国通貨切上げ、国内経済政策の動揺を防ごうとした。(3) 規制策を強化したものの、西ヨーロッパ各国は、投機的資本移動を単独で規制するのは不可能となり、結局一九七三年三月までには、市場圧力によって自国通貨をフロート化せざるを得なくなったのである。この時期、広範な資本規制が他国以上に効果的だった日本でさえ、一九七三年の初期には、投機的圧力が強すぎて耐えきれないことを悟り、変動相場制を採用した。(4) 資本規制が有効に機能しなかったのは、資本移動規制そのものが難しいということもあった。一九七〇年代の初めになると、国際貿易が拡大し、多国籍企業が成長したことによって、規制はさらに難しくなった。というのも、多国籍企業が貿易決済や企業内取引においてリーズ・アンド・ラグズを駆使し、規制をかいくぐる手段を拡大していたからである。[5] 国際的な情報通信網の拡がりもまた、規制策の行使を難しくした。たとえば一九七〇年代の初め、為替危機の渦中にあった西ドイツは、投機的な資本移動を抑制しようとするならば、国際電話による通話をすべて禁止にでもするしかなかった。[6] 投機行動は、今やオフショアのユーロ市場でも見られるようになっていた。それを効果的に抑制しようとするならば、協調的資本規制しか手はなかった。

もし安定的な為替相場システムを維持しようとすれば、資本規制は、ブレトン・ウッズでケインズとホワイトが提起した二つの政策選択のうちの一つ（包括的為替管理）で補強しなければならない。西ヨーロッパと日本の政策立案者の目には、このことがますます明らかになっていた。しかしながら、一九七一年から一九七三年の間、彼らは厳格で包括的な為替管理という選択肢を考えようともしていないことが明らかになった。一九七三年の初め、IMF二〇カ国委員会（C‐20）の専門グループが述べたところによれば、そうした「野蛮な」規制には、「貿易や有益な資本移動を損ないかねないほどの管理規制が含まれているかもしれない」という理由で拒絶された。[7] 相互依存が強まっている世界で、そのようなきわめて厳格な規制を行えば、経済的政治的に莫大なコストを強いられる。したがって、二つ目の選択肢すなわち協調的資本規制に注目が集まったのである。

この点で最も重要な提案は一九七一年以後になされたが、それらの端緒はその年に行われた二つの取組みにあった。一二月にスミソニアン博物館で開催された会議において、西ヨーロッパ諸国はアメリカを説得し、資本輸出規制を継続させることに成功した。会議で決まった新たな為替平価を有効に機能させるための全体合意の中で、アメリカによる資本輸出規制を謳ったのである。（変動相場制に特に強い嫌悪感を持っていた）フランスが推進したこの取組みには、資本規制が「輸出国・輸入国の両方で」実行されれば、より効果的になるとしたケインズとホワイトのアイデアが反映されていた。実際、フランスはまた、西ドイツが一九七一年五月の為替危機の際にフランスの圧力下で資本規制強化に合意したように、アメリカに資本規制を強める説得も試みたが、アメリカは、そこまでの気はなかった。[8] 一九七一年に始まった二つ目の協調的取組みは、オフショアのユーロ市場に対するものだった。ユーロ市場は、市場参加者の投機的活動の重要な拠点となっていた。一九七一年六月、G10中央銀行はユーロ市場の成長を食い止めるために、ユーロ市場に回す資金に上限を設けることに同意した。オフショア・ユーロ市場に対しては、イタリア中央銀行総裁グィード・カルリのような当局者が提案した規制措置（イングランド銀行は反対した）があったが、G10中央銀行の決定は提案よりも限定的な措置だった。それでもなお、上限規制が重要だったのは、自由な金融市場の拡大を食い止めるための最初の試みだったからである。[9]

協調的規制へのこれら二つのルート（「資本輸出国・輸入国両方で」の規制とユーロ市場に対する措置）は、国際通貨システムの将来の構造をめぐり、一九七二年に始められた交渉において議論の焦点となった。スミソニアン合意の公式声明には、「流動資本の動きに対処する措置……（中略）……に注意が向けられるべき」とあり、これが交渉での議論の土台となった。[10] この論点の重要性は、一九七二年の初めに明確となった。ＩＭＦスタッフが議論のたたき台とした「素案」において、「先進国当局による各国通貨の平価維持が事実上不可能になっている主な原因」は攪乱的な資本移動にあると明記されていたからである。[11] マーガレット・ド・フリースが指摘するように、「一部のＩＭＦスタッフは長年にわたり、ブレトン・ウッズ体制を崩壊させた唯一かつ最大の原因は破壊的な資本移動

規制すればよいか研究し続けていた」。[12] そして、改革された体制のもとで、そうした資本移動をどのように規制すればよいか研究し続けていた」。[12]

西ヨーロッパ、特にフランスの政府当局者は、一九七二年初めの準備会合において協調的規制に賛成の論陣を張った。実際、フランスは三月に態度を明確にし、財務大臣ヴァレリー・ジスカールデスタンがアメリカに対し、自国内からの短期資本流出に「無関心でいる」のはやめてもらいたいと強く訴えた。[13] こうした初期の議論でヨーロッパ各国が提起した問題とは、ＩＭＦの権限が資本規制の領域で「よりよい協調関係を築くために拡大されるべき」かどうかというものだった。彼らはまた、ユーロ市場での取引を「何らかの協調的規制の下に置き」、「破壊的な短期資本移動目的のユーロ市場取引に上限を設定する」かどうかについても、あれこれ議論を行った。[14] 将来の協調的規制措置の準備段階として彼らが主張したのは、「少なくとも、攪乱的な短期資金移動にとって〔ユーロ市場での取引が〕さらに重要な手段となることだけは何とか阻止するために、速やかに発動できる比較的簡単で柔軟な手段」をすべての国が考案すべきということだった。[15]

しかしながら、アメリカ代表は、あらゆる協調的規制に反対し、今以上に厳格な勧告が出ないように動いた。実際、アメリカ代表は、資本移動規制そのものを他国にあきらめさせようとしていた。アメリカ代表によれば、国際金融秩序が完全に自由なものに近づけば、国際資本移動によって「国際貿易の成長」が促され、「先進工業国と発展途上国の経済的厚生」が高まることになる。[16] 彼らはまた、攪乱的な資本移動は常に望ましくないとする見解に異議を唱えた。そうした資本移動があればこそ、各国は適切な調整手段をとることができると主張したのである。この問題についてアメリカが他の国々に反対の立場をとったことは、一九七二年八月、ＩＭＦの理事が理事会に提出した報告書にも反映されていた。理事たちは、攪乱的な資本移動が政策の自律性を損なうという点で有害だとする一方、適切な政策変更を促すという点では有効と指摘していた[17]。

同じような立場の違いは、二〇カ国委員会やその重要な蔵相代理委員会の交渉中も明らかになった。代理委員会がはじめて開かれたのは、一九七二年一一月だった。攪乱的な資本移動の問題は、議題に上がった五つのトピックのうちの一つだった。西ヨーロッパと日本の代表は、このような資本移動を制御する必要性を強調した。しかしながら、アメリカは規制に反対し続けた。リチャード・ニクソン大統領とジョージ・シュルツ財務長官によって、アメリカの立場がはじめて公の場で明らかにされたのは一九七二年の終わりだった。一九七三年の初め、議会に提出された『大統領経済報告』において述べられているように、「国際収支を理由とした資本取引規制は奨励されるべきではない。他の調整手段の代わりに必要となるべきものでもないことも明らかである。過小ないし過大評価された為替レートを維持する手段になるべきでもない」というのがアメリカ政府の立場だった[18]。さらにアメリカは、資本移動の自由と財・サーヴィス貿易の自由は、自由な国際経済のともに重要な要素と見なされるべき（ブレトン・ウッズの原則に明確に反対の立場）であると主張した。一九七三年の『大統領経済報告』によれば、アメリカの立場は次のようになる。

財であれ、サーヴィスであれ、あるいは資産（資本勘定）の取引であれ、いずれを対象にする規制であっても、取引を歪める結果をもたらす。いずれの取引をも歪める結果となるということが、改革後の国際通貨システムを律するルールの中で認識されなければならない。こうした考え方と正反対だったのが以前の「ブレトン・ウッズ」システムの規定だった。それらは貿易その他経常勘定取引への規制と資本取引への規制を明確に区別していた。[19]

一九七三年三月、安定的為替相場制度が崩壊した。それはまさに、協調的資本規制の正しさを多くの人々の心に強く印象づけるものでしかなかった。[20] 日本は、それまでは資本移動を規制する権利を各国が保持することに賛成していただけだった（単独で行動できると自信を持っていたのである）が、今や協調的取組みを支持するようになった。[21] 同様に、IMF専務理事のピエール＝ポール・シュヴァイツァーは、各国、特にアメリカを何とか説得し、固定為替相場制度を守る方法として、資本移動の協調規制を実施しようとした。IMFの記録からは、アメリカの協力は直接有効なだけでなく、「心理的効果」もあるということが分かる。[22] このときには（ポール・ヴォルカーのような）影響力のあるアメリカの政策立案者のなかにも、シュヴァイツァー提案を拒否する者がいる一方、譲歩する者もいて、アメリカは少なくとも、資本移動規制に関する各国の権利を認めなければならないとしていた。[23] 実際、シュルツは三月の初めに、現在行われているGATT交渉で、もしヨーロッパが歩み寄りを見せるなら、アメリカからの資本流出抑制を支持する用意があると発言した。[24]

こうした論調を受け、二〇カ国蔵相代理委員会は、協調的資本規制の問題について、さらに研究を深めるため、「攪乱的な資本移動に関する専門グループ」の創設を決めた。専門グループの会議は一九七三年の四月と五月に三回開かれたが、話は進まなかった。ヨーロッパ各国と日本の間では、資本の「通過」地域となる国、資本輸出国・輸入国を巻き込んだ協調的規制案が幅広く支持された。[25] 資IMF協定の条文改正を支持した国もあった。この改正は、IMFから資金を引き出しているかどうかに関係なく、各国に資本規制策の採用を強制する権限をIMFに与えるというものである。[26] また、ユーロ市場への中央銀行による預託金に関するG10合意を拡張しIMF全加盟国に適用しようという提案と同様に、ユーロ市場取引に準備制度を導入する提案もなされた。〔訳注2〕(27)

しかしながら、アメリカは依然として協調的な取組みに強く反対した。それどころかアメリカは、国際金融秩序のさらなる自由化を求め続け、貿易の自由と資本移動の自由は、自由な国際経済を構成する大きな要件として同じように扱われるべきだとする主張を繰り返した。そして、攪乱的な資本移動は常に悪い影響しかもたらさないとする考え方に異議を唱え続け、そうした資本移動によって、国内経済政策に必要な調整が促されることも多いと指摘した。実際、アメリカ代表は、「攪乱的」という用語は誤解を生むと主張した。彼らによれば、そうした資本移動が相対的インフレ率の変化に反応して起こっているのなら、それは、基本的な「市場均衡」の回復と見なされるべきものとなる（こうした市場均衡は、戦後初期の経済理論が注目していた、経常勘定取引に伴う資金フローによる均衡とは対極にある）。専門家グループの説明では、『攪乱的』な資本移動についての単純明解な定義はない。……（中略）……特定の資本移動が国際収支不均衡を増大させたからといって、それを簡単に攪乱的と定義することはできない。必要な調整がそれによって促されるかもしれないからである」。(28)

蔵相代理委員会が議論を再開したとき、西ヨーロッパと日本は、なおも協調的規制を強く支持した。一九七三年九月の委員会会議で用意された連邦準備制度理事会のある内部報告資料には、こう記されている。多くの国が、「IMFは各国に資本規制を実施させる権限を持つべきで、各国が規制実施に失敗したときには、場合によっては、呼び出してIMFの査問にかけるべきだと主張」し続けていた。(29) 別の内部報告資料では、「規制反対のため、アメリカは孤立している。……（中略）……我々は、不安定な資本移動が問題であることは認識している。そうした資本移動の協調的規制に消極的なために、無責任と見なされているのだ」と指摘している。[30]

孤立していたにもかかわらず、アメリカは協調的規制に反対し続け、結果として、規制の動きを葬り去ることに成功した。新たな国際金融秩序において、ニューヨーク金融市場、ドル、アメリカの銀行が中心的な役割を担うとすれば、アメリカの支持がなければ、協調行動がうまくいくはずはなかった。改革論議に参加した後、イギリスの大蔵大臣デニス・ヒーリーが結論づけたように、「アメリカの同意なしに世界の金融構造に変化を起こすことはできない」。[31] 一九七四年六月、蔵相代理委員会の報告書が発表されたとき、アメリカの勝利が初めて明らかとなった。委員会は、「攪乱的な資本移動への対応で協調すること」は新たな金融システムの特徴のひとつとなりえると指摘したものの、資本移動規制を明確にメンバー各国の義務とすることはなかった。[32] 委員会は、履行義務をそれぞれ詳細に述べるのではなく、実現可能な協調手段を一括りにして挙げたにすぎない。そこには、資本移動の規制だけではなく「融資や［攪乱的な資本移動の］相殺に向けた措置、……（中略）……各国金融政策の協調《ハーモナイゼーション》、……（中略）……不適切な平価の速やかな調整、拡大変動幅の活用、特定の状況での変動相場の採用」が挙げられていた。[33] アメリカはまた、資本移動を規制する各国の権利の制限を強く求め続けた。たとえば、以下の規定を導入するよう主張した。

各国は、不適切な為替相場を維持する目的で、あるいはより一般的に、適切な調整行動を回避する目的で、資本取引規制を実施してはならない。資本規制を講ずる場合、各国は、貿易ならびに有益な資本移動を損なう恐れがある過度の管理規制を回避しなければならない。また必要以上の長期にわたり規制を続けるべきではない。[34]

一九七四年六月、新しい変動相場制のもとで適切に政策運営するための「ガイドライン」の発行について討議が行われた。アメリカはここでも、各国が国際収支を操作する目的で資本規制を実施しないようにする権限をIMFに持たせるべきだと主張した。[35] もちろんこの提案は、ヨーロッパと日本が強く求めていたこととと正反対だった。相当な議論の末、(ブンデスバンクのオットマール・エミンガーの提案によって) 妥協に達した。妥協案では、IMFは資本規制の実施と解除の両方を勧奨できるとされた。一方、自由化に関しヨーロッパが主張したのは、IMFは「国際収支の一時的な理由によって実施される資本規制とそのほかの経済的社会的理由によって実施される資本規制とを区別すべき」というものだった。[36]

国際通貨システムに関する改革論議の結果が一九七六年のIMF協定第二次改正にまとめられる頃には、アメリカの成功は明確なものとなった。協定第八条第二項bに規定される協調的規制の義務は、強化されなかった。[37] また、協定第四条第一項に新たな修正がなされ、重要な変化がもたらされた。ここには、より自由な一連のルールを導入しようとしたアメリカの奮闘ぶりが反映されていた。修正された条文では、「国際通貨制度の基本的な目的は、諸国間における商品、役務〔サーヴィス〕及び資本の交流を助長するわく組みを提供すること」と謳われている。[38] この条項に自由な国際金融システムの支持を読み取ろうとすると、ブレトン・ウッズでの協議中に「生産的な」資本移動の促進について議論したときと同じ困難が持ち上がるように思われた。ブレトン・ウッズ会議でイギリスが主張したように、こうした条項は、第六条第三項に定められた資本移動規制の権利とは矛盾する義務を含意するかもしれないからである。新条項の起草責任者であるIMFのジョセフ・ゴールドによれば、そのよう

な矛盾は存在しないし、資本移動規制の権利は、そのまま残っていた。しかしながら、彼の見方に疑問を呈す人々もいた。(39)

第二節　アメリカの新たな金融自由主義

一連の改革交渉におけるアメリカの姿勢には、国際資本移動に関するアメリカの対外経済政策における新自由主義アプローチが反映されている。アメリカは、協調的規制の提案に反発しただけでなく、一九四五年から四七年にかけて以来、初めてのことだが、完全に自由な国際金融秩序を強く求め始めた。この新しいアプローチは、一九七三年二月、通貨危機がまっただ中にあったときにも明確だった。そのときアメリカは、一九七四年一二月をもって、一九六〇年代半ば以来実施してきた自国の資本規制プログラムを撤廃すると発表した。これは一九七一年の末、スミソニアン会議における資本規制維持の約束を反故にするものであった。(40)資本規制の撤廃は、実際にはかなり早く、一九七四年一月に行われた。

新自由主義アプローチのさらなる証拠は、一九七三年の原油価格高騰のさなかに出された二つの提案に対し、アメリカが拒否権を行使したことにも見いだされた。これら二つの提案は、IMFのチャネルを通じてOPECのオイルダラーのリサイクル〔訳注3〕を奨励しようというものであったが、アメリカは、そうしたリサイクルは国際金融市場を通じて行われるべきであるとして拒否権を行使した。その第一の提案は、一九七四年一月、IMFの新専務理事ヨハネス・ウィッテフェーンによって行われた。彼は、オイルダラーが公的機関を通じてリサイクルされることによって、そのプロセスは公平かつ慎重なものになると主張していた。このアイデアは西ヨーロッパ諸国政府によって強く支持されたが、アメリカはそれを真剣には考慮せず、一九七四年六月、IMF内にきわめて小規模の融資枠が創設されただけだった。アメリカが反対した理由のひとつは、大規模な融資枠にすると、自国が原油価格上昇に反対しているにもかかわらず、それを容認していると見なされはしないかという懸念である。しかしながら、国際金融システムを規制の多い公的なものから、より自由な市場ベースのシステムに変更するという目的があったことも、アメリカが反対した理由であった。実際にアメリカは、資本規制を導入したり既存の規制を強化したりした場合、その国は、いわゆるウィッテフェーン基金〔訳注4〕からの借入が許可されるべきではないと主張した。(41) 一九七五年のウィッテフェーンによる第二の提案は、特別に先進国向け融資枠を設定するというもので、西ヨーロッパ諸国、サウジアラビア、日本によって強く支持された。しかしこれもまた、アメリカによる強い反対にあった。デニス・ヒーリーが述べているように、「アメリカ人は、金融市場の自由を侵害することになるという理由で〔その提案に〕激しく反対した」のである。(42)

新たな国際金融秩序におけるアメリカの「構造的」権力

一九七〇年代の初めに、アメリカで新たな金融自由主義が力を増したのには二つの原因があった。第一に、財政赤字・対外赤字の増大に直面するなか、アメリカ政府が、より開放的で自由な国際金融秩序によって政策の自律性を維持できると明確に認識したことである。(43) 彼らの認識によれば、短期的観点からは、巨額の経常収支赤字の是正に必要な調整負担を諸外国に請け負わせるというアメリカの戦略上、投機的資本移動が重要で中心的なツールになる。直接交渉では実現できなかったこと、すなわち、西ヨーロッパと日本の通貨を切り上げるとともに、それらの経済を拡大するということが市場の圧力によって達成できるだろうという読みである。アメリカは、意図的に対外赤字を無視するとともに、一九七一年の前後で、ドルの「切下げを狙った口先介入」(talking down)を行って、民間金融業者をたきつけ、ドル売り・他通貨買いの投機に走らせた。このとき、外国政府には二つの選択肢があった。彼らは、ドル買いでドル切下げを阻止することによって、巨大なアメリカ市場における競争力を保つことができた。しかしながら、ドルを保有したままでの不胎化は困難であり、ドル買いは結局のところ、国内のマネーサプライを拡大させる可能性が高かった。もうひとつの選択肢として、彼らは通貨切上げも可能だった。だが、これもまた、国内の拡張政策をもたらすだろう。競争力を失い、売上げを落とした国内輸出業者が拡張的マクロ政策を強く要求するからである。アメリカによるこの「ドル兵器」の利用は、大成功を収めた。一九七三年までに、アメリカの経常収支赤字は、大幅に削減された。これは、アメリカの経済政策を変更した結果ではなく、上記のメカニズムの組み合わせを通じ、調整負担の大部分を諸外国に転嫁できたことによるものである。アメリカの政策立案者が十分に意識していたように、国際資本市場を開放し続けることが、こうした戦略の成功の要だった。ジョン・オデルが述べているとおり、協調的資本規制(ないしは投機的市場圧力から通貨を守るための相殺融資)は、「国際市場を使ってシステム内の大規模な調整を押しつける」というアメリカの戦略にはまったく逆効果であっただろう。(44)

より自由な国際金融システムは、長期的観点からすると、それによってアメリカの政策の自律性を保てるという意味からも重要だった。西ヨーロッパと日本は、国際的な改革交渉を通じ、より「対称的な」国際金融システムを作ろうと取り組んだが、交渉に基づかない、市場志向のシステムがあれば、国際金融におけるアメリカの支配的な地位を保てることは明らかだった。たとえば世界通貨としてのドルの地位は、開放的な金融システムにおいて維持され、また強化されるだろう。なぜなら、官民の投資家にとって、アメリカの金融市場とユーロダラー市場が依然として最も魅力的な国際的な市場だったからである。準備通貨として円やドイツマルクを保有する魅力をこれほど高めるような市場は存在しなかった。日本やドイツの金融市場は十分に発展しておらず、規制も多すぎたからである[45]。アメリカの金融市場は他を寄せ付けないほど発展し流動性が高かったので、グローバルに投資する自由を与えられれば、民間投資家が、魅力的なアメリカ資産を保有しアメリカの赤字を支え続けるだろうということも確実だった。たとえば、一九七四年七月のアメリカ政府内部の有力な報告書で指摘されているように、OPECの資金が民間市場を経由してリサイクルされれば、アメリカは恩恵を得られるはずだった。なぜなら、「アメリカ金融市場の規模と深さ」があれば、「たとえ特別なインセンティヴが提供されなくても、アラブからの投資の大部分の受け皿」となることは確実だからである[46]。アラブからの資金は、対外赤字と増大する国内財政赤字の両方の補塡に役立つだろう。IMFを通じた資金のリサイクルという提案は、デイヴィッド・スピロが分析しているように、IMFが「サウジアラビアの資金をめぐってアメリカ財務省と直接競合する」ことになるので反対された[47]。こうしてOPECの投資家は、西ヨーロッパ、日本とともに、アメリカの政策の自律性を財政面で支える可能性が高かったし、実際に支えたのである[48]。

以上のように、アメリカ当局が自由な国際金融システムを支持した理由のひとつは、グローバル金融のなかで、アメリカがある種の市場ベースの権力、スーザン・ストレンジの言葉を使えば、「構造的」権力を発展させようとしたことだった。アメリカは経済規模が他国と比べ大きく、ドルや金融機関は相変わらず優勢で、金融市場も魅力的だった。ストレンジが言うとおり、規制が緩和されたシステムでは、アメリカはこれらすべての特徴により、市場圧力を介して「他者が選択しうる範囲を変える」間接的な力を得ることができた。[49] アメリカは、こうした構造的権力を利用して外国政府と民間投資家をけしかけ、増大するアメリカの赤字の補塡、赤字の調整を請け負わせることによって、政策の自律性維持をもくろんだのである。この戦略は、一九六〇年代に時の大統領府がユーロダラー市場を支持したことに始まり、戦後初期の、より善意に満ちたヘゲモニーが大幅に変化したことを意味していた。変化をもたらした主な原因は、アメリカの政策の自律性に対する脅威だった。戦後初期には、このような脅威はなかった。

アメリカ国内における新自由主義へのシフト

この時期におけるアメリカの新たな金融自由主義は、国内の政治的変化も反映している。ニクソン政権、フォード政権では、国際金融に関する政策決定に影響を与えていたのは、一般に新自由主義信奉者だった。国際金融問題に関するニクソン大統領のアドヴァイザー、ゴットフリート・ハーバラーは、オーストリア新自由主義学派の重要メンバーであった。一九七二年半ば以降、財務長官を務めたジョージ・シュルツもまた、シカゴ大学ならびにミルトン・フリードマンと密接な交友関係があり、新自由主義の立場を重要視した。フリードマンは、シュルツが一九七二年、IMFで行った重要な演説の草稿を書いたと言われている。この演説ではじめて、国際通貨改革におけるアメリカの立場の輪郭が明らかになった。[50] シュルツの後任の財務長官は、ウィリアム・サイモンであり、デニス・ヒーリーによると、「超保守主義の人物で、金融市場の自由化思想に完全に染まっていた」。[51] 新自由主義思想のもうひとりの重要な支持者は、ニクソン政権で大統領経済諮問委員会の上級エコノミストを務めたのち、財務省の国際金融研究責任者となったトーマス・ウィレットであった。ポール・ヴォルカーも重要人物だった。彼の考え方は、「オーストリア学派」のフレデリック・ルッツとオスカー・モルゲンシュテルンの下、プリンストンで学んだことに影響を受けていた。[52]

ブレトン・ウッズの制限的金融秩序は、「埋め込まれた自由主義」のアプローチが大きな支えとなっていたが、上記の政府当局者は、ハイエクやレプケ、その他のヨーロッパ新自由主義者に依拠しながら、これを拒絶した。[53] 自由な国際金融秩序は、国内の金融競争を刺激することによって、国家間だけではなく、国内においても、資本のより効率的な配分を促すだろうと彼らは主張した。ブレトン・ウッズでのアメリカの銀行家同様、アメリカの新自由主義者が資本規制に強く反対した理由のひとつは、それが国家による強制的な「警察権」の行使にあたるということである。こうした権力の行使は、個人の自由、「自由な」統治形態とは矛盾する。[54] 彼らはまた、資本規制が貿易の流れを妨げることなく効果をあげられるというブレトン・ウッズの想定に対して非常に懐疑的だった。[55] さらにアメリカの新自由主義者は、資本規制を正当化するためにブレトン・ウッズで付与された二つの理由を問題視した。ケインズやホワイトとは違い、彼らは、介入主義的福祉国家による政策の自律性には賛同せず、その代わりに国際金融市場を称賛した。国際金融市場は、政府の政策に規律を与え、より「健全な」財政・金融プログラムを採用するよう政府を促すからである。彼らはまた、変動相場制を強く支持し、投機的資本移動が安定した為替相場を混乱させるのではないかという戦後の懸念も退けた。彼らは、変動相場制であれば、国際的な経済規制をしなくても、政策の自律性を求める国家の要望を満たせるだろうと主張した（政策の自律性について、彼らは、国内金融政策の効果を上げるための必要悪とも重要な条件とも考えていた）。西ヨーロッパと日本は、政策の自律性と安定した為替相場制度を維持するために、資本規制の厳格化を強く求めていた。それに対してアメリカの新自由主義者は、政策の自律性と自由な国際金融システムを維持するために、安定した為替相場を犠牲にするつもりでいた。[56]

新自由主義者の間でさえ、変動相場制の支持は非常に議論の余地があるものだった。[57] 新自由主義者の多くが、変動為替相場は一九三〇年代に発生したような不安定な投機的資本移動を増大させるのではないかと恐れていた。それに対してフリードマンらは、ラグナー・ヌルクセをはじめとする当時の有力な学者は一九三〇年代の経験を誤解していたと主張した。[58] フリードマンらの意見では、一九三〇年代の投機的資本移動は、各国の金融・経済の基礎的条件の変化に対する合理的反応であり、それに合うように為替相場に圧力がかかった。したがって、フリードマンが述べているように、「少なくとも、それらを『不安定化』と呼ぶのと同じくらい『安定化』と呼ぶ理由がある」。言い換えれば、一九三〇年代の変動相場の不安定性とは、投機的資本移動に原因があるのではなく、むしろ、経済・金融の基礎的条件が非常に不安定だったことを表すものだった。[59] 為替相場の不安定性の原因をここに求める考え方は、第二次世界大戦後の主流派の金融理論とまったく同じだった。実際、ウィレットは、特にこうした考え方を用いながら、「為替相場の安定性を高めるための唯一の方法は、経済・金融の基礎的条件の不安定性を引き下げることだ」とする自らの主張の根拠とした。[60]

変動相場制下の投機は不安定性をもたらさないという主張は、中央銀行関係者の間では広く批判にさらされた。外国為替取引の現実をよく知る多くの中央銀行当局者によれば、市場を支配する少数の大銀行や多国籍企業は、基礎的経済条件の変化と無関係な、非合理的バンドワゴン行動〔訳注5〕をとることが多い。変動相場制は基礎的条件の変化にスムーズに対応すると、フリードマンの支持者は予測した。だがほとんどの中央銀行当局者は、そのようにして決まる相場が不安定となり、貿易パターンを混乱させ、広範囲にわたり資源配分を誤る原因になることを懸念した。概して中央銀行当局者は、安定した為替相場制度と自由な貿易秩序を維持するために、投機的資本移動に対する規制強化を支持した。というのも彼らは、自由な国際経済秩序においては自由な金融システムよりもそれらが重要だと考えていたからである。オーストリア国立銀行総裁ハンス・クロスは「資本移動を自由化すべきという考え方がすべての点で、いつでも支持できるものではないと主張する勇気を我々は持たねばならない。金融や経済の損失を避けたいのなら、理想的には、きわめて厳重に警戒しながらの自由化適用でなくてはならない」と忠告した。[61]

多くのFRB関係者もまた、この見解を支持した。[62] 事実、FRBは、一九六〇年代末以来、国際資本移動が固定相場制度を混乱させるだけでなく、投機的な資金移動によって金融政策の策定・実施における自律性が損なわれることを懸念していた。一九六九年から一九七〇年にかけ、ユーロ市場からの短期投機資金の流入によって、国内信用を抑制するための政策が妨げられたため、FRBは、そうした資金流入を防ぐべく、アメリカの銀行によるユーロダラー借入を制限した。[63] 資本の流れが突然一九七〇年から七一年の危機で反転したとき、「この国にさらに大規模な金融緩和の余地」を生み出すために、FRBは、再び銀行を説得し、資本流出を減らそうと試みた。[64] こうした懸念に加え、

FRBには安定した為替レートを守る義務があったので、FRB関係者の多くが、協調的資本規制を求める人たちを支持するようになった。[65] 一九七二年には、アメリカを出入りする資本移動に対し包括的な規制を導入できるかどうか、技術的な可能性を委託研究するため、FRB内部に研究会まで組織された。[66] 以上のように、FRBは、連邦政府のなかで、西ヨーロッパと日本の提案にもっとも共感を示した組織だった。しかしながら、FRBは孤立しており、この時期、アメリカの国際金融政策に与える影響は軽微だった。[67]

アメリカの対外経済政策決定者の間で、この時期に新自由主義信奉者が急に優勢となったのは、どのように説明できるだろうか。ひとつの説明としては、自由な国際金融秩序が望ましいとする考え方は、アメリカが政策の自律性を維持できるのかという、さらに右寄りの「ナショナリスト」的な不安とまったく矛盾しないということがある。したがって、財務長官が「ナショナリスト」ジョン・コナリーから「新自由主義者」ジョージ・シュルツに代わっても、資本移動に関する政権の立場に何ら変化は生じなかった。しかしながら、他にも重要な理由がある。一九七〇年代初めにおけるインフレの昂進と成長の鈍化によって、あらゆるレヴェルで、ケインズ主義的経済戦略やニューディールの規制的政策に対する幻滅感が強まった。[68] こうしたはっきりしない知的状況のなかで、ミルトン・フリードマンのような新自由主義者らは、これまでの代わりとなる理論的枠組みを積極的に宣伝し、受け入れてくれそうな聴衆を見つけ出した。アメリカン・エンタープライズ研究所のようなシンクタンクもまた、この時期、新自由主義思想の宣伝において重要な役割を果たした。[69] 資本移動に関し、以前は「埋め込まれた自由主義」的アプローチを支持し、アメリカ政治の中で同盟関係にあった勢力があちこちで分裂したということもあった。ニューディールの産業界のリーダーは、資本規制の必要性に以前は共感していた。しかしながら、多国籍の事業活動が増大し、（アメリカ、諸外国両方による）資本規制がますます自らの事業の邪魔になると、一九六〇年代には不満をつのらせるようになった。彼らの不満は、ジョンソン大統領が海外直接投資に初めて強制的な規制を課した一九六八年以後、さらに強まった。実際、アメリカの資本規制プログラムはまた、アメリカ多国籍企業の態度を加速度的に変化させた。資本規制プログラムによって、アメリカ多国籍企業は金融業務をオフショアに移動することになり、こうして、新たな自由主義的国際金融秩序に直接の利害関係を持つに至ったのである。[70] 戦後一貫して金融自由主義に対する好意的見解を広めてきたのは、新自由主義者や金融関係者であるが、早くも一九六六年には、「ニューディールの産業資本家」のロビー活動グループCEDが彼らを支持し始めた。[71] 実業界はまた、一九六八年の大統領選挙運動中、資本規制の解除を確約するようニクソンに働きかけていた。一九七〇年代の初期には、銀行家や多くの金融当局者の輪に多国籍産業資本が加わり、資本移動に関し新自由主義的言説を強く支持するようになっていた。彼らの声は、ニクソン、フォード両政権内の多くの人物のもとに届いた。[72]

このように、アメリカの対外経済政策において資本移動に対し新たな自由主義アプローチがとられるようになったのは、新自由主義信奉者と、国内外で不均衡が拡大するのを目の当たりにし、政府による政策の自律性維持を懸念する人たちとが同盟したからだった。元はといえば一九六〇年代にアメリカがユーロ市場を支持したことに始まるのだが、こうした同盟は、ブレトン・ウッズの制限的金融秩序を支持していた、冷戦下の安全保障戦略派と「埋め込まれた自由主義」者との間で結ばれた戦後初期の同盟からは劇的にかけ離れてしまった。古い同盟関係を維持するための努力は、わずかに、一九七〇年代の初めに日米欧三極委員会が形成されたことにのみ見いだせるだろう。西ヨーロッパ、日本とは、より協調的な対外経済政策を進めようという三極委員会の主張は、安全保障戦略派に訴えるものがあった。彼らは同盟の緊張状態を和らげることを望んでいた。[73] 多くのニューディーラーもまた、積極的マクロ経済計画を一国レヴェルから国際レヴェルに移行するとともに、IMFの資金と権限を拡大するという考えに魅了された。[74] しかしながら、こうした領域に関する委員会の提案は、この時期、ワシントンではほとんど支持されなかった。弱体化したのは、古いニューディール同盟だけではなく、当時、政府高官の中でもっとも著名な安全保障戦略家だったヘンリー・キッシンジャーも同様だった。彼は外交政策の専門家だったが、国際経済問題にはさほど関心がなかった。一九七一年から一九七三年にかけて、そしてウィッテフェーン基金設立に関し議論が行われていたとき、彼は、アメリカの国際金融政策における財務省支配にあまり挑戦しようとせず、ほとんど力を発揮できなかったのである。[75]

一九七〇年代の初め、西ヨーロッパと日本は率先して、より閉鎖的な金融秩序に向けて動き出そうとしたが失敗に終わった。このことは、金融市場のグローバル化において重要な転換となった。もしも協調的規制が「資本輸出国側・輸入国側の両方で」導入され、ユーロ市場取引が規制されていれば、国際レヴェルで行動する民間金融業者の自由は厳しく制限されたことだろう。しかしながら、そのような規制は実施しないと決定され、それがブレトン・ウッズの金融枠組み崩壊の幕開けとなった。というのも、安定的為替制度を維持するためには金融自由主義が犠牲になるべきだという原則を各国が放棄したからである。さらに、一九七〇年代前半の一連の動きから変動為替相場制度が浮上してきたが、それは、国際金融取引を活発化させただけだった。

また、こうしたヨーロッパと日本の取組みの失敗を通じ、グローバル化のプロセスにまつわる政治状況について、いくつかの重要なテーマも明らかになった。第一に、資本規制の効果を高めるためにケインズとホワイトが提案した二つのメカニズムを発動させるのは、政治的に難しかったということである。厳格な為替管理は、ますます開放的になる一九七〇年代の世界経済では、経済的にも政治的にも魅力がなかった。また協調的規制は、大国（この場合はアメリカ）が簡単に拒否権を発動できた。こうした二つの問題は、一九四〇年代末には早くも顕在化していたが、第六章で示されるように、一九七〇年代末および一九八〇年代初めにおける国家行動を説明するのにも役に立つ。第二に、この時期、アメリカが自由な金融秩序の推進に強い関心を持っていたということである。その理由のひとつは政権の政策立案者が、国際金融市場におけるアメリカの支配的地位を利用して外国政府・民間投資家をけしかけ、自国の政策の自律性を確保するための費用負担をさせようとしたということである。公的に管理されたブレトン・ウッズ金融秩序におけるアメリカの権力は、この時期、弱まった。だが政権の政策立案者は、開放的で市場ベースの新興グローバル金融秩序におけるアメリカの「構造的」権力を利用しようとした。金融自由主義支持のこうした理由は、アメリカ政府当局者にとって、一九七〇年代末、一九八〇年代においても重要だった。第三に、アメリカが自由な金融秩序を強く求めたのは、この間、国際金融の理論的枠組みが「埋め込まれた自由主義」から新自由主義へと政策転換されたことも物語っている。この時期、いくつかの経済問題が発生したこと、新自由主義の知識人がリーダーシップをとったこと、新自由主義思想を支持する民間金融業者、多国籍産業資本、金融当局の同盟が生まれたこと、これらが政策転換の三つの理由である。新自由主義へのこうした転換は、一九七〇年代、一九八〇年代に先進工業諸国で起こる同様の変化の予兆となった。変化の理由も、本質的にはこの三つとまったく同じであった。

(1) Hewson and Sakakibara (1975: 72) に引用されている。
(2) Strange (1976: 136).
(3) 一九六〇年代に比較的自由な金融レジームを維持していた西ドイツでさえ、一九七一年以後は、自国の平価を維持し、金融政策の自律性を保つために、資本規制のシステムをますます厳格化する方向へ転じた (Hewson and Sakakibara 1975: chap. 3)。
(4) Coombs (1976: 220-21). 日本の規制も一九七一年八月の危機には役に立たなくなっていた (Hewson and Sakakibara 1975: 63; Strange 1976: 338; Volcker and Gyohten 1992: 94)。
(5) ブンデスバンクの推計によれば、一九七三年一月の通貨危機の際、西ドイツに流入した巨額の資本の三分の二は、多国籍企業内の支払いでリーズ・アンド・ラグズが行われたことによるものだった (Haberler 1976a: 73)。Hawley (1987: 5), Williamson (1977: 3, 45-47), Hewson and Sakakibara (1975: 39-40) も参照せよ。
(6) Hamilton (1986: 203).
(7) IMF (1974: 85).
(8) Conybeare (1988: 262), Hewson and Sakakibara (1975: 43).
(9) カルリの考えについては、Ikle (1972: 109, 119) を参照せよ。イングランド銀行の反発については、Strange (1976: 193), Tsoukalis (1977: 163), BP, Box 34, "Eurodollar Problem: a Possible Action Program," May 21, 1971, p. 6 を参照せよ。
(10) Strange (1976: 344) に引用されている。
(11) De Vries (1985a: 125).
(12) De Vries (1985a: 192).

(13) De Vries (1985a: 18, 136-37), Brenner (1976: 59).

(14) 様々な見解が示されているＩＭＦ「素案」を De Vries (1985c: 50) から引用。

(15) De Vries (1985c: 50).

(16) ＩＭＦ「素案」を De Vries (1985c: 47) から引用。同書での議論 (p. 48) および De Vries (1985a: 137, 167) も参照せよ。

(17) De Vries (1985c: 48-49).

(18) U. S. Government (1973: 128). IMF (1972: 41) におけるシュルツの演説も参照せよ。

(19) U. S. Government (1973: 128). この時期、アメリカの高官だったトーマス・ウィレットもまた、ブレトン・ウッズ期の経済学者は「自由貿易の利益と自由な資本移動の利益の違いを誇張していた」と述べている (Willett 1977: 9)。

(20) De Vries (1985b: 930-31).

(21) De Vries (1985a: 192-93). 日本の新たな立場については、BP, Box 65, "IMF: C-20 Meeting, July 30-31, 1973," "Report on Japan's International Monetary and Trade Strategy," p. 2 も参照せよ。Monroe (1973: 5) は、これより以前、日本が自らの規制措置に自信をのぞかせていた点について指摘している。

(22) BP, Box 55, "G-10 Meeting with EC, Paris, March 9-10, 1973," IMF memo dated March 2, 1973, p. 2. この記録では、アメリカの資本流出だけではなく、ユーロ市場取引への規制も提案されている。De Vries (1985a: 77) も参照せよ。

(23) De Vries (1985a: 192).

(24) Brenner (1976: 52).

(25) IMF (1974: 85).

(26) Edwards (1985: 455).

(27) IMF (1974: 89), Williamson (1977: 156-58). 西ドイツ、オランダ、イタリアは、ユーロ市場取引に準備制度を設けることに特に熱心だった。一方、イギリス、フランス、スイスは「規制の結果、タックス・ヘイヴンに事業が移ることになるという理由で」それほど熱心ではなかった (BP, Box 55, Memo from J. Dewey Daane, p. 4; "Eurocurrency

Problems and Policies," March 6, 1973)。途上国も、ユーロ市場への中央銀行による預け金に関するG10合意の拡張案には警戒していた。

(28) IMF (1974: 78-79). 特に Willett (1977: 4) の議論を参照せよ。

(29) BP, Box 65, "IMF: C-20 Meeting September 23, 1973," "Summary of September Deputies Meeting, September 17, 1973."

(30) BP, Box 65, "IMF: C-20 Meeting, September 23, 1973," memo dated September 28, 1973, p. 7. De Vries (1985a: 215) も参照せよ。

(31) Healey (1989: 416).

(32) De Vries (1985c: 167). Gold (1977: 41-42) の議論も参照せよ。アメリカは、「いかなる国も規制の実施を指示もしくは要求されない」という条項を含めることによって、この点を確実なものにしようとした。しかしながら、それは受け入れられなかった (BP, Box 65, "IMF: C-20 Meeting September 23, 1973," "Comments by U. S. Deputies on Draft Outline," p. 4)。

(33) De Vries (1985c: 170).

(34) De Vries (1985c: 170), Dam (1982: 248).

(35) アメリカは一九七三年八月の交渉で、この変更を強く求め始めた。そのときアメリカは、「貿易規制あるいは資本規制を実施もしくは強化している国は協議と審査の対象になる」とする新たな条項を提案した。「規制措置を延長して国際収支の不均衡を抑えることによって、各国が審査プロセスを回避できるとなれば、それは適切ではないだろう」と言って、アメリカの代表は、この条項を正当化した (BP, Box 65, "IMF: C-20 Meeting, September 23, 1973," "Comments by U. S. Deputies on Draft Outline," p. 5.)。

(36) De Vries (1985c: 491; 1985a: 215). こうした妥協は、一九七七年のIMF理事会の決定によって確かなものとなった。そこでは、新しい協定第四条で定められたサーヴェイランス機能を強化する原則が確立した。新条項では、国際収支上の理由で資本制限を行った国に対して、IMFが規制解除を求められるようになっていた (Edwards 1985: 456)。こうした妥協は成立したものの、ヨーロッパ諸国とアメリカは、国際収支の「基礎的」均衡という考え方が、資本移動にも、経常勘定取引にも、同じように当てはめられるべきかどうかをめぐっては対立し続けた（Dam 1982: 264）。

（37）Gold（1982: 438）.

（38）新たに改正された第四条第一項の文書は、De Vries（1985c: 381-82）にある（強調は引用者による）。

（39）Gold（1986: 539-42）, Edwards（1985: 483, 486）を参照せよ。

（40）シュルツは当初、二月の発表時に規制を廃止する予定だったが、外国為替市場のさらなる不安定化を避けるため延期するよう、ポール・ヴォルカーに説得された（Volcker and Gyohten 1992: 107, 110-11）。

（41）De Vries（1985a: 314-16, 336）.

（42）Healey（1989: 423）. De Vries（1985a: 334）, Spiro（1989: 471）も参照せよ。ウィッテフェーンの提案にアメリカが拒否権を行使したことによって、新たな国際資本市場に対する諸外国の反発が弱まった。石油に関連する突然の経常収支赤字を補塡しようとしていた国々は、ＩＭＦではなく、こうした資本市場からの借入を余儀なくされたからである（Strange 1986: 43-45）。たとえば、かつては国際資本市場をもっとも目の敵にしていたフランス政府は、そうした市場の最大の借り手の一つになった（Cohen 1981: 49）。

（43）アメリカが政策の自律性を目標としていたことに着目する、こうした見方は、この時期のアメリカの政策を分析したGowa（1983）とも一致している。

（44）Odell（1982: 194）. この論点に関しては、特にOdell（1982: 191-99）, Conybeare（1988: 248-49）, Dam and Shultz（1977: 15）を参照せよ。またCalleo（1982）, Parboni（1986）, Hudson（1977: chap. 8）も参照のこと。あるアメリカ政府関係者が短い文書のなかで認めたように、「［資本移動や］現行資本規制の計画的解除に関する我々の立場には、アメリカの貿易収支改善に向けた調整行動を強制する意図があるのではないかと多くの人が疑念を抱いている」（BP, Box 65, "IMF: C-20 Meeting, September 23, 1973," memo dated September 28, 1973, p. 7）。

（45）特にHewson and Sakakibara（1975: 9, 27, 73-75）を参照せよ。二〇カ国委員会の議論の間、アメリカが明らかにしたように、資本規制に反対する理由のひとつは、非居住者のドル保有を妨げたくないということであった（IMF 1974: 85）。一国通貨の国際化促進のためには、十分に発達した自由な国内金融市場が重要となる点については、

Tavlas（1991）を参照せよ。Walter（1991: 187）は、一九七〇年代にドルの国際的な利用が増大したことを指摘している。

（46）Spiro（1989: 402）から引用。市場志向がもたらす結果をこうして信じていたにもかかわらず、アメリカは実際には、自国金融機関への投資を促す「特別なインセンティヴ」をOPECに提供したとスピロは指摘している。

（47）Spiro（1989: 444）. 増加する財政赤字の補塡の一部を海外資金に頼らなくてはならないことへの懸念は、Spiro（1989: 350-54, 359, 375-76）を参照せよ。

（48）一九七〇年代後半には、サウジアラビアの資産の八三％はドル建てだった（Spiro 1989: 464）。OPECの国際的な投資に関する、さらなる統計数値については、Mattione（1985）を参照せよ。

（49）Strange（1988: 31）. 同様の見解については、Padoan（1986: 56）, Walter（1991）, Spiro（1989: 448）, Henning（1987: 3）を参照せよ。

（50）Dam（1982: 224）. Odell（1982: 306, 310）, De Vries（1985a: 134）, Volcker and Gyohten（1992: 118）, Brenner（1976: 52）も参照せよ。

（51）Healey（1989: 419）. Volcker and Gyohten（1992: 140-41）.

（52）Neikirk（1989: 78-80, 84-86）. ルッツはモンペルラン協会の初期のメンバーであり、一九六四年から一九六七年までは会長を務めた。

（53）資本移動についてのこれら当局者の考え方については、たとえば、Haberler（1976a）, Willett（1977）, Odell（1982: 310）, Gowa（1983: 81-86）を参照せよ。実際、多くの新自由主義者の議論によれば、資本規制策実施など、ブレトン・ウッズ金融秩序の基礎にある（と彼らが言うような）自由主義原則に反することだった（Gowa 1983: 82, 86, Volcker and Gyohten 1992: 32）。ニクソンがイデオロギー的な理由で資本規制に反対していたのも明らかだった（Odell 1982: 187）。ヨーロッパの新自由主義思想がアメリカの保守主義復活に果たした重要性については、Nash（1976: chap. 1）を参照せよ。

（54）引用した用語は、Machlup（1968: 108）からのものである。フリッツ・マハループも当時、アメリカの著名な新自由主義者だった。

（55）Willett（1977: 9）.

（56）こうした主張がはじめて展開されたのは、Friedman（1953）である。Haberler（1945; 1954）もこれらの理由で、早くから変動相場制を擁護していた。ただし、変動相場制に対するヴォルカーの支持は曖昧だったことには注意が必要である（Brenner 1976: 55）。

（57）固定相場対変動相場という問題は常にモンペルラン協会の会合を二分していたと、フリードマンは指摘している（Nash 1976: 356n169）。Stigler（1988: 145）も参照せよ。

（58）Nurkse（1944）. 当時の有力学者の考え方に対する批判については、Friedman（1953: 177）, Willett（1977: 6-9）, Dam（1982: 61-63）, Haberler（1976b）を参照せよ。

（59）Friedman（1953: 177）.

（60）Willett（1977: 35, 9）.

（61）Kloss（1972: 107）. グィード・カルリ（Carli 1972: 141-43）の見解も参照せよ。ＩＭＦスタッフもまた、一九七二年にはフリードマンの予測に同意しなかった（De Vries 1985a: 16）。

（62）Coombs（1976: xiii-xiv）, Conybeare（1988: 253）, Gowa（1983: 152）.

（63）一九六九年六月、アメリカの銀行は、こうした取引の停止をやんわりと求められた。一九六九年八月には、ユーロ市場のアメリカの銀行から国内借入を行う場合、それに対して一〇％の預金準備を設定するよう定められた。

（64）BP, Box 33, Federal Reserve subject file, "Eurodollars: February - October, 1970," October 17, 1970.

（65）ニューヨーク連邦準備銀行のチャールズ・クームズは、ユーロ市場での公的な預け金の設定に制限を求めた。彼は、アメリカが一九七〇年代初頭に資本規制を強化すべきこと、ヨーロッパ諸国に対しユーロ市場借入への各国の規制を強化するよう強く求めるべきことを提唱した。一九七三年三月初め、ニューヨーク連邦準備銀行総裁のアルフレッド・ヘイズもまた、アーサー・バーンズの説得を試み、アメリカの資本規制を強化するとともに、既存のスワップ・ネットワークを一一七億ドルから二〇〇億ドルへとほぼ倍増し、現在の平価を守ろうとした（BP, Box 34, memo dated January 18, 1971; Box 34, "Eurodollar Problem: a Possible Action Program," May 21, 1971; Box 55, "Suggested Policy Package," March 6, 1973）。

(66) 当時、他国は、こうした規制の実施可能性を研究すべきだと要求していたが、この研究会は、その要望に応えるために組織されたのかもしれない。「部外秘」となっている "Can Controls Be Successfully Used to Prevent Speculative Capital Movements in the U. S. Balance of Payments?" in BP, Box 74, "International Monetary Reform: Issues Papers, August 1972." と題された論文を参照せよ。この論文では、「そうした為替管理システムを設計することは技術的に可能だろう」と指摘されている (p. 3)。

(67) Coombs (1976: 204-5), Gowa (1983: 111-17).

(68) Ferguson and Rogers (1986: 68-105), Himmelstein (1990: chap. 5), Edsall (1984, 1989), Hawley (1987: 107) も参照せよ。

(69) 実際、アメリカン・エンタープライズ研究所は「ニクソン政権とフォード政権のための研究と人材の基盤として役割を果たしてきた」と言われている (Peschek 1987: 168)。Peschek (1987: 27-31, 229) も参照せよ。以前、ＡＥＩから出版された Haberler (1954) と Röpke (1952) も参照せよ。この時期、新自由主義の知識人が行った思想普及の努力については、Nash (1976: 284-89), Parsons (1989: 150), Peschek (1987: 229) を参照せよ。

(70) Hawley (1987: 106).

(71) CED (1966: 18-19, 28, 44) による報告では、金融の自由を維持することの重要性が強調されている（七二～七三頁には、一部メンバーによる反対意見もある）。国際通貨問題を研究するＣＥＤの小委員会は、このころになるとファースト・ナショナル・シティ・バンクのノリス・ジョンソンが委員長を務めており、委員の多数派は銀行家だった。顧問には、ハーバラーやマハループといった新自由主義者が名を連ねていた。Machlup (1968: 108) のＣＥＤ研究および CED (1973: 26, 53, 55) も参照せよ。

(72) Volcker and Gyohten (1992: 107), Williamson (1977: 82-83), Gowa (1983: 62). ある内部報告資料の記載によれば、改革論議のさなか、アメリカの資本規制強化は「本国では政治的に受け入れられない」し、「貿易・金融上のアメリカの国益に不利になる」だろうと考えられていた (BP, Box 65, "IMF: C-20 Meeting, September 23, 1973" memo dated September 28, 1973, p. 7)。この時期、銀行家が金融の自由と新自由主義を強く支持したことについては、Conybeare (1988: 244), Odell (1982: 180-81), Calleo (1982: 75), Hawley (1987: 100), Peschek (1987: 27-31), Aronson

(1977: 37-50) を参照せよ。

(73) Gill (1990: chap. 6) を参照せよ。

(74) 一九七〇年代初期のCEDの諮問委員会には、リチャード・クーパーのように著名な日米欧三極主義者が名を連ねていた(彼の三極委員会とのつながりについては、Gill 1990: 137を参照せよ)。Cooper (1971) は、金融統合のもたらす利益について、新自由主義者よりはるかに懐疑的だった。彼は、投機的資本移動を相殺するためのIMF資金を増額することに、特に熱心だった。この提案は、CED (1973: 27, 30, 69n3) も支持した。一九七四年一二月、三極委員会はまた、OPEC資金をリサイクルするための銀行の創設を支持した (Gill 1990: 175)。

(75) キッシンジャーは、ニクソン政権でより強硬な対外経済政策を提唱する人々に、たびたび反対した (Kissinger 1979: 949-62)。ウィリアム・サイモンとアーサー・バーンズに反対する一方、IMF増資に向けた一九七五年初期のヒーリー提案を支持した (Healey 1989: 426)。彼はまた、OPECの資金をリサイクルするためにOECD版「セーフティ・ネット」創設のために奮闘したが、ほとんど失敗に終わった (Spiro 1989: 427-28)。一九七〇年代初期の国際金融政策における財務省支配に関しては、Dam and Shultz (1977: 123) を参照せよ。

〔訳注1〕各国中央銀行が外国為替市場への介入資金を確保するために、一定期間後に買い戻し、または売り戻し条件付きで外貨を融通しあう協定のことである。一九六二年三月以降、アメリカを中心としてドル相場の安定を目的にして先進諸国とBISとの間で協定網を形成した(上川孝夫・藤田誠一・向壽一編『現代国際金融論』有斐閣、一九九九年、三五七頁)。

〔訳注2〕一般に準備制度とは、金融機関が預金額に対して一定比率の金額を中央銀行に預けることをいい、準備率規制ともいう。ここではユーロ市場、特にユーロダラー市場における預金に対して各国中央銀行が準備金を積むことを指す。

〔訳注3〕一九七三年にOPEC諸国が原油価格を引き上げた結果、OPEC諸国にもたらされた巨額の経常収支黒字のことをそのほとんどがドル建てだったことからオイルダラーという。この資金規模がOPEC諸国内の工業化に必要な額を上回ったことで、余剰分がユーロ市場に短期預金として預けられた。資金を受け入れた多国籍銀行は、

経常収支赤字の拡大に直面した非産油発展途上国に貸し付けた。これをオイルダラーのリサイクル（還流）という（上川孝夫・藤田誠一・向壽一編『現代国際金融論』有斐閣、一九九九年、三五一頁）。

〔訳注4〕一九七七年八月に設立が決定した補完的融資制度（Supplementary Financing Facility）のことで、提案者の名前からウィッテフェーン基金と呼ばれる。通常の融資だけでは賄えない分を追加融資する制度で、先進国や産油国など国際収支が黒字である国からＩＭＦが借り入れた資金を原資にして、巨額の国際収支赤字に直面している加盟国に対し融資を行うことを目的とした。資金規模は一〇〇億ドルを超えた。一九八一年三月に終了し、同年五月に借入資金を原資とする増枠融資制度（Enlarged Access to the Fund's Resources）が創設された（"U.S. Participation in the Witteveen Facility: The Need for a New Source of International Finance, March 1978", *United States Congressional Budget Office Budget Issue Paper* 参照）。

〔訳注5〕一般的には、ある行動主体が行動を取り始めると他の行動主体がそれに追随することを指す集団行動のひとつと定義される。ハーヴェイ・ライベンシュタインが消費理論において展開した（Leibenstein, H. "Bandwagon, Snob, and Veblen Effects in the Theory of Consumers' Demand", *The Quarterly Journal of Economics*, Vol. 64, No. 2. (May, 1950), 183-207)。ここでは国際金融市場における動向を指しており、明確な根拠がない状態で、ある行動主体の行動に追随して行動がなされることを意味している。

第六章　四つのターニング・ポイント――一九七〇年代後半から八〇年代前半の状況

変動相場制のよく知られた利点とは、固定相場制の場合よりも外国市場からの圧力がかからず、国家が政策の自律性をより高められることであった。変動相場制は、それぞれの国家の経済ファンダメンタルズの変化を反映し、国際収支をスムーズに調整すると考えられていた。だが実際には、一九七三年以降の為替相場は動きが一定しない傾向にあるだけではなく、ファンダメンタルズをほとんど反映していなかった。中央銀行当局者が予期していたように、トラブルの源は、投機的な資本移動が経済のファンダメンタルズだけでなく、通貨トレーダーと資産保有者がその時々で行う気まぐれで分別のない判断に対しても反応するところにあった。[1] そうした資本移動によって、変動相場制は、外国市場の圧力から国内経済を隔離するどころか、新たな国際的制約にさらすことが多くなった。開放的でグローバルな金融システムのもとで、いかにして国内の金融規制構造を保持するのかという同じ問題が残るだけではなく、不均衡の「悪」循環が、拡張政策を追求する国々に悪影響を与える。金儲けに熱心なグローバル金融のトレーダーが突然、その国の経済政策に対する信頼をなくしたとき悪循環が始まり、大幅な通貨価値の下落が引き起こされる。このような為替レートの「オーバーシュート」〔過剰な変動〕は、国内のインフレを悪化させ、信頼をさらに失わせるとともに、下方スパイラルを加速させる。それは市場の信頼を回復させるために策定された厳しい緊縮プログラムを通じてのみ食い止めうるものである。結果として、スティーブン・マリスが指摘したように、「現在の為替相場制度のもとでの外部からの規律は、過去の制度のときよりも厳しいものである」[2]。経済的に保守主義であり低インフレであった国は、しばしば反対の効果(「好」循環)を経験した。こうしてヘンリー・ウォーリックその他の論者は、変動相場制という新たな環境は、「弱きものはますます弱く、強きものはますます強く」なる世界を創りだしたと結論づけることとなった[3]。

かくして変動相場制は、開放的な金融環境において政策の自律性を保つ難しさをほとんど解消できなかった。むしろ、不安定な為替相場は、問題を悪化させるだけの投機的取引をますます増大させた。こうしたことによって、西側諸国における四つの重要なターニング・ポイントの舞台が設定され、それらが新たな開放的金融システムの将来を決定づけた。四つのターニング・ポイントとは、一九七六年におけるイギリス、一九七八年から七九年および一九七九年から八〇年のアメリカ、そして一九八三年におけるフランスである。それぞれにおいて、これら各国の政策立案者は、政策の自律性を保つために、資本移動に対するより効果的な管理を復活させようと考えた。だが、より管理された国際金融秩序復活への取組みは、実行されなかった。あるいは実行されたとしても目標を達成することはできなかった。こうした試みは、グローバル化の歴史において重要であるにもかかわらず無視されることが多かった。しかしながら、もし上記のケースのいずれかにおいて、規制をうまく実行できていれば、グローバル化の趨勢をかなり食い止めることになっただろう。この時期、政策立案者がより効果的な管理を実施できなかったことについて、本章では三つの理由を提示している。すなわち、新自由主義的な理論枠組みに対する関心が高まったこと、より効果的な資本移動規制のためにブレトン・ウッズで提案された二つのメカニズムのいずれを用いることにも政治的困難が伴うこと、そして、アメリカがヘゲモニー国として金融の開放性維持に関心をもったことである。

第一節　イギリスにおける一国ケインズ主義の終焉（一九七六年）

イギリスは一九七四年から一九七五年にかけ、国際金融市場から巨額の借入を行っていた。しかし、一九七六年、当局は突然、国際金融市場、特にロンドン市場への参加者がポンドに対して大規模な投機を仕掛け始めていることに気づいた（このとき、イギリスの経常収支の状況は改善され、インフレ率が低下していた）[4]。ウィリアム・キーガンとルパート・ペナン＝リーによれば、労働党政権によるケインズ政策への幻滅が広がり、マネタリズムの人気が高まったことから、ロンドン市場の参加者はポンドに対して悲観的であった。「こうした［マネタリスト的な］識者の悲観的な見方と金融市場には、相互作用が働いており、互いに補強し合っているように思われた」[5]。古典的な悪循環では、ポンド安は国内のインフレ圧力を強め、それがなおさらポンドの信頼を損ねることとなった。

このようにして通貨危機が深まると、労働党政権は、当初、IMFや外国の中央銀行に相殺融資の供給を求めた。ポンドはIMF専務理事ウィッテフェーンの言う「非合理的な過高評価」の通貨であったため、BIS、スイス、およびG10諸国のほとんどの国によって六月に五三億ドルの貸付が追加された[6]。しかしながら危機は秋に入っても収まらず、より多くの資金の必要性が明らかとなった。この時点で、主要な債権者は方針を変更した。ジェームズ・キャラハン首相からの追加融資の要求に対し、アメリカと西ドイツは、イギリスが厳格な金融引締めと歳出削減を含むＩＭＦの安定化のパッケージに同意した場合にのみ、融資を拡大すると表明した。

この厳しい態度は、一九六〇年代の債権国政府による無条件かつ寛容な融資拡大とは状況が一変したことを示していた。債権国の金融専門家の中には、このような新しい姿勢が必要と主張するものがいた。[7] なぜなら、一九七〇年代になると、国際的な貸付を行っても一九六〇年代ほど迅速には、巨大な投機圧力を相殺できなくなっていたからである。したがって、市場の信頼を回復させようとした場合、国際的な金融支援には緊縮政策が条件となった。[8] 厳格な保守的措置が唱えられた理由としては、債権国において新自由主義の思想に共感する当局者の政治力が高まったこともある。そうした当局者とは、たとえばアメリカでは財務長官サイモンおよび彼の部下であるエドウィン・ヨー、そしてＦＲＢ議長のバーンズである。キッシンジャーのような安全保障戦略専門家やＡＦＬ－ＣＩＯその他のニューディール勢力の代表者は、寛大な融資を主張したが、彼らはアメリカの政策にほとんど影響力を持たなかった。[9] 西ドイツでは、新自由主義的なアプローチは、オットマール・エミンガーとカール・オットー・ポールのような有力な金融当局者だけでなく、経済的に保守派であるヘルムート・シュミット首相からも支持された。[10]

主要債権国における新自由主義思想の台頭によって、イギリスは無条件融資の道を閉ざされただけでなく、投機的資本移動に対処する協調的規制が実施される可能性も失ってしまった。イギリスではフレッド・ハーシュ、アメリカではノーベル経済学賞受賞者のジェームズ・トービンなど、ケインズ経済学者の重鎮が、一九七〇年代半ばに、資本移動に対する協調行動を提言していた。ハーシュは「世界経済は一定の管理がなされた非統合状態」が望ましいと主張し、国内経済問題へのＩＭＦの干渉を否定した。というのも、「国内政策において一国として何を優先するかについて、より大きな裁量を各国に与える、緩やかな経済秩序に必要なものと相容れない」からである。[11] トービンは、国家の政策の自律性が投機的資本移動の影響から守られる必要があると主張した。彼は、「過度に効率的な国際金融市場の車輪に砂を撒くために」すべての国家が外国為替のスポット取引[訳注1]に取引税を課す協調的措置を提案した。[12] しかしながら、新自由主義が強まる一九七〇年代の知的環境においては、どちらの案もさほど政治的支持を得られなかった。トービンはのちに、かつては推奨された自らの提案が「まったくもって地に落ちた」と述懐している。[13]

資金調達や協調的規制ができなくなり、労働党政権は難しい選択に直面した。グローバル金融のトレーダーの信頼を取り戻すためには、IMFと外国金融当局によって提唱された厳しい緊縮プログラムを採用する必要がある。これは戦後イギリスにおける一国ケインズ主義の終焉を意味する。かといって、政策の自律性を維持するには、ブレトン・ウッズでケインズとホワイトが大枠を示した包括的為替管理を実施して外部資金の圧力から国内経済を遮断する必要がある。こうした為替管理には非常にコストがかかり、国際金融センターとしてのロンドンを事実上閉鎖することになる。

当初、為替管理を課すための戦略――のちに「代替経済戦略」(AES)と呼ばれるようになった――は、労働党内においてかなりの支持を得た。九月の労働党大会において、AESは党の政策として実際に採用され、ひとつの決議が採択された。それは「ロンドン・シティの民間企業の手からスターリングと外国為替の売買を取り上げる」方法に対する調査を要求していた。[14] トニー・ベン率いる閣僚グループのなかでもAESに対するかなりの支持があった。[15] キャラハン首相とヒーリー議長はAESに反対したけれども、ベンの支持者と、トニー・クロスランド率いる、IMFパッケージへの穏健な反対派の人々との間に同盟が形成されたとしたら、自分たちが負けることを認めざるを得なかった。実際、彼らの一一月二三日の会議で、閣僚は秘密裡に議論されているIMFの融資条件をイギリスは受け入れないと、西ドイツ、アメリカに伝えることに仮合意した。[16]

だが、この時点で、閣内の力学に変化が生じた。キャラハンは、一九三一年に労働党政府を倒壊させたような分裂のリスクを冒しても、IMFのパッケージを支持するつもりであると表明した。ベンとクロスランドの両陣営の対立のみならず、こうした内閣倒壊の恐れから、一二月の初めにはクロスランドとその支持者が首相支援に回った。[17] 皮肉なことに、キャラハンがIMFのパッケージに賛成するに充分な数の閣僚を集めたまさにそのとき、一二月三日にIMFは以前の合意よりも多額の歳出削減を突然要求してきた。ヒーリーとキャラハンは、新しいパッケージの審議を拒否し、ここで初めてAESを検討しはじめたように思われる。キャラハンは自伝で次のように記している。

〔ヒーリーと〕私は、しばらくの間、私の寝室にとどまり、融資が受けられなかった場合に必要とされる様々な抜本的な政策変更について話し合った。そうした政策変更は、イギリス国民だけでなく、国際社会にとっても、いばらの道であり、我々とGATT、欧州共同体と北大西洋条約機構（NATO）、ならびにアメリカとの関係にも重要な意味を持っていた。その夜の話の中では、どんなことが起こってもおかしくないように思えた。[18]

だがIMFはすぐに態度を軟化し、二日のうちに、キャラハンと内閣閣僚が受入れ可能なパッケージを発表した。イギリス世論からの反対も少なく、その政策は採択され、ほどなくポンドの価値は安定化した。IMF融資の大部分は使われずにすんだ。

緊縮パッケージを受け入れるという内閣の決定は、戦後のイギリス政治の重大局面だった。ジョエル・クリーガーによれば、この決定は「［労働］党内の結束の脆弱な土台を破壊し、イギリス国内でケインズ主義社会が終わったことを意味していた。すぐそのあとを継いだのが、サッチャリズムである」と述べている。[19] これはまた、先進国間の金融関係というさらに広い意味での政治において、重要なターニング・ポイントだった。イギリスは自由な国際金融秩序を推進するうえで一九五〇年代と一九六〇年代に重要な役割を果たしたが、一九八〇年代においてもそうあり続ける気配を見せたからである。もしもイギリスが厳格な為替管理導入を選択していれば、グローバル化の趨勢は深刻な後退を余儀なくされたであろう。アメリカ国務長官であったウィリアム・P・ロジャーズが数年後に出した以下のコメントは、当時のイギリスの行動がどれだけ深刻に受け止められていたかを示している。「私が見たところでは、それは、イギリスが西側の自由主義的金融システムにとどまるか、あるいは対照的に、方針の根本的な変更を行うかの選択だった。なぜならば、我々はトニー・ベンが、IMFに反するイギリスの政策決定を突如行うことを懸念したからである。そのような決定がなされていれば、システム全体がバラバラになっていただろうと思う。……（中略）……それゆえ我々は問題を非常に幅広い全体的な観点からとらえようとしたのである」。[20] 国家安全保障担当大統領補佐官であったブレント・スコウクロフトも、以下のように述べている。「そのときの数週間、私は何よりもこの問題［イギリスの金融危機］に多くの時間を費やした。我々はこれが西側世界にとって最大かつ唯一の脅威になりうるとみていた」。[21]

結局、内閣は二つの理由からAESを拒否した。第一に、世界経済にイギリスがどれだけ統合されているかを考慮すれば、厳格な為替管理には膨大なコストがかかると認識されたことである。AESの支持者であっても、その経済的コスト（経済の混乱や外国からの報復の可能性）は、IMFパッケージに関連するコストを上回ることを認めざるを得なかった。[22] さらに、労働党が議会の少数派であったことから、AESの支持者がその姿勢を貫くことは特に困難であった。[23] キャラハンが先に引用した一節で述べたように、国際政治面でのコストも非常に高くついたであろう。[24]

第二に、内閣によるAES拒否の理由は、「埋め込まれた自由主義」の考え方に対する政府の不満が拡大したこと、新自由主義思想がますます受容されるようになったことである。[25] たとえば、ヒーリー議長は、一九七〇年代半ばにはケインズ主義に幻滅しており、一九七六年危機の前には、緊縮政策の強力な支持者になっていた。[26] 危機の間、IMFとアメリカ財務省の立場を強く支持していたイギリス大蔵省およびイングランド銀行の関係者の多くにも、同じことが当てはまった。実際、一部の人々は、より「まともな」政策を労働党政府にとらせるために危機を演出したとして非難された。[27] もしもイギリス国内に、緊縮政策を支持するこうした人々がいなかったなら、国際的債権者は（クロスランドが当時主張していたように）融資にもっと寛容だったかもしれない。[28]

新自由主義的理論枠組みへのこうした転換は、グローバルに統合された金融システムのもとでは、一国ケインズ主義のアイデアを実施することがますます困難になったという認識も示している。トニー・ベンの記録によれば、一一月末のある決定的に重要な閣議において、「貸し手こそが我々の通貨の価値を決定することを、我々は覚えておかねばならなかった」とヒーリーは主張した。[29] アメリカと同じように、イデオロギー上の転換についてはこれ以外の理由もあった。一九七〇年代のスタグフレーションという状況が、「埋め込まれた自由主義」の考え方への信頼を掘り崩した。こうした経済環境によって、ケインズ主義者はウィリアム・キーガンの言葉を用いれば「士気低下の状態」に陥った。[30] 知的状況が先行き不透明ななか、ミルトン・フリードマンのようなアメリカ人を含む新自由主義的知識人は対照的に自信に満ちており、（一九五〇年代半ばにフリードリッヒ・ハイエクのリーダーシップのもとで設立された）ＩＥＡ（Institute of Economic Affairs）のようなイギリスのシンクタンクを通じて、新自由主義の教義を積極的に広めた。[31] 新自由主義の教義は、民間銀行と政府金融当局者の間で、特に強力に支持された。政府当局者による新自由主義への信念は、おそらく外国の中央銀行・大蔵省および公的国際金融機関の高官と結びつきが深まるにつれて強化された。この結びつきは、相殺融資ネットワークとともに一九六〇年代に形作られた。そして、ＩＭＦ・世界銀行年次総会などのフォーラムで強化されていった。新自由主義的金融観をもつ関係者の国際ネットワークが成長し、またネットワーク内の多くの人々によって、これらの結びつきは新自由主義を広め強化する重要なチャネルとなった。たとえば、ウィリアム・キーガンによれば、一九七六年危機にうまく対応したことによって、ヒーリーは「［一九七七年の］ＩＭＦ会議が行われたワシントンで大いに賞賛された」。彼はそこで「財政秩序を保つことの美徳を他国に説き」始めた。[32] グローバル市場自体のパワーの増加によっても、政府内での金融当局の影響力が強化された。エイドリアン・ハムが記しているように、イギリス大蔵省およびイングランド銀行の当局者は、「国際金融の『手に負えない』力を利用して、閣内の冷静で穏健なグループでは不可能な目的を達成した」のである。[33]

第二節　ヴォルカー・シフト——外部規律のアメリカによる受容（一九七八～七九年）

一九七六年、イギリス・ポンドを襲ったのと同規模の危機が一九七八年から七九年にかけて、ドルにも発生した。危機は、カーター政権による「機関車」経済戦略の失敗の結果であった。カーターのアドヴァイザーは、一九七〇年代初頭におけるアメリカのより強硬な対外経済政策とは対照的に、世界の経済問題に協調的かつ責任を持って対処すべきという立場だった。彼らは、日本と西ドイツをグローバルなリフレ戦略〔訳注2〕に引き入れることを望んだ。その戦略によりアメリカ・日本・西ドイツの三カ国が同時に拡張政策を目指すことで、一九七三～七五年不況から世界を引っ張り出す「機関車」として行動しようとした。しかし、この戦略は日本と西ドイツからかなりの抵抗を受け、カーター政権は戦略転換を余儀なくされた。機関車論のレトリックによって協力の言質は得たものの、実際に行われたのはアメリカ単独の拡張政策だった。(34) 一九六〇年代と同じく、諸外国の中央銀行は、アメリカの単独拡張政策に伴う巨額の経常収支赤字を補塡せざるを得なかった。日本と西ヨーロッパは、以前と同じ理由でドルを支えていた。アメリカが最も重要な海外市場であったことから、ドル下落は国内の輸出業者にとって有害だという理由である。OPEC加盟国もまた、石油輸出収入および資産の大部分がドル建てであったことから、この時期のドルを支える主要な担い手だった。一九七七年半ばにアメリカは、一九七〇年代初頭と同じく、公式発表という「口先介入」によるドル安誘導を行い、対外赤字を減らそうとした。「ドル兵器」とも言うべきこうした手段は、一九七八年一月に日本で拡張的な補正予算を組ませるのに特に有効であった。西ドイツは、アメリカがインフレを輸出しようとしているとして、相当腹を立てたが、彼らも一九七八年のボンサミットでは、わずかながらの財政拡張には合意した。

しかしながら一九七八年の後半になると、カーターの戦略は低迷し始めた。アメリカには拡大する対外赤字を削減し国内のインフレを抑制しそうな様子がなく、外国人はドルへの信頼を失い始めていた。サウジアラビアは自国のドル準備を取り崩し始め、ドル安が続くようなら石油価格を上げると警告した。[35] 西ヨーロッパ各国政府は、一九七九年三月、欧州通貨制度（EMS）の創設に向けた交渉を開始し、アメリカの単独行動について不満を示した。EMSによって、比較的安定したヨーロッパの為替相場と新通貨であるECUができあがった。特に西ドイツのヘルムート・シュミット首相のEMSに対する強力な支持は、彼がアメリカの経済政策に不満を持ち、「アメリカのリーダーシップへの信頼を失いつつある」ことを示していた。[36] そして、最も重要なのは、力を増すグローバル金融市場において、ドルからの大量逃避が起きていたことである。

ドルが急落し、アメリカは、政策の自律性に関して、戦後最も深刻な外的制約に突如直面した。一九七六年にイギリスが考えていた二つの選択肢が、いまやアメリカの政策立案者の前にも現れた。第一の選択肢は、対外的な規制を課し、アメリカの政策の自律性を保つこと、つまり、より自由な国際金融秩序を促進しようとする一九七〇年代初頭にめざした戦略を放棄することであった。一九七八年後半、ドルに対する投機を食い止めるために資本規制を用いることについて、アメリカの政策当局者の間で議論されたことがある。[37] 実際、ほんの一年前には、アメリカが外国の債権者に金融面で依存するようになるかもしれないという懸念に応えて、議会は「国際緊急経済権限法」を可決していた。この法案によって大統領は、アメリカの「安全保障・経済・外交政策」を脅かす、いかなる国の資産であれ、これを凍結する権限が与えられた。[38] この時点で財務省の一部も、グローバル金融におけるアメリカの優位を維持するのはやめにしようと考え始めた。実際、G7の作業委員会が招集され、西ドイツマルク、円といった他国通貨の国際化を奨励することによって、ドルのグローバルな重要性が減じかねないメカニズムを検討しようとした。委員会の日本代表、行天豊雄は「驚くべきことに、アメリカは初めて基軸通貨としてのドルの役割を軽減する方法を公式に模索していた」とのちに述べている。(39)

しかしながら、国際金融の信頼回復に向けた緊縮プログラムを採用するという第二の選択肢は、カーター政権にとって、第一の選択肢以上に魅力的であった。一九七八年一一月、カーター大統領は、政府支出の削減と金利の上昇を含めた反インフレプログラムを発表した。これらの措置が金融市場や外国政府を満足させなかったとき、ドルへの信頼回復のためには、より徹底した緊縮政策が必要だと彼は納得するようになった。一九七九年八月、緊縮政策への決意を示すために、カーターはポール・ヴォルカー――一九七五年からニューヨーク連邦準備銀行の副総裁を務めた有名な「ハードマネー」〔訳注3〕主義者――をFRB議長に任命した。副大統領モンデールによれば、この任命は、「金融市場を安心させ、正統性を取り戻し、さらには主要な貿易相手国、国際金融機関における我々のパートナーを安心させる」ための措置だった。(40) ヴォルカーは期待を裏切らなかった。一九七六年のイギリスの経験から、彼は外国の信頼を回復するためには断固たる行動が必要だと確信していた。(41) 一九七九年九月二九日に、彼はヨーロッパに向かった先で、まずヘルムート・シュミットから、次にベオグラードでのIMF総会においてヨーロッパの中央銀行当局者および石油輸出国機構（OPEC）の財務大臣から、厳格な調整措置が必要であると諭された。彼は意を強くし、一九七九年一〇月六日、思い切った金融引締め政策を発表した。(42)

ヴォルカー安定化プログラムは、アメリカの政治における重要なターニング・ポイントとなった。一九六〇年代から一九七〇年代初頭にかけて、すでにアメリカは、新たな開放的国際金融秩序が自らの政策の自律性にとって非常に役立つことを認識していた。なぜならアメリカはその秩序において「構造的」権力を有していたからである。しかしながら一九七八年から一九七九年のドル危機において、外国政府と民間投資家は突然、アメリカの経済政策に外から規律を課そうとした。アメリカは、この新たな外的制約に直面し、政策の自律性という目標と、開放的な金融の重視との間での選択を余儀なくされた。国際的な金融圧力の規律に従うという決定は、後者を選択したことを示している。実際、一九七六年のイギリスの内閣とは異なり、ワシントンの政策立案者は、一九七八年後半に、若干の議論を行った後は、資本規制策の実行という選択肢についてほとんど考慮しなかった。この決定は、グローバル化のプロセス全体にも重要であった。新たな開放的グローバル金融システムにおけるアメリカの中心的な役割を考えると、この時期にグローバルな金融市場に対してアメリカが対決姿勢を強めていたなら、グローバル化のプロセス全体への障害となっていたであろう。

資本規制を考慮に入れないというカーター政権の決定は、一九六〇年代後半には、国内政治が総じて新自由主義にシフトし始めていたことを物語っている。カーターのアドヴァイザー、特に大統領経済諮問委員会の幾人かは、ヴォルカーの厳格な政策に強く反対した。しかし、カーター自身は新たな政治的雰囲気を察知し、ヴォルカーには反対しなかった。ヴォルカーの背後には実業界全体（特に大規模なアメリカの銀行）がしっかり控えており、当時の大統領経済諮問委員会委員長チャールズ・シュルツもまた「ホワイトハウスがFRBと対立することにはきわめて慎重でなければならなかった」と認めざるを得なかった。[43] 議会においてもまた、一九七〇年代のスタグフレーションののちに、ケインズ的思想から離れる動きが起きていた。さらに民主党員の間でさえ、緊縮プログラムを支持する強い論調が生まれていた[44]。ピーター・ラドローが述べているように、ヴォルカーの安定化計画は「ポストケインズ的、ドイツ的、フリードマン的、さらにサッチャー的と言っていいような思考習慣が、北大西洋世界において、ほぼ完全勝利を遂げた」ことを知らしめた[45]。

しかしながらその決定にはまた、より広範なアメリカの国益も反映されていた。ドル危機はアメリカの金融へゲモニーの衰退を示すように思われたが、一部の論者が指摘するとおり、アメリカの金融権力は他国との比較では低下しておらず、成長を続けるグローバル金融市場に対して小さくなっているだけであった。民間の市場参加者の信頼が回復できれば、グローバル金融での構造的権力が維持され、アメリカは開放的な金融から再び恩恵を受けるようになるとみなされていた。たとえば、財務省のアンソニー・ソロモンは、アメリカの金融市場は依然として投資家にとって最も魅力的であり、ドルの世界的な地位はEMS創設などの動きによって、それほど脅かされてはいないと主張した。「EMS創設といっても、ここで理解しなければならないのは、ドル以外の通貨が有力な準備通貨になるためには、アメリカが行ってきたように資本市場を開く必要があるということ、そして他国は我々ほど資本市場を開放するつもりはないということだ。世界中からアクセスでき、借りることのできる大規模な資本市場がない限り、一つの通貨が重要な準備機能を担うことはできない[46]」。当時行われた省内の研究において、他の財務省関係者は、アメリカにとってEMSが脅威となるのは「EMSが閉ざされた通貨圏となり、資本移動が制限された」場合のみだが、そのようなことは起こりそうもないと指摘した[47]。ヴォルカーの断固たる行動が世界に与えた影響は、こうした分析の妥当性を物語っているようだった。スーザン・ストレンジの分析によれば、ヴォルカーの安定化計画とは「あたかも世界中に轟く銃撃のような通貨政策であった」。これによってドルとアメリカ金融市場への信頼が回復し、アメリカがグローバル金融システムの中心であることがはっきりしたのである。(48)

第三節　ユーロ市場規制へのＦＲＢの主体的取組み（一九七九〜八〇年）

ヴォルカーは、国際市場の規律を回避する目的で国際資本移動を規制しようとするあらゆる試みに反対していたが、彼およびその他ＦＲＢ・財務省当局者は、一九七九年から八〇年にかけて、ユーロ市場取引がアメリカの金融政策の有効性に対して悪影響を及ぼすのではとの懸念を強めていた。(49)一九六九年から七〇年にかけてと同じく、国際的に活動する銀行と多国籍企業は、国内のニーズを満たすためユーロ市場でオフショアの借入をすることで、ＦＲＢによる金融引締め政策を首尾よく回避した。ある推計によれば一九八一年には、ユーロダラー市場の規模は、アメリカのマネーサプライ（Ｍ－３）の約一〇％にまで増加していた（一九七四年時点では四％だった）。その結果、ユーロダラーの流入は、国内のマネーサプライを管理するＦＲＢの取組みを、大きく混乱させる可能性があった。(50)皮肉なことに、「マネタリズム」の勝利と同時に、国際統合の進展によってＦＲＢのマネタリーベース管理能力の低下が生じたように思われる。〔訳注４〕

ＦＲＢにはこの混乱を防ぐために、三つの選択肢があった。第一に、規制システムを構築し、国際金融市場から国内金融システムを隔離することである。これは実際、一九六九年から七〇年にかけて着手されたことである。事実、この方向で幾つかのステップが踏み出された。一九七九年一〇月六日にヴォルカーの安定化プログラムが発表されたとき、FRBは前回同様、アメリカの銀行によるオフショア借入に対し、特別の追加的準備規制を新たに設け、借入コストを引き上げようとした。FRBはまた、説明文書の発行や道徳的説得（moral suasion）〔法的強制力のない指導〕を行い、この時期、アメリカの銀行が国内融資目的でオフショアから借り入れるのを抑制しようとした。[51] しかしながら、開放的な国際金融システムを支持していたFRBの大多数の関係者にとって、こうした十把一絡げの戦略は人気がなかった。[52] さらに、アメリカの借り手にとってはオフショアで営業するアメリカ以外の銀行から資金を借りればいいだけだということを彼らは理解していた。FRBは、一九八〇年四月のBISの会合において、各国中央銀行に対し、各国の銀行によるアメリカの居住者への貸出規制をかけるよう要請することで、この「漏れ」を防ごうとした。しかし、この要請には、日本銀行とカナダ銀行が形ばかりの協力を行っただけだった。[53] たとえこの協調的な取組みがより大きな成果を上げていたとしても、別の形の「漏れ」は阻止できなかっただろう。つまり、アメリカの多国籍企業がオフショア借入を行い、その資金を企業内決済を通じてアメリカ国内に持ち込む、という方法である。[54]

FRBが利用できる第二の選択肢は、オフショアからの資金流入を相殺するために、国内の金融政策を「過度に引き締める」ことだった。この政策は実際、一九七九年一〇月以後導入されたが、ヘンリー・ウォーリックなどFRB関係者の多くは、長期的には国内に多大な苦難をもたらすことになりはしないかと憂慮した。実際、ウォーリックは、過度に高い国内金利が続くと、資本規制実施に向けた政治的圧力が高まると考えていた。[55]

そうならないように、FRB当局者は、ユーロ市場からの破壊的影響を軽減する第三の選択肢を選択した。すなわち、すべてのユーロダラー取引に準備規制を導入するというものである。このような規制は、ユーロ市場の成長を抑制し、したがって国内金融政策への悪影響を最小限に留めると予想された。[56]しかしながら、FRB当局者は、この戦略が功を奏するには、国際協調が必要だと認識していた。オフショアで営業するアメリカの金融機関に対して単独で準備規制を課しても、外国銀行がユーロダラー取引を担うだけである。したがって、一九七九年四月、アメリカはBISのメンバーに強く働きかけ、すべてのBIS加盟国中央銀行が自国銀行の国際的取引に対し準備規制を課すべきとする具体的提案を検討するための委員会を立ち上げようとした。[57]

FRBの提案は、国内外から強い反対にあった。イングランド銀行、スイス国立銀行からの反対が最も重要だった。ユーロ市場の魅力を損ねる措置がとられれば、それがいかなるものであれ、有力なユーロ市場の拠点になっている両国中央銀行には、大きな損失がもたらされる。ブンデスバンクがアメリカの提案に対する当初の支持を撤回したのは、海外で営業するドイツの銀行に準備規制を課す法的権限を持っていないことがはっきりしてからであった。この時、イングランド銀行、スイス国立銀行は反対姿勢をかなり強めた。その結果、提案は一九八〇年四月にバーゼルのBIS会議で全面的に否定されたのである。[58]

FRBの提案はまた、アメリカの銀行業界からも強い反対にあった。なぜなら、この時期の銀行業界の目的と直接対立していたからである。[59]FRBは、国内銀行への規制に合わせて、ユーロ市場への規制を強化しようとした。それに対し、アメリカの大銀行は、自由なユーロ市場に合わせて国内銀行への規制の緩和を求め、一九七〇年代後半からロビー活動を始めていた。彼らのスタンスは、厄介なニューディールの規制から解放されたいという願望だけでなく、一九七〇年代に銀行関連業務に次第に参入してきた国内規制のないノンバンクとの競争条件をより有利なものにしたいという願望を反映していた。[60] ニューヨーク証券取引所の規制緩和が決定した一九七五年の「メーデー」以来、ノンバンクからの競争圧力が高まった。この規制緩和の決定はというと、立会外取引システムとの競争、および新自由主義的な規制緩和論から生み出されたものだった。こうした動きによって、国内の証券会社は、銀行の利付要求払預金と直接競合する証券総合口座〔訳注5〕などの手段を提供するようになっていた。一九七〇年代のインフレ状況では、これらの規制されていない手段は、ニューディールの金利上限によってなおも制約されていた銀行預金よりも魅力的だった。シアーズ・ローバックそしてアメリカン・エキスプレスのような他のノンバンクも銀行関連業務に参入してきた。ノンバンクは、市場金利で取引し、事実上、州際預金を取り扱っていた。しかし、これらの業務は銀行には禁じられていた。それゆえ銀行業界は、競争条件をより有利にするために、規制を逃れ自由な取引を行う拠点として、ユーロ市場の維持を望んだ。さらに銀行は、ユーロ市場の競争圧力を用いて、国内の規制緩和を強引に進めようとしていた。[61] 銀行はこの両方の目標を達成することに成功した。銀行による度重なるロビー活動によって議会は、一九七九年、ユーロカレンシー市場規制法案を否決した。[62] もしこの法案が成立していれば、FRBの取組みを後押ししていたであろう。規制によって預金者がインフレの損害から身を守れなくなっているという感情と相俟って、同様のロビー活動が民主党優勢の議会を突き動かし、一九八〇年金融制度改革法と一九八二年のガーン・セイントジャーメイン法を通過させた。両法案によって、大戦間期に成立した国内金融規制の多くは取り除かれた。[63]

FRBの規制措置が完全に失敗したことは、一九八一年にアメリカ国内で非課税、無規制のオフショア国際金融市場（IBFs: international banking facilities）開設を認めたFRB自身の決定によって明らかとなった。ユーロ市場規制に関し、FRBは、外国政府への対抗戦略強化の一環として、一九八〇年に

IBFsの導入を検討していた。FRBの目的は、IBFsがユーロ市場で行われる取引の大部分をアメリカに取り戻すことによって、イギリスその他の国々がアメリカの提案にもっと耳を傾けざるを得ないようにすることだった。[64] しかしながら、その目的はことごとく国内外各方面から反対に遭い、ジェームズ・ホーリーの言葉によれば、FRBの政策立案者は「落ち込んだユーロカレンシー市況から最大限の利益を得る」手段として、一九八一年にIBFsの利点を売り込み始めた。[65] アメリカは、急拡大するユーロ市場ビジネスから、少なくとも雇用と税収に関しては利益を得るはずだと彼らは主張した。さらには、ユーロ市場取引をアメリカに引き戻すIBFsによって、アメリカの銀行はますます国際金融取引に参加できるようになるだろう。[66] というのも、オフショア取引できなかったアメリカの小規模銀行がユーロ市場ビジネスに参入する機会を得るからである。FRBの政策立案者は、ユーロ市場の成長を抑えられなかっただけでなく、IBFsを承認することで、ユーロ市場の存在を全面的に受け入れることになった。リチャード・デイルが指摘するとおり、実際、IBFsは「通貨管理の回避手段を増やすこと」によって、この先、国内の金融政策効果をさらに弱めるだけだろう。[67]

FRBの取組みの失敗は三つの理由から重要であった。第一に、この失敗によって一九七〇年代初頭に得た教訓が実証された。すなわち、IBFsへの規制を取り戻すための協調メカニズムは、大国やそれに歩調を合わせる国家グループが拒否すれば、簡単に機能不全を起こすという教訓である。第二に、もしFRBの取組みが成功していたならば、一九八〇年代に先進工業諸国を飲み込んだ規制緩和と自由化の波はかなり弱まっていただろうということである。それが失敗したことによって、ユーロ市場からだけではなくアメリカ金融システムの規制緩和からも競争圧力が高まり、一九八〇年代において金融規制の緩和・自由化が促進された。気ままなグローバル金融の参加者を引き寄せるため、外国政府がロンドンやアメリカの条件に匹敵する市場を創りだそうと躍起になるのは確実だった。当時、イングランド銀行が警告していたように、アメリカにおけるＩＢＦｓの開設によって「他国でも同じような展開がもたらされるだろう」。ブンデスバンクもまた、自国も規制緩和に動いてアメリカの決定に「報復」する必要性に言及した。[68]第三に、ＦＲＢの取組みの失敗によって明らかになったのは、金融が自由化された環境のもとで政策の自律性を維持したいと願っていたのは、ケインズ的福祉国家を重視する人々に限らないということである。一九六〇年代に明らかになったように、大戦間期の経験からマクロ経済管理（より保守的なものだが）を重視する保守的な中央銀行当局者が現れていた。中央銀行当局者の多くは大戦間期の経験によって、多少なりとも金融の開放性に対して警戒心も持っていた。[69]

第四節　フランスにおけるミッテランのＵターン（一九八一〜八三年）

一九八一年五月にフランソワ・ミッテランが大統領に選出され、デフレ下にある一九八〇年代前半のグローバル経済からフランスを救うための拡張的ケインズ経済戦略をとる政府が誕生した。政権誕生直後から、新政府はＩＢＦｓにおいて投機のターゲットにされた。一九三六年のレオン・ブルムの選出後と同じく、裕福な資産保有者は当初、新政府による資産への課税を恐れ、海外に資金を移動させた。しかしながら一九八一年の秋には、投機はそれとは異なった動機に基づいて行われるようになった。政府の拡張的プログラムは、経常収支赤字の急拡大だけでなく、他の西ヨーロッパ諸国以上の高インフレ率をもたらし、フラン切下げの可能性が高まった。一九八一年五月に金利が急上昇し、一〇月にはEMS内で切下げが行われたことによって、一時的に市場は沈静化したが、一九八二年六月に投機が再開された。

こうした状況のなかで、政府の選択はさらに難しくなった。対外赤字削減に向けて政府が緊縮政策を決断しなければ、フランス以外のEMS加盟国はEMS内でのさらなる切下げを受け入れないだろう。レーガン政権もまた、フランス政府が経済政策を変更しない限り、相殺融資の増額を拒否していた。[70]実際、国家安全保障会議シニアメンバーで国際経済問題を担当したヘンリー・ナウが述べているように、この時期、アメリカには、「国際的市場圧力」を用いて、フランスをはじめ各国に「低インフレの達成と市場へのインセンティヴ提供という共通目標」を追求させる意図があった。[71]経済政策に関し、ミッテラン政権内には深刻な対立が生じ始めた。それは、一九七六年のイギリス労働党政権内の対立と同じものだった。財務大臣のジャック・ドロールと首相のピエール・モーロワは緊縮パッケージを強く支持したが、もう一方の陣営（ローラン・ファビ、ピエール・ベレゴヴォア、そしてジャン＝ピエール・シュヴェーヌマンなど）は、イギリスの代替経済戦略に似た戦略（フランスがEMSから離脱し、貿易および為替制限を強化することによって国内拡張プログラムを維持するという戦略）を提唱した。

親ヨーロッパ政策（pro-European policy）を強く指向していたため、当初、ミッテランは後者の政策を検討するつもりはなかった。むしろ、彼は妥協案を支持した。この妥協案では、ヨーロッパとアメリカの利子率の連動を断ち、EC規模での回復を可能とする資本規制をEC全体で導入するよう加盟国に要請することになる（実際、フランスは一九七一年にこれを要請したことがある）。[72]他のヨーロッパ諸国もまたヴォルカーの高金利政策に苦しめられていたが、一九八二年の前半にフランスがこの提案を出したとき、支持はほとんど得られなかった。イギリスは、ヨーロッパでのこれ以上緊密な通貨協力、ロンドンでの金融取引への規制を受け入れるつもりはなかったが、もしイギリスがフランスの計画を承認すれば、どちらの措置も必要となる。西ドイツは、このフランスの計画では、インフレ状態にあるフランス経済を西ドイツがただ救済するだけに終わるのではないかといぶかっていた。[73] 提案が拒絶されると、ミッテランは、EMS内のフランを一〇％切り下げる代わりに緊縮計画を開始するとしたパッケージに合意した。

しかしながら、これらの措置が市場に安心感を与えることはほとんどなく、フランに対する投機は一九八二年の秋から一九八三年の前半まで続いた。ミッテラン政権は、一九八二年九月に国際的な銀行の融資団から、一九八三年一月にはサウジアラビアから資金を借りることによって、外貨準備を補充できたが、これらの資金は急速に枯渇した。[74] 地方選挙が行われる一九八三年の三月までに、ミッテランは政府の経済政策の方向性を決定せざるを得なくなった。三月六日、選挙の第一ラウンドにおいて、かなりの痛手を受けた後、ミッテランは多くのアドヴァイザーの強力な支援を得ながら、フラン単独の拡張政策――すなわち、EMS離脱、為替管理強化――をめざす計画を突如承認した。しかし、モーロワ首相は新政策に同意せず、政府の危機的状況を招いた。[75] ベレゴヴォアその他のアドヴァイザーが「より産業重視の、より大胆で、より拡張主義的な政策」を要求し続けたのに対して、ドロールは反対の立場をとり、そうした政策の孕む大きなリスクを強調した。[76] フランスがEMSから離脱することによって、フランは二〇％あるいはおそらく三〇％下落し、国内のインフレ圧力が強まるだけでなく、フランスの債務返済コストも高まるとドロールは主張した。

ミッテランのアドヴァイザーと、財務大臣でありのちにIMF専務理事となるミシェル・カムドシュとの間で三月一六日に行われた会議は、政府の方針を一変させた。フランスの外貨準備高は非常に低いレヴェルまで下落し、深刻な為替危機が起これば、外貨準備は「数週間どころか数日」しかもたないだろうとカムドシュは強調した[77]。さらに続けて、EMSからの離脱によってフランス政府は追加借入ができなくなり、フラン防衛のために金利を現在の一四%から二〇%以上に引き上げなければならないだろうと述べた。投機を防ごうとすれば、厳格な為替管理を行うしかなくなるというのが衆目の一致するところだった。あちこちで失業や倒産が見込まれるなか、ファビウスは、ベレゴヴォアやその他の人々と同じように、緊縮計画支持にまわった[78]。この転向によって、ミッテランは同日、ドロール陣営への再合流を決めた。週末までに、ドロールは自国での緊縮計画実施の約束と引き替えに、EMS内でのフラン八%切下げ、さらにはECからの四〇億ECU融資を認めてもらう交渉をした。最終的にこの緊縮計画によって、市場は、フランスが自国の経済問題に真剣に取り組んでいると確信するに至った。この計画はまた、フランス政府が追求してきた「一国ケインズ主義」が最終的に崩壊したことを意味した。

国際的な金融圧力を理由に拡張的財政政策を断念するというミッテラン政権の劇的な決定は、国内外に大きな波紋を投げかけた。フランスでは、ミッテラン政権が発足時に承認していた「埋め込まれた自由主義」の理論枠組みは一晩のうちに払いのけられ、金融規律と市場自由化を重視する新自由主義が支持されるようになった[79]。実際、一九八四年にベレゴヴォアはフランス金融市場の自由化と規制緩和に関するプログラムを開始した。ジョン・グッドマンが指摘しているように、こうした政策変更によって、「いかなるものであれ、今後フランスが世界のトレンドから逸脱する金融政策を追求することは、はるかに難しくなるだろう」[80]。フランスの経験はまた、国境を越えて支持された。ほどなくフランスは、「汎ヨーロッパ新自由主義プロジェクト1992」の重要な提唱国となった。このプロジェクトは、欧州委員会議長という新たな地位を得たドロールによって、一九八五年一月以降進められていた。同様に重要なのは、フランスの経験によって、ミッテラン政権の成り行きを見て後追いしていた他の先進工業国における中道左派の知識人・政治家が再考を迫られたことである。彼らにとって、政府が国際的な市場規律を受け入れざるを得なかったことは、新しいグローバル金融環境のもとで、一国ケインズ主義という「旧世界」を維持するのが非常に難しいことを示していた。

この社会主義政権が厳格な為替管理システムには頼らないと決定した理由は、一九七六年におけるイギリス労働党政権の決定と重なる。最も重要な理由は、新自由主義的な政策に代わる戦略を採用する際のコストだった。代替戦略の支持者であっても、大きな経済的混乱、さらには外国からの経済的報復の可能性も認めざるを得なかった[81]。国際政治面の理由としては、為替管理導入となれば、戦後フランス外交政策の基本路線である汎ヨーロッパ戦略から外れる急進的な措置となってしまうということがあった。フランスの決定には、新自由主義思想の影響力増大という理由もある。ドロールその他のフランス金融官僚は、政策変更の必要性をますます信じ込むようになり、ケインズ理論を放棄して金融面の規律と市場の自由化を重視する新自由主義に切り替えた。政策の変更は、金融がグローバル化するなか「埋め込まれた自由主義」の思想を維持するのは困難であるという現実的認識の現れでもあるが、過去一〇年間のスタグフレーションも変更を後押しした。フランスでは、イギリスとアメリカがそうであったように、グローバル金融市場の力によって、政府内における新自由主義信奉者の影響力が強まった。たとえば、一九八一年のドロールの財務大臣任命は、一九七九年のアメリカにおけるヴォルカー任命と同じく、健全な経済政策を行うというミッテラン政権の意図を伝え、市場を安心させるのが目的だった。

他の先進工業国もこの時期に同じような危機を経験したが、イギリス、アメリカ、フランスで生じた四つのターニング・ポイントが、グローバル金融復興の政治史においては最も重要だった。これらいずれかのケースで規制が導入されていれば、グローバル化の傾向はかなり勢いが弱まっていたであろう。イギリスとアメリカは、新たな開放的グローバル金融秩序において中心的な地位にあるため、両国の経験は決定的な重みを持った。フランスの経験は、シンボリックな意味だけでなく、EC内部の政治という面からも重要だった。さらに視野を広げれば、これらのターニング・ポイントは、ブレトン・ウッズの金融的枠組の崩壊を進めたという意味で重要だった。為替相場の安定から得られる利益のために金融を規制するという方針は、すでに一九七〇年代前半から放棄されていたが、今や国家は、政策の自律性という方針も手放してしまった。一九八〇年代の自由化の流れに向けて、舞台は整えられたのである。

金融規制や政策の自律性を重視し、グローバル化の潮流を反転させようという取組みが失敗した理由は三つある。第一に、一九七〇年代前半にもあったように、ケインズとホワイトが効果的だと主張した資本移動規制の二つのメカニズムのどちらであれ、いざ実施しようとすると、深刻な政治的困難に直面したことである。一九七〇年代、一九八〇年代の統合が進んだ世界経済において、厳格な為替管理を導入すれば、政策立案者が考えたくもないほどの莫大な政治的・経済的コストがかかっただろう。協調的資本規制を実施しようとしても、新しい開放的なグローバル金融システムに利害関係を有する国家、たとえばオフショア・ユーロ市場の拠点となっている国家によって簡単に拒絶されただろう。

第二の理由は、先進工業国において、ブレトン・ウッズの秩序を支えてきた「埋め込まれた自由主義」に対する失望が高まるとともに、新自由主義への転換が起こったことである。こうした変化は、グローバル金融市場という新たな環境下でケインズ政策を追求することに伴う諸問題を、多くの政策立案者が現実的に認識していたことも関係していた。この変化はまた、一九七〇年代のスタグフレーションの結果でもある。スタグフレーションによって、「埋め込まれた自由主義」思想への支持基盤は損なわれた。一九三〇年代におけるケインズとその支持者がそうだったように、新自由主義の知識人は積極的に（イギリスのケースが明らかにしているように、時に国境を越えて）活動し、ぽっかりと空いたイデオロギーの空白を埋めようとした。新自由主義思想はまた、民間の金融関係者や、グローバル金融市場が力を伸ばすとともに政府での影響力を強めた金融官僚の間で、強力な支持を得たのである。しかしながら、一九七九年から八〇年におけるアメリカの経験が示しているように、中央銀行は、金融政策の自律性への関心ゆえ、他の金融関連省庁以上にグローバル化のプロセスを警戒していた。中央銀行の警戒感は、金融危機への不安からも生まれていた。この点については、第八章において議論する。

第三の理由は、一九七八年から七九年におけるアメリカの経験と関係している。それは、新たな開放的国際金融秩序においてもアメリカは支配的な地位にあり、そこから便益を得られるという認識をアメリカの一部政策立案者が持ち続けていたことである。たしかに、一九七八年から七九年のドル危機の間、国際金融市場によって、アメリカの政策の自律性は損なわれた。このことから、危機はアメリカの金融ヘゲモニー衰退の兆候だと論じる研究者もいる。[82] しかし、アメリカは成長するグローバル金融市場に対する権力を失ったけれども、アメリカの政策立案者が正しくも主張しているように、他の国家に対する金融権力は失っていないのである。彼らが述べているとおり、開放的グローバル金融秩序においてドルとアメリカの金融市場が卓越していることによって、アメリカは、その利点を活用できるグローバル金融で支配的な地位に居座ることができたのである。アメリカのこうした権力は、ヴォルカーの安定化計画が世界に与えた影響によって、まざまざと見せつけられたが、レーガン政権の経済政策が与えた衝撃はそれ以上だった。これが第七章のテーマである。

（1）中央銀行関係者の予測については、第五章の注61を参照のこと。
（2）Katz（1979: 231）からの引用。
（3）Katz（1979: 279）からの引用。悪循環に関する優れた議論は Katz（1979）の全体を参照のこと。
（4）Healey（1989: 427）, Cohen（1981: 222）.
（5）Keegan and Pennant-Rea（1979: 140）. また、Keegan（1984: 42, 88）, Parsons（1989: chap. 6）, Healey（1989: 412-13, 434）も参照のこと。
（6）Callaghan（1987: 419）からの引用。
（7）Kindleberger（1985: 16）, De Vries（1985a: 478）.
（8）特に Willett（1977: 64-66）を参照のこと。
（9）Fay and Young（1978: 5, 7, 9, 15, 29, 30）, Callaghan（1987: 429, 431, 433, 437）, Dell（1991: 290n8）, Burk and Cairncross（1992: 62-63）, Healey（1989: 420, 430）, De Vries（1985a: 469; 1985b: 814）.

(10) De Vries (1985a: 469), Fay and Young (1978: 36). シュミットの経済保守主義については、Allen (1989: 278) および Schmidt (1989: 160, 162, 267) を参照のこと。

(11) Hirsch and Doyle (1977: 55, 62). Hirsch (1978) も参照のこと。

(12) Tobin (1978:154). Tobin (1974: 88-92) も参照のこと。ケインズも一九三〇年によく似た税を提案していた (Flanders 1989: 180-81)。

(13) Tobin (1978: 155).

(14) Labour Party (1976: 308).

(15) たとえば、ベンは、財務省が「お蔵入りさせる」はずだった為替管理の青写真に非常に関心を持っていた (Benn 1989: 657)。

(16) Crosland (1982: 378), Callaghan (1987: 435-37), および Dell (1991: 261-62).

(17) Crosland (1982: 379-82), Fay and Young (1978: 33), Callaghan (1987: 439), および Benn (1989: 649-50). Crosland (1982: 379) には、クロスランドがキャラハン支援を決めたのは、一一月二四日、連携模索の動きをベンが拒絶したことにも強く影響されたと述べられている。

(18) Callaghan (1987: 441).

(19) Krieger (1986: 57-58). Keegan (1984: 88) も参照のこと。

(20) Fay and Young (1978: 30) からの引用。Fay and Young (1978: 12) におけるエドウィン・ヨーのコメントも参照のこと。

(21) Fay and Young (1978: 30) からの引用。

(22) Healey (1989: 431), Benn (1989: 632) そして Dell (1991: 266).

(23) Callaghan (1987: 442).

(24) それらのコストは、おそらく、ヒーリーとキャラハンのように幅広い国際的人脈を持つ身にとっては、とりわけ重いものだっただろう (Healey 1989: 414, 419-21; Callaghan 1987: 481; Putnam 1984: 73-74)。

(25) Burk and Cairncross (1992: chap. 5).

(26) Healey (1989: 378-79).
(27) 特に、Healey (1989: 426-27, 430, 434), Ham (1981: 21-22, 34-37), Benn (1989: 551, 631), Fay and Young (1978: 10, 14, 22, 24), Keegan (1984: 88-89), Callaghan (1987: 431), Dell (1991: 219, 249), Burk and Cairncross (1992: 71-73, 244 n51) を参照のこと。
(28) Crosland (1982: 377-78). 事実、キャラハンは自伝において、ヘルムート・シュミットにはもし国内の政治状況が限界に達したときは、相殺融資を拡大する意思があったことを記している (Callaghan 1987: 431-32, 435)。ただし、この結論について Burk and Cairncross (1992: 65-66) は、疑問を呈している。
(29) Benn (1989: 659) において、その概要が引用されている。
(30) Keegan (1984: 88-89).
(31) イギリスにおいて新自由主義の教義を広めるにあたってのフリードマンの役割については、Parsons (1989:173-75), Keegan (1984: 42-44) および Burk and Cairncross (1992: 143-45) を参照のこと。IEAについては、Hutton (1981: 13) および Wood (1981) を参照のこと。
(32) Keegan (1984: 108). Healey (1989: 413) では国際ネットワークの成長について説明している。彼は一九七七年にはIMF専務理事すら手が届きそうだったとも記している(Healey 1989: 438)。
(33) Ham (1981: 34). Keegan and Pennant-Rea (1979: 140) も参照のこと。
(34) この時期のアメリカの対外経済政策については、Calleo (1982), Keohane (1979) および Ludlow (1982: 69-77) を参照のこと。
(35) *Economist*, April 1, 1978, pp. 25-26 または Spiro (1989: 464-66).
(36) Ludlow (1982: 69). Story (1988) も参照のこと。
(37) *Business Week*, August 6, 1979, p. 78 または Hawley (1984: 151).
(38) Alerassool (1989). この権力が最初に行使されたのは、一九七九年一一月、アメリカ銀行の国内外の口座におけるイラン資産を差し押さえた時だった。
(39) Volcker and Gyohten (1992: 160).

(40) Neikirk (1989: 11) からの引用。ヴォルカーの声明については、Greider (1987: chap. 1) を参照のこと。
(41) Healey (1989: 431) は、ヴォルカーは、一九七六年後半のイギリスの安定化プログラムに関する「詳細な説明文書を自分に送るよう頼んできた」と記している。
(42) Volcker and Gyohten (1992: 168), Woolley (1984: 82, 103-4), Greider (1987: 106-7, 116-18, chap. 3).
(43) Greider (1987: 121) からの引用。Greider (1987: 114-19, 121, 152-53), Parsons (1989: chap. 5), Volcker and Gyohten (1992: 169) を参照のこと。
(44) Morris (1982: 141), Greider (1987: 96, 149-51). 一九七〇年代における民主党の保守化をめぐる議論は、Edsall (1984) および Ferguson and Rogers (1986) も参照のこと。
(45) Ludlow (1982: 250).
(46) Ludlow (1982: 121) からの引用。
(47) Ludlow (1982: 119). Ludlow (1982: 192) も参照のこと。
(48) Strange (1990: 268). Strange (1982) および Story (1986: 266) も参照のこと。
(49) Hawley (1987: 136).
(50) Frydl (1982).
(51) Greider (1987: 143), Dale (1984: 25).
(52) 資本規制に対するヴォルカーの反対については、Volcker (1979) を参照のこと。Wallich (1985: 37) の見解も参照のこと。
(53) Dale (1984:25).
(54) Greider (1987: 144).
(55) Greider (1987: 143) および Hawley (1987: 137).
(56) Hawley (1987: 137).
(57) Dale (1984: 24, 26), Frydl (1982: 17-18).
(58) Dale (1984: 28), Hawley (1987), および Dam (1982: 324-25).

(59) Hawley (1987: 138).

(60) Hawley (1987: 133). アメリカの金融「革命」を概観するには、Enkyo (1989: 76-93) および Moran (1991: chap. 2) を参照のこと。

(61) Hawley (1987: 133).

(62) Hawley (1984: 155-56).

(63) たとえば、Greider (1987: chap. 5) を参照のこと。

(64) Hawley (1987: 139) または Dale (1984: 30-31).

(65) Hawley (1987: 139).

(66) Dale (1984: 30) および Hawley (1987: 139).

(67) Dale (1984: 32).

(68) 両方とも (Dale 1984: 40, 32) からの引用である。Dale (1984: 30) におけるＦＲＢ当局者による予測も参照のこと。

(69) しかしながら、中央銀行の計画的金融政策への関与については、一九七〇年代には新自由主義者の間でますます論争になっていた。一九七六年に初版が刊行された『貨幣発行自由化論』でフリードリッヒ・ハイエクは、金融規律を最善の状態で機能させるには中央銀行を廃止し、競争的な通貨市場に基づくシステムに移行することが必要であり、貨幣の供給を決定するのは、政府ではなく国際市場であるべきだと論じた。こうした制度の下では、資本の国際移動によって、政府のマネーサプライ管理を妨げることなく、むしろ世界中の貨幣価値の安定を実現できるだろうというわけである。Hayek (1990: 133) では、「我々が今必要としていること」は、「一九世紀の自由貿易運動に匹敵する自由貨幣運動である」と結論づけている。ハイエクの議論の重要性は、金融の自由化と貨幣規律という新自由主義的目標を両立させたことだけではなかった。同様に重要なことは、彼がマクロ経済計画を拒絶したことである。こうした計画は、一九三〇年代の不況の後、右派左派双方に必要なものとして受け入れられてきた。Hawley (1987: 134) によれば、多くのアメリカのビジネスリーダーも、一九七〇年代後半におけるＦＲＢの規制強化措置に反対するなかで、貨幣管理の必要性についてますます疑問を投げかけるようになっていた。

(70) Singer (1988: 133-34), Nau (1984-85: 27).

(71) Nau (1984-85: 27). Nau (1990: 204) も参照のこと。
(72) Hewson and Sakakibara (1975: 43).
(73) Henning (1987: 18), Kaufmann (1985: 85). しかしながら一九八一から八二年にかけて、西ドイツはアメリカからヨーロッパの金利を切り離し、今以上のリフレ政策を追求していくというアイデアにある程度関心を示していた (Kennedy 1991: 40-55; Goodman 1992: 94-95)。
(74) Bauchard (1986: 121, 124).
(75) Bauchard (1986:142-45) および Giesbert (1990: 169-78).
(76) Bauchard (1986: 140-41) より引用（原文はヘライナーによるフランス語の英訳）。
(77) Bauchard (1986: 144) より引用（原文はヘライナーによるフランス語の英訳）。
(78) Bauchard (1986: 145) および Giesbert (1990: 178-79).
(79) Hall (1986: 201), Bauchard (1986: 139) および Singer (1988: 151-52).
(80) Goodman (1992: 139).
(81) Hall (1986: 196), (1987: 56), Giesbert (1990: 172-73) および Bauchard (1986: 148).
(82) Gilpin (1987: 332). Hawley (1984: 149) も参照のこと。

〔訳注1〕原則として通貨の売買を契約した日から二営業日後に受け渡しをする外国為替取引を指す。直物為替（取引）とも呼ばれる。一般に外国為替取引には、通貨の受け渡し（資金決済）の時期によって、現時点での「スポット」（直物）と将来の時点での「フォワード」（先物）がある。

〔訳注2〕不況（デフレ）対策として、政策的にリフレーションを生じさせようとする立場である。政策の中身は、低水準かつ安定的なインフレを実現するように財政支出や通貨供給量を増加させることが主である（伊東光晴編『岩波現代経済学事典』岩波書店、二〇〇六年、八一〇頁参照）。なお本文にて後述する「ヴォルカー・シフト」とは、リフレ戦略から反インフレを指向する緊縮政策への転換を意味している。
リフレを実施するには、インフレ率を低水準にコントロールする必要がある。これはいわゆるインフレ目標とし

て、昨今の日本と世界的な金融政策とも大いに関連する議論である。インフレ目標をめぐっては、高率のインフレを金融引締めによって目標水準まで誘導した歴史的経験はあるものの、金融政策を用いてのデフレ脱却（物価上昇）は困難との意見も根強い。その理由としては、中央銀行によるベースマネーの供給は銀行の準備需要があって初めて可能であり、銀行が準備需要を増やす前提には、企業の借入需要に応えて銀行が信用創造活動を行う必要があることが挙げられる（金融辞典編集委員会編『大月金融辞典』大月書店、二〇〇二年、二四頁、参照）。

〔訳注3〕ヴォルカーは国際的な信用回復・交換性維持のために緊縮政策を重視していたことから、本書において「ハードマネー」主義者と称されている。そこでのハードマネーとは、国際的な取引市場において流通量が多く、容易に他国通貨との交換が可能な通貨を意味している。ハードカレンシー、国際通貨・国際決済通貨などと呼ばれることもある。

〔訳注4〕「マネタリーベース」とは、中央銀行が供給する通貨のことである。日本の例では、マネタリーベース＝市中に出回っている流通現金（「日本銀行券発行高」＋「貨幣流通高」）＋「日銀当座預金」となる。本書では、ユーロダラー市場からのマネーの流入増という外部要因の影響が強まる中で、中央銀行（ＦＲＢ）が自らの政策によってマネタリーベースを管理する能力が低下したことが指摘されている。

第二次安倍政権による量的・質的金融緩和は、消費者物価の前年比上昇率二％の物価安定の目標を、二年程度の期間を念頭に置いてできるだけ早期に実現することを目的として導入された。金融緩和の具体的手法としては、金融市場調節の操作目標を従来の無担保コールレートからマネタリーベースに変更し、マネタリーベースを年間約六〇～七〇兆円に相当するペースで増加させようとした。マネタリーベースは主に資産の買入れに伴い拡大するが、買入れの対象とする資産は、長期国債に加え、いわゆるリスク性資産である株価指数連動型上場投資信託（ＥＴＦ）や不動産投資信託（J-REIT）である。こうした金融緩和を量の観点からみると、金利ではなくマネーの量を示すマネタリーベースを指標とし、より大規模に量的な金融緩和を推進するものであり、質の観点からみると、より長期の国債やリスク性資産の買入れを拡大することで、買入れる資産の性質の面においてもさらに踏み込んだ金融緩和を実施するものである（吉鶴祐亮「量的・質的金融緩和の効果とその評価」『国立国会図書館　調査と情報』第八〇九号、二〇一三年、一～二頁、参照）。

こうした量・質ともに踏み込んだ金融緩和の結果、マネタリーベースは二〇一五年四月には三〇〇兆円を超えたが、「金融部門から経済全体に供給されている通貨の総量」を示すマネーストック統計の伸びは鈍く、銀行からの信用創造が生じていないことが危惧される（最新の統計については、日本銀行が公表する「マネーストック」を参照）。また、過度な通貨安や資産バブルなど大規模な金融緩和の副作用も注視する必要がある。

〔訳注5〕「要求払預金」とは、いつでも同比率で現金に替えられる預金のことで、普通預金や当座預金がその代表例である。預金に対して利子が設定される場合、利付要求払預金となる。

「証券総合口座」とは、証券会社の有価証券口座とMMF（Money Market Fund）などのファンド口座を一体化したうえで、クレジットカード機能や給与振り込みに用いる資金自動振替機能などを付加した総合金融サーヴィスである。アメリカでは一九七五年五月一日の「メーデー」とよばれる金融制度改革で手数料自由化などが進められた際に、証券総合口座の開設も許可された。この改革によりロンドンからアメリカに証券取引がシフトする傾向がみられた（金融辞典編集委員会編『大月金融辞典』大月書店、二〇〇二年、二九八、四三九頁、参照）。

第七章　金融自由化への転換――一九八〇年代の状況

金融グローバル化の流れを反転させる一九七〇年代から八〇年代前半の取組みは失敗した。その後、先進工業国はほぼ半世紀にわたった資本規制を撤廃し始め、自由化への劇的な転換が生じた。実際、一九九〇年代のはじめまでに、ブレトン・ウッズ体制の制限的金融秩序は完全に破棄され、先進工業国間の金融関係はほぼ完全に自由化された。一九二〇年代以後はまったく見られなかった自由が市場参加者に与えられた。自由化への転換は、一九七九年にイギリスが四五年間続けてきた資本規制システムを廃止したことに端を発する。こうしたイギリスの動きに対し、一九八四年から八五年にかけて、オーストラリアとニュージーランドが追随した。多くの大陸ヨーロッパ諸国もまた、一九八〇年代中頃から一九八八年までに金融自由化プログラムを実施した。ECの全加盟国は、二年以内に資本規制を完全に撤廃することを約束していた（ギリシャ、ポルトガル、スペインそしてアイルランドは撤廃期限が先送りされた）。スカンジナヴィア諸国も、一九八九年から九〇年に同様の声明を出した。日本もまた、一九三〇年代初頭から続けてきた厳格な資本規制を一九八〇年代、漸進的に自由化した。本章第一節では、一九八〇年代にグローバル金融を支配するようになった金融センターのある三つの国――アメリカ（ニューヨーク）、イギリス（ロンドン）そして日本（東京）――における金融自由化支持の動きについて分析する。第二節では、他のEC諸国、ニュージーランドとオーストラリア、スカンジナヴィア諸国における自由化の動向の裏で繰り広げられた政治に注目する。全体を通じて、一九八〇年代の自由化への転換には三つの政治的要因が関わっている。政治的要因とはすなわち、第一に、現在の金融大国アメリカ、没落した金融大国イギリス、新興の金融大国日本のそれぞれが有する「ヘゲモニー」国としての利益である。第二に、新自由主義への動きがさらに強まったことである。そして第三に、規制緩和競争の戦略が各国に燎原の火のごとく広がったことである。

第一節　三大金融センターにおける政治

一九八〇年代の開放的グローバル金融システムにおいて、ニューヨーク、ロンドン、そして東京が支配的地位を築くには、まず米英日各国が資本移動に対して自由主義的政策スタンスで臨むことが必要だった。アメリカはすでに一九七四年には資本規制を撤廃していたので、自由主義の姿勢を続けるだけでよかった。これに対してイギリス・日本の両国は、ロンドンと東京をさらに自由な国際金融センターとするために、いくつかの重要な自由化に着手しなければならなかった。本節では、これら三国の動きの背景をなす政治状況についてまとめておく。

レーガノミクスとグローバル金融

アメリカの政策立案者は、一九七八年から八〇年には新たな開放的国際金融秩序に対して多少なりとも警戒していた。にもかかわらず、一九八〇年代前半になると、彼らは警鐘を鳴らすのをやめてしまった。こうした変化はまず、一九八一年の国際金融市場（IBFs）の設立決定に現れていた。IBFsの設立とは、（前章で説明したように）オフショア・ユーロビジネスをアメリカに引き寄せるための取組みである。一九八三年までにアメリカは、一九七〇年代初頭と同じように、金融自由化への熱狂を見せ始めた。こうした立場をとるようになったことには、もうひとつの動機があった。すなわち当時と同じく、巨大な国内外の経済的不均衡に直面するアメリカがIBFsを利用して政策上の自律性を保持しようという狙いである。

ロナルド・レーガン大統領率いる新政権は、軍事支出の増加と大規模な減税プログラムのどちらも議会に承認させることに成功し、それらを一九八一年の年次予算の細目にまで盛り込んだ。この軍事支出増大と減税によって財政問題が生じ、赤字は一九八一年の九〇〇億ドルから一九八三年には二〇七〇億ドルまで増えた[1]。アメリカが閉鎖経済であったならば、増大する財政赤字は国内金融市場で「クラウディングアウト」[訳注1]を引き起こし、その結果、金利は上昇して景気は後退したことだろう。しかしながら、実際にはこうしたことにならなかった。外国民間資本の大量流入によって、双子の赤字は補填されたからである。いくつかの推計によれば、一九八五年までにはアメリカ財政赤字の約半分もが、外国資本によって（直接・間接に）補填され、それによって、金利は補填されなかった場合より五％も低く維持できた[2]。外国資本の流入はまた、一九八二年以降のアメリカ経済の急拡大に伴い増加する対外的な経常収支赤字も補塡した。実際、外国の民間投資家は、アメリカへの投資に非常に熱心だったので、経常収支赤字が「過剰に補塡」されるということが現実に起きていた。ドルは経常収支赤字によって下落するどころか、実際には上昇し、経常収支不均衡が深刻化した。

アメリカはこの時期、外国の中央銀行からの支援よりも、これまでにないほど「民間」外資の金融支援に依存していた。そうした「民間」外資が非常に気まぐれなものであることは一九七〇年代後半に経験済みだった。八二年以降もアメリカが世界の民間資本を引き寄せることができたのは、グローバル金融における構造的権力を引き続き有していたからである。この構造的権力は、アメリカ金融市場の比類のない大きさと流動性、そしてドルの世界的重要性に起因していた。日本の投資家は、一九八〇年代のアメリカにおいて、一国としては最大の資金供給源であった。アメリカの金融市場は十分に大きく、日本における巨額の余剰貯蓄を吸収し続けることのできる唯一の市場だと彼らは認識していた。ラテンアメリカの投資家は、もう一つの重要な資本の供給源であった。債務に悩む自国経済の不安定性や不確実性と比べ、ドルの持つ安定性とアメリカ金融市場の確実性に、ラテンアメリカの投資家は魅了されていた。高金利もアメリカ投資の魅力となっていた。アメリカ経済の回復を進めるため、大盤振る舞いの財政、緊縮的金融というポリシーミックスがとられ、高金利となっていた。これと対照的に、一九七六年以後の経済拡大は金融緩和政策によるものであり、この時は、結果的にアメリカ経済からの外国民間資本流出を招いてしまった。

八〇年代前半に、国際金融市場が国家の政策の自律性を支える役割を果たすことに、アメリカの政策担当者が初めから気付いていたどうかは判然としない。(3) しかしながら一九八三年から八四年までには、開放的国際金融秩序の役割は無視できないものになっていた。アメリカは一九八〇年代には、こうした金融秩序における支配的地位から、一九六〇年代、一九七〇年代と同じように利益を引き出せるようになっていた。そのためワシントンの当局者は金融自由化の熱狂的支持者になったのである。特に財務省はこの文脈で、国内外における金融自由化を強く支持した。[4] アメリカ国内の政策としては、財務省は自国の金融資産、金融市場が外国投資家にとってさらに魅力的なものになるよう議会を説得し、一九八四年、アメリカの債券を保有する外国人に対する利子支払いへの三〇%源泉徴収税を廃止した。一九八一年に国際金融市場開設認可を決定したのと同じく、これもまたユーロボンド・ビジネスをニューヨーク市場へ引き戻すことを意図した動きであった。[5] 財務省はまた、一九八四年に初めて、直接、ユーロボンド市場向けに特別「限定版」の財務省長期証券〔訳注2〕(Treasury bonds)を発行した。翌年には外国人が無記名で財務省証券を購入できるようになり、特にラテンアメリカからの資本逃避に関わる人々にとっての魅力が高まるきっかけとなった。[6] 対外政策としては、金融自由化を進めるための特別の取組みが行われていた。たとえば、一九八四年五月の円ドル協定である。そこでは、日本の金融自由化の詳細なタイムテーブルが示された。アメリカ財務次官ベリル・スプリンケルによれば、アメリカ政府は「外国人が日本の資本に一層アクセスしやすくなる」自由化を望んでいた。[7]

イギリスの為替管理の終焉とビッグバン

ロンドンは、一九八〇年代もなお世界第二位の国際金融取引センターであった。それは一九六〇年代から七〇年代にかけての状況と変わらなかった。だが一九八〇年代には、オフショア・ユーロ市場の拠点であったそれまでとは異なり、初めて国内金融市場とオフショア金融市場が統合された。二つの決定がこの統合を可能にした。第一に、一九七九年一〇月、四〇年続いたイギリスの為替管理システムをサッチャー新政権が廃止したことである。この決定により、イングランド銀行職員の四分の一にあたる為替管理のモニタリング担当スタッフが解雇され、国内外の金融当局者を非常に驚かせた。[8] 資本移動自由化コードの執行を担当するOECD当局者は「コードができて以来、これほどのことはなかった。イギリスのあらゆる留保条項が一気に取り除かれ、すべての資本規制が撤廃されてしまった」と記している。[9] サッチャー政権のこうした決定に閣僚としてかかわったジェフリー・ハウはのちに、この決定はまるで「崖を渡る」ようなものであり、「政治家人生において私が眠れぬ夜を過ごしたのは、この決断をしたときだけだった」と回想している。[10]

こうした転換の前兆は、一九七六年一二月の安定化プログラムに続き、一九七七年から七八年にかけて実施された資本規制の緩和に見られるが、サッチャー新政権の新自由主義志向が転換の最も大きな要因であった。[11] サッチャー政権は、為替管理など時代遅れのケインズ的戦略を保持するものにすぎないと見なしていた。ハウは当時の演説で述べている。為替管理は「今やその役割を終えた。……（中略）……自国通貨への信頼維持に向けた必須の条件は、政府が断固たる決意でもって適切な金融財政政策を維持することである」。[12] 為替管理の廃止はまた、「個人の自由を実質的に制約し脅かす可能性のあるものを取り除く」という理由で、当時の新自由主義者からも支持された。[13] 実際、将来どのような政府であれ再規制ができないように、イギリス大蔵省の為替管理についてのファイルを政府が破棄したとされている。[14] すでに一九七六年、ハイエクは新自由主義の立場から、資本規制は「政府が規制実施の実権を握っている限り、危険な存在であり続ける」と述べていた。[15]

為替管理の撤廃はまた、ロンドンの実業界と金融界のリーダーによっても推進された。たとえば、イギリスの年金基金と保険会社は、新たな変動相場制のもとで国際業務の展開を拡大し、ポートフォリオ多様化の機会を欲していた。より重要なのは、イングランド銀行が、為替管理の撤廃によって多くの金融ビジネスをロンドンへ引き寄せられるとみなしていたことである。一九六〇年代にオフショア・ユーロセンターとしてロンドンが成長した要因のひとつは、アメリカの資本規制プログラムだった。したがって、アメリカが一九七四年にこれらを撤廃したことは、国際金融センターとしてのロンドンの競争力に対する脅威となっていた。為替管理を撤廃しなければ、ロンドンは世界の金融センターで最も自由であり規制が少ないという評判を失ってしまう。こうした評判こそ、自由気ままなグローバル金融ビジネスを引き寄せ、留まらせる鍵であった[16]。

イギリス国内金融市場とグローバル市場の統合をもたらした第二の重要な決定は、一九八六年一〇月にロンドン証券取引所を外資系証券会社に開放したことである（これが「ビッグバン」として知られている動きである[17]）。同時期、為替取引にかかる固定の手数料は廃止された。外国人にとってロンドン市場の魅力を高め、他の金融センター以上の競争力を獲得するためである。これらの改革を実施するために政府が株式市場に圧力をかけたのは、ロンドンの規制慣行を取り除こうとする新自由主義的願望も一因である。しかしながらより重要だったのは、グローバルな金融ビジネスが銀行業務から証券業務へとシフトしていたまさにその時、国際金融センターとしてロンドンの地位を保持しようとしたことである。為替管理の撤廃は、ロンドン証券取引所が競争力を欠いていることを如実に示していた。というのも、ロンドンの競争力が欠如していたからこそ、イギリス投資家の活動の場は一九七五年に規制が緩和されていたニューヨーク証券市場へと移ったのである。ニューヨークが提供している条件に揃えない限り、ロンドン証券取引所は低級のイギリス証券ばかりが取引されるセンターとして利用されるリスクが高まっていた。金融取引は容易に国境を越えるので、ここでもまた規制緩和競争の動きに拍車がかかった。そしてイギリス当局は、アメリカの規制緩和路線に追随せざるを得なくなったのである。一九八四年、イングランド銀行総裁ロビン・リー＝ペンバートンは、「アメリカはすでにかなり大きく変化しているので、イギリスはそのあとを追い、変化せざるを得ない」と述べた。(18)

日本の自由化——金融大国の台頭

一九八〇年代に第三の主要なグローバル金融センターとして東京が勃興したことは、ここ一〇年の最も目覚しい展開のひとつだった。一九三一年以来、日本の国内金融市場は厳格な資本規制が張り巡らされ、外部の影響から完全に遮断されていた。一九六〇年代半ばから一部で自由化の動きが起きていたが、日本政府は国際収支の大幅な変動を理由に、一九七〇年代は自由化に対してより慎重な姿勢をとっていた。しかしながら一九七〇年代後半には、日本政府は自由化のプロセスを開始し、一九八〇年代にそれを加速させた。

一部論者の分析によれば、一九七〇年代後半からのアメリカの圧力が日本に金融自由化をもたらした。一九八〇年の外国為替及び外国貿易管理法（一九四九年）の改正と、一九八四年五月の大蔵省とアメリカ財務省との円ドル協定という二つの政策決定が自由化をもたらしたと言われている。(19)だがこの説明を修正すべき、いくつかの重要な理由がある。たしかにアメリカの圧力は、一九八〇年の決定をもたらす主要な要因ではあった。しかし、外国為替及び外国貿易管理法改正は、一九七〇年代後半にすでに始まっていた非公式の自由化の動きを追認したにすぎない。さらには、この改革は日本政府の行政指導システムの基本的手法、すなわち外国為替業務は特定の外為銀行の独占とするというやり方をほとんど変えられなかった。ルイス・ポーリーが述べているように、改革といっても「ほとんどが外国向けのお飾り」[20]であった。一九八四年協定が八〇年の法改正よりも重要であることは間違いない。日本の自由化の詳細なタイムテーブルを確立したからである。これによって日本は、ユーロ円市場の発展、資本市場の規制緩和と自由化の実施、日本の金融市場に対する外国金融機関のアクセス許可を約束した。ほとんどの論者は、こうした動きの重要性を否定しないが、外国企業の参入の認可を除きすべては日本政府がいずれにせよ着手しなければならないことだったと指摘している。[21]

アメリカによる圧力が自由化の推進において触媒の役割を果たしたのは明らかだが、経済・金融大国としての日本の急成長に伴い、国内で生じたいくつかの事態こそ、政策転換の主要因であった。東京の民間金融界のリーダーたちは、一九七〇年代の国際金融市場において存在感が高まるにつれ、日本の制限的資本規制の自由化を求め始めた。実際のところ一九六〇年代後半には、日本の銀行家は国際舞台で大きな役割を担うことを熱望していた。そのころには東京を国際金融センターとして発展させるよう声を上げ始めていたのである。当時の日本の銀行は、ロンドンにおいて（アメリカに次いで）二番目に大きな外銀グループであった。[22]一九七〇年代には銀行家の不満は膨らむばかりであった。というのも、国際収支問題に対応すべく日本が実施していた広範な資本規制は、銀行家の国際的地位を高め、利益の上がる国際ビジネスを拡大する取組みを妨げていたからである。

もうひとつの国内的な展開としては、重要機関である大蔵省内部において、一九七〇年代後半に政治的力関係のシフトが生じ、グローバル経済・金融における日本の重要性を高め続ける鍵は金融自由化にあるとする国際主義者の力が増した[23]。彼らの影響力は、まずは一九七九年の〔第二次〕オイルショック後に明らかになった。このとき大蔵省内の一部は、一九七三年に行われたように、円債市場から外国人を閉め出すことを支持していた。しかしながら、「国際情勢における日本の役割が増大したことをより強く意識し、外国の借り手の要求にも敏感にならなければならないと考えているグループ」はその動きを阻止することに成功した[24]。またこの時、大蔵省は日本の銀行からの要求に好意的に対応した。その要求とは、日本の銀行の新たな国際的地位を保つため、国際的融資に対する規制がユーロ市場の外貨建融資にまで及ばないようにすることであった。一九八〇年七月、大蔵省は初めて、国際銀行業を日本の主要産業のひとつとすることを発表した[25]。大蔵省内で国際主義者の立場が強くなっていたことのさらなる根拠としては、省内の重要課題をめぐる勢力争いにおいて自由化を強力に支持していた国際金融局の影響力増大が挙げられる[26]。

与党自民党に若手リーダーが現れたことで、官僚内のこうした変化がさらに進んだ。その代表格の中曾根康弘首相（一九八二〜一九八七年在職）は、日本が増大する経済力に見合うよう国際政治の場でさらに重要な役割を担うべきだと考えた。彼らは、グローバルなリーダーシップにふさわしい「国際国家」へと日本を変革するための手段として、自由化プログラムを強力に推した[27]。中曾根は（三井の小山五郎のような）大手の銀行家をあてにしながら、金融セクターの自由化政策を強く推進した。たとえば彼は、官僚が変化に抵抗するとき、大手の銀行家を重要な役職に据えた非公式の諮問グループを組織した[28]。日本の大銀行もまた、IBFs設立の提案を支持した。それは中曾根が指名した細見委員会が一九八〇年代前半に提言していたものだった[29]。

一九八一年以降、日本が世界の一大債権国になったことも、自由化を促した。第二次世界大戦後、一九八〇年代に至るまで、日本は世界において資金の純借入国であった。一九七〇年代はじめの日本の成長鈍化、また一九七〇年代後半以降の財政赤字削減を主因として、過剰貯蓄が生じ、一九八一年以降にはその資金は高い収益を求めて海外へと流れ始めた。[30] 一九八五年までに、日本は世界最大の債権国となり、一九九〇年末には日本の対外資産は三二八〇億ドルとなった。[31] 日本が新たに債権国になると、対外収支の脆弱性に対する懸念は和らいだ。こうした懸念こそ、戦後の資本規制を正当化するものだったのである。新たな債権国になったことによってまた、日本の金融機関は以前よりはるかに重要な国際的地位も獲得した。なぜなら、これら金融機関は日本の資金を海外に仕向ける主要な仲介組織だからである。一九八五年以降の円高によって、この地位はさらに強化された。一九八〇年代後半までに日本の銀行は、世界の銀行資産のうち最大のシェアを占めるようになり、日本の四大証券会社〔野村・大和・日興・山一〕は、常にユーロボンドの引受上位六社に名を連ねた。[32] こうして新たに世界的地位を確立したことによって、東京を完全に自由化されたグローバル金融センターとするよう求める日本の金融機関の声はますます強くなった。[33] 実際、国内の金融自由化は、日本の過度な制限的規制に対する外国からの報復を回避するために特に必要だった。[34] また、日本が新たに債権国となったことによって、「国益」のために自由化を支持する官僚と政治家の影響力が高まった。世界最大の債権国となるプロセスで、日本は将来の収入源として安定的で開放的なグローバル金融システムに、以前よりも直接的な利害関係を有するようになった。[35] たとえば、日本政府が一九八六年に大々的に発表した前川プランは、将来の日本経済における国際的な金融サーヴィス業の重要性を強調しており、日本が債権国としての稼ぎで生計を立てる国際的「レンティア国家」〔訳注3〕（rentier state）になることを予見しているように思われた。安定的で開放的な金融システムは、日本から巨額の借入を行っているアメリカとの円滑な関係の基礎であり、その点からも重要であった。円の下落を抑制するため資本流出を規制しようとした一九八五年の提案は、アメリカの反応をおそれた大蔵省によって却下された[36]。こうして急速に債権国となったことで、日本政府は金融自由化の実施を早めた。急速に債権国化しなければ、これほど急いで自由化を進めなかったであろう。日本の自由化プログラムには、勃興しつつある金融大国の（後退期へゲモニー国としてのイギリスとは対照的な）「先走り」的行動が集約されていたと言える。こうした行動はまた、（自由化要求に同意するとともに資本流出規制も行わないという姿勢を見せることによって）アメリカとの安定的な関係を維持したいという思惑によっても後押しされた。

一九七〇年代半ば以降、日本国内の金融システムに根づき始めた競争、技術革新、規制緩和のスパイラルが勢いを増したことによっても、自由化プロセスは促進された。アメリカとユーロ市場からの競争圧力は、この凄まじい変化を引き起こす一因ではあった。しかし、日本の財政赤字が一九七〇年代に増大したことこそ、変化の主要因であった。企業と金融機関のもとに国債が累積していたので、彼らはポートフォリオ管理を目的に流通市場で国債を取引する権利を要求し、一九七七年にその権利を得た。この自由で開放的な国債取引市場の設立によって、政府が新規国債を発行する際、競争的市場でより受け入れられやすい利回りの提示を余儀なくされただけでなく、銀行と証券会社の間の競争が激化した。こうしたことによって技術革新が促進され、それがまた規制緩和要求を強め、その結果、競争はさらに激しさを増した。こうした相乗的スパイラルによって、日本の金融システムに重大な変化がもたらされた。すなわち、一九三〇年代以来、日本の金融システムを特徴づけていた「銀行中心の信用管理パラダイム」はアングロ・アメリカ的システムに典型的に見られがちな「マーケット重視の開放的金融市場パラダイム」にとって代わられるようになった[37]。国内金融活動を管理する能力を失うにつれ、日本の当局は、対外的な自由化に伴って金融面の管理ができなくなることに対し今まで以上に理解を示すようになった。たとえば日本銀行は、当初、日本でのＩＢＦｓ設立には強く反対していた。そのようなことになれば、国内金利を管理できなくなると懸念したからである。しかしながら、一九八三年の半ばまでには日銀も、市場設立の提案を早晩受け入れることになるだろうとは認識していた。というのも、金利規制はいずれにせよ撤廃されつつあったからである[38]。さらに、アメリカやその他地域と同様、国内競争の激化による国内利益の減少を補い、国内の規制から逃れるため日本の金融機関は、国際業務展開に強く関心を持つようになった。ジェームズ・ホーンによれば、国際業務展開は「国内市場で蓄積された様々な緊張を解き放つ場であった[39]」。金融機関はまた、国債保有額の増大とともに政府に対する影響力を強め、自由化の圧力をかけるようになった[40]。

第二節　主要な金融センター以外での自由化

広範囲に及ぶ自由化の動きはまた、一九八〇年代には他の先進工業国でも始まった。最も重要だったのは、ＥＣにおける自由化であった。

ECにおける自由化

資本移動の自由化は、ローマ条約（一九五七年）の正式な目的のひとつであった。しかし、一九六〇年代、一九七〇年代の西ヨーロッパ各国政府は、資本自由化にほとんど注意を払っていなかった。[41]一九七九年に規制を撤廃したイギリスの決定が、変化の最初の兆候であったのはすでに見てきたとおりである。一九八〇年代半ばまでに、その他のヨーロッパ諸国政府も、金融自由化と規制緩和の包括的プログラムを開始した。フランスでは、ミッテラン政権が一九八四年に金融改革プログラムに着手した。[42]西ドイツ政府は、ドイツマルクの国際利用を管理し制限することで金融の自律性を維持してきた従来のやり方を転換し、一九八〇年代半ばに金融システムの自由化と規制緩和のためのプログラムを開始した。[43]一九八四年にはデンマークが、一九八六年にはオランダが、対外的資本規制の大部分を一気に撤廃した。[44]

各国政府が自由化を始めたのと同時期、欧州委員会は金融自由化を推進し始めた。一九八六年の単一欧州議定書の枠組みを確立した一九八五年白書では、単一市場の創設を完了するという目標の一環として、資本移動自由化の重要性を強調していた。また、イタリア銀行のトンマーゾ・パドア＝スキオッパが指摘しているとおり、単一欧州議定書がEC加盟国政府によって合意された後、「一九八六年にそれとは別の決定が欧州委員会でなされた。具体的には、ジャック・ドロールによって、欧州委員会が追求する目標として自由な資本移動を最優先するという決定がなされたのである」。[45]特にドロールは（欧州委員会の新議長として）、単一欧州議定書に示された単一市場の創設期限である一九九二年からかなり前倒しで、EC加盟国政府に資本移動の自由化を強く勧めていた。一九八五年一〇月、ヨーロッパ各国政府は、ユニット型投資信託〔訳注4〕やその他共同投資信託がEC内で国境を越えて自由に取引できるように説き伏せられた。この決定の後、一九八六年の後半には、貿易と投資に直接関連する資本移動の規制はすべて破棄するという合意がなされた(46)。一九八七年一〇月の終わりに欧州委員会は、ECに属する国はあらゆる資本移動の自由を認めなければならないという指令案を発表した。EC閣僚理事会は、一九八八年六月二四日、その指令案を承認した。かくして一九九〇年代半ばまでに、加盟国政府は、すべての資本規制の廃止を義務づけられた（ギリシャ、スペイン、ポルトガル、アイルランドには若干の猶予が与えられた(47)）。

指令受入れは、二つの重要な決定によって確定した。第一に、EMS内で介入手段を強化することにヨーロッパ各国の中央銀行総裁が一九八七年九月に合意するまでは、資本規制に関わる問題を提起しない姿勢をドロールが明確にしたことである。EMS内における自国通貨の平価維持のために資本規制を必要としてきた多くの国々は、融資枠拡張の確約なしには、資本移動の自由化義務を受け入れることを警戒していただろう(48)。第二の決定は、ケインズ、ホワイトも懸念していた租税回避の問題と関係している。デンマークの支持を受けたフランス財務大臣ベレゴヴォアは、租税回避防止を目的としたEC全体での源泉徴収税の導入に他の加盟国が合意しない限り、資本移動自由化に関する指令の承認を阻止するとの脅しをかけていた(49)。一九八八年六月、源泉徴収税の提案を検討するというEC合意が取り付けられてはじめて、ベレゴヴォアは引き下がった。その後行われた議論において、イギリスとルクセンブルク（そして最終的には西ドイツ）の強い反対によって、源泉徴収税について合意には至らなかったので、フランスは、各国国税当局が不正防止の調査に協力するという、より限定的な枠組みを受け入れざるを得なかった(50)。

この二つの決定によって一九八八年の合意が促されたが、一九八〇年代半ば以降の西ヨーロッパ各国政府による資本移動自由化の決定には、この他の要因も関係していた。ひとつの点からいうと、資本移動自由化の決定はこの時期におけるヨーロッパ経済のさらなる統合に向けた、より広範な動きの一部にすぎなかった。実際、ドロールが明言したとおり、彼が資本移動自由化を強く推し進めた理由のひとつは、それが経済通貨同盟（EMU）に向けた動きを加速するための手段になるとみていたからであった。彼は「資本移動自由化は、シナジー効果とダイナミズムを生み出すという点で中心的な決定であった。……（中略）……この決定によってこそ、我々はEMSにとどまらず、さらに拡大した経済通貨同盟への移行を思い描けるようになる」と述べている。(51) 新しい開放的な金融環境において安定した為替レートを維持し、金融政策上のコントロールをある程度回復したいのであれば、ヨーロッパ各国政府は資本規制の廃止によって一層緊密な金融協力へと向かわざるを得なくなる。ドロールはこうした状況を期待していた。(52) 実際に、資本自由化の指令を承認したわずか二週間後、閣僚理事会は経済通貨同盟の結成に向けた「具体的な手順」を検討するドロール委員会を立ち上げた。ドロールはまた、資本規制撤廃を支持していたドイツとイギリスが金融自由化によってさらに勢いづき、EMUに一層熱心になることを望んでいた。事実、ドイツは、フランスやその他EC加盟国が資本規制を撤廃するまで、EMUについての議論を拒否していた。(53)

たとえこうしたECの政策目標がなかったとしても、ユーロ市場とアメリカの金融システムからの競争圧力にさらされていたため、いずれにせよ、欧州委員会と多くの大陸ヨーロッパ諸国政府は、この時期に金融自由化を進めなければならなかっただろう。(54) 早くも一九六〇年代には、ユーロ市場は大陸ヨーロッパの金融システムに対して競争上の脅威となっていた。(55) というのも、西ヨーロッパの市民や多国籍企業は自らの金融取引をオフショアのより魅力的な市場に移していたからである。こうした課題に直面したヨーロッパの金融当局は、金融ビジネスを失いかねないと考えただけではなく、国際金融市場にアクセスできない国内産業が、相対的に非効率な国内金融システムのせいで国際競争上不利になるかどうかについても懸念していた。

（前の章で説明した）一九七〇年代、一九八〇年代におけるアメリカの金融システムの規制緩和・自由化によって、西ヨーロッパと比べ、アメリカの金融市場・金融機関の魅力が高まったので、競争圧力が大幅に上昇した。アメリカが国際金融市場の設立を許可した一九八一年に多くの専門家が予測していたように、西ヨーロッパの政府は、国内外の気ままな金融ビジネスを逃さないようにするには、アメリカの規制緩和と自由化の動きに同調せざるを得ないとますます感じるようになっていた。一九八〇年代の西ドイツにおける最初の自由化は、一九八四年、外国人によるドイツ証券保有に対する源泉徴収税を廃止したことである。これは、同年にアメリカで行われた同じ動きに直接対応したものであった。[56]イギリスのビッグバンは、それ自体がアメリカの規制緩和への対応であるが、西ヨーロッパ各国の金融当局への圧力をさらに高めた。というのも彼らは自国の主要金融機関、たとえば西ドイツのドイツ銀行が資本市場取引のヨーロッパ拠点をイギリスに移すのを目の当たりにしたからである。実際、ロバート・プリングルが指摘しているように、「もし資本市場取引に対する規制が緩和されなければ、ドイツの大銀行はロンドンへ移転してしまうだろうと、ドイツ政府は中央銀行から報告を受けていた[57]」。日本の自由化と規制緩和も、これで金融取引がロンドン、ニューヨーク、東京に集中してしまうのではないかという小国金融当局の懸念を募らせただけだった。

こうした外国からの競争圧力によって、金融セクターの競争力を維持するためには一種の「産業政策」が必要との考え方が生み出された。そうした政策とは、たとえば世界中で動き回る金融ビジネスを、外国と競争しながら自国にとどまらせたり呼び込んだりするための自由化・規制緩和である。[58]「金融サーヴィス」という用語が頻繁に使われていることに示されているとおり、金融はますます「ビジネス」として認識されるようになっていた。実際、一九七〇年代と一九八〇年代において、金融は世界経済の最も急速に成長する分野の一つであった。西ヨーロッパ各国政府は、金融サーヴィス分野での比較優位を創出するためだけでなく、気ままな民間資本を引きつけるため、より競争力のある金融市場を構築しようとした。レーガン時代のアメリカが如実に示しているように、世界経済における金融権力の大部分は、国際的に動き回る資金を一国市場に「引き寄せる力」から生じている。アメリカ金融市場の流動性、複雑性および開放性を学ばないかぎり、西ヨーロッパ各国政府は、財政赤字、経常収支赤字を補塡する国際資本をめぐって、アメリカに太刀打ちできないであろう。たとえば、欧州委員会の当局者は、欧州金融改革の目的の一つが、世界経済におけるヨーロッパの金融力を強化することだと明言した。ドロールによれば、単一欧州金融市場が創設されれば、「ヨーロッパ各国は、世界で最も重要な金融センターになることができ」、「これによってこそ、我々は債務や資金フローについて、アメリカ、日本とともに発言力を持つことができる」と述べている。[59]同様に、金融自由化と規制緩和によって、ドルに対するヨーロッパ通貨の国際的魅力が高まると期待されていた。とりわけ、欧州委員会が言うとおり、統一された欧州通貨市場が「世界最大」になった場合、そこでヨーロッパ通貨が保持されれば、そうなるだろうと期待されたのである。[60]

こうした競争圧力だけではなく、ヨーロッパの金融自由化は、一九八〇年代のＥＣにおいて金融に関する新自由主義的な考え方が勢いを増したことによっても促された。[61]それまでは資本規制が、西ヨーロッパにおける一国ケインズ主義およびコーポラティスト[訳注5]的な計画戦略の中心的要素であった。しかし今や、資本規制は個人の自由を制約し、また特に国内外の金融仲介プロセスの効率性を阻害する時代遅れの経済政策の一部であると突如として見なされるようになってしまった。たとえば欧州委員会の『一九八五年白書』では、資本規制への最終的な批判が取り上げられており、そこでは「金融市場の仕切りを取り払えば、ヨーロッパの貯蓄の最適配分が促され、ECの経済発展が勢いづくはずだ」と強調されていた。(62) 同様に、単一市場プロジェクトの経済的正当性を示した『一九八八年チェッキーニ報告』は、新古典派経済学に基づき金融市場統合がもたらす便益を強調していた。(63) ある専門家が一九八八年に述べているように、「金融市場が活発であればあるほど、経済全体のパフォーマンスは良くなるとの認識が、ヨーロッパで従来以上に広く受容されている」。(64)

このイデオロギー転換を促した背景には、一九八三年にフランスが政策を反転させたあとのグローバル金融の世界において、「埋め込まれた自由主義」の考え方を擁護するのは難しいとの認識が高まったことがあった。一九七〇年代、一九八〇年代の経済停滞の結果、戦後の規制的枠組みに対し幻滅が広がってもいた。また新自由主義の考え方は、一九七〇年代のアメリカがそうであったように、いくつかの社会グループの連合体によって、特に強く推進された。たとえば、ヨーロッパの金融業者と多国籍企業が、この時期、金融自由化を説く新自由主義的議論の重要な支持母体であった。(65) 金融業者は戦後一貫して金融自由主義を支持していたが、国内外の競争圧力がますます高まることへの対処手段として、一九八〇年代にはさらに強く自由化を主張した。(66) 多国籍企業は、戦後まもなくはブレトン・ウッズの金融秩序の原則に共感していたが、自らの利害が国際化していくにつれて、面倒な資本規制に対して不満を募らせるようになった。ヨーロッパ各国の中央銀行・財務省当局者もまた、一九八〇年代において金融への新自由主義的アプローチの強力な支持者だった。フィリップ・サーニーは、フランスでは一九八三年に経済政策が反転したあと、官僚内における金融担当者の力が拡大したことによって、金融自由化と規制緩和が促されたと指摘している。[67]デンマークでは、資本規制廃止の取組みは、「中央銀行から始まった」[68]。国際機関、たとえばOECDの金融担当者もまた、一九六〇年代から主張してきたように、この時期、金融自由化を強く求めた。[69]実際、OECDのような機関における金融担当者の頻繁な国際会議は、新自由主義の考え方がお披露目される重要なフォーラムの様相を呈していた。OECDの担当者が一九八一年に記しているように、「政府、特に先進工業国政府は為替管理を撤廃するか、少なくとも恣意性がなくビジネスに害を与えないものにするよう協力すべきであるとの意見を、金融関係者の国際会議では繰り返し聞かされる[70]」。

ニュージーランド、オーストラリアおよびスカンジナヴィアにおける規制の廃止

ニュージーランド、オーストラリアおよびスカンジナヴィアの国々は、一九四五年から先進工業国の中で最も包括的な資本規制を採用していた。それゆえ、これら諸国の政府が一九八〇年代に行った資本規制の完全自由化の決定は、政策の重大な転換点となった。ニュージーランドとオーストラリアの自由化の決定は全体として、一九八〇年代半ばにそれぞれの国で新たに選出された労働党政権内部において、金融に関する新自由主義的思想を支持するイデオロギー転換が生じたことによって説明できる。[71]他国でもそうであったように、ますます統合が進むグローバル金融秩序のもとで、「埋め込まれた自由主義」の考え方をとり続けることは難しいとの認識が、イデオロギー転換の一因となってい

た。ニュージーランドでもオーストラリアでも、こうした認識は深刻な通貨危機によって引き起こされた。新自由主義の考え方はまた、財務省と中央銀行の当局者の間でも非常に強く支持された。彼らの考え方は、国際金融界とのつながりからしばしば影響を受けていたのである。新自由主義の枠組みはまた、民間金融業者や多国籍企業コミュニティによっても強く支持された。両者ともに、一九七〇年代のアメリカ、一九八〇年代のECでそうであったように、制限的資本規制を逃れようとしたのである。

上で述べたような事態の展開は、ニュージーランドで最も顕著であった。一九八四年に選出された労働党政権は、金融について新自由主義的な主張を掲げていなかったものの、資本規制は政権一年目のうちに廃止され、国内の広範な金融規制緩和プログラムが開始された。これらの取組みは、財務大臣のロジャー・ダグラスによって進められた。彼の新自由主義的な見解は、ニュージーランドの財務省と連邦準備銀行の当局者だけでなく、IMFの勧告からも影響を受けていた。[72]ダグラスの考えによれば、資本規制の廃止（後に彼は、「我々が手がけた三ないし四つの最も重要な決定のひとつ」と称している）は、ニュージーランド企業の国際展開促進策のひとつとして必要であった。実際、ニュージーランドの実業界と金融セクターの代表たちは、資本規制撤廃の強力な支持者であっただけでなく、この時期、さらに広範な経済政策について新自由主義的アプローチを支持していた。[73]ダグラスはまた、資本規制撤廃問題は、「ニュージーランド人が自由世界の仲間に加わえてもらえるかどうかに関わる決定的な事柄」だと主張した。[74]より幅広い国内の金融規制緩和について彼は、次のように結論づけている。「市民のために金融市場と経済を管理できる唯一の主体は政府であるという長期間続いた時代遅れの考え方を、我々はついに捨て去った」。[75]ダグラスの提案は、内閣、労働党から全体としてさほど抵抗を受けなかった。その理由としては、新政府誕生直後に発生した通貨危機による不確実な雰囲気に乗じて、政策アジェンダを決定できたことが大きい。ブルース・ジェッソンが述べているように、労働党内閣は、通貨危機の爪痕が残るなか「財務省と準備銀行の政策があまりにも大胆で、確信に満ち、大規模なものだったので圧倒されてしまった」[76]。

ニュージーランドとオーストラリアのケースには多くの類似点があった。一九八三年に選出されたオーストラリアの労働党新政権に対し有権者は、金融に関する新自由主義的政策など求めていなかった。事実、労働党の選挙公約は、「対外投資と短期資金移動の慎重な規制」の重要性を強調していた[77]。ニュージーランドと同じように、政権交代の経済的影響を懸念した投機筋が引き起こした大規模な通貨危機によって、新政権が誕生した。こうした状況だったので、ルイス・ポーリーが述べているとおり、政府のリーダーたちは「長期的な安定は疑心暗鬼の財界を安心させられるかどうかにかかっているとすぐに気づいた」[78]。新たな財務大臣となったポール・キーティングは、選挙後すぐに「ミッテランの政策に起因するあらゆる不安を沈静化するために」ニューヨーク金融界の大物を訪問した。その後、すぐにオーストラリア・ドルは変動相場制へと移行し、為替管理は撤廃された[79]。こうした動きは、広範な国内金融自由化の一部であり、キーティングは、「これと同時に、成長への障害と見なされていた壁を打ち破り、財界にアピールすること」を目論んでいた[80]。為替管理の撤廃はまた、この時期のオーストラリア財務省と中央銀行の当局者によっても強く推奨された。アンドリュー・グリンの分析によれば、彼らが自由化を強く推奨した理由のひとつは、「金融市場を大きく開放すれば、労働党政権が『無責任な』行動をとる力が弱められる」ことを期待したということである[81]。ルイス・ポーリーはまた、キーティングの考え方は国際的な銀行家との付き合いから影響を受けていたと指摘している。

彼が自由化を決定したことは確かに賞賛され、「これらの国際的な銀行は彼をあたかも勝利を収めた英雄として［次のIMF総会が行われた］ワシントンに迎え入れた」[82]。

ニュージーランド、オーストラリアと同じく、スウェーデン、ノルウェー、フィンランドにおける金融の規制緩和・自由化プログラムは劇的に展開した。これらの国において国内外両面での金融規制は、戦後の計画主義戦略の中核をなしていた[83]。しかしながらスカンジナヴィア諸国は、一九八〇年代半ばに金融改革に着手し、一九八九年から一九九〇年には戦後の資本規制を完全撤廃する意向を発表した[84]。こうした決定が行われた理由のひとつは、これらの国々でEC参加の願望が高まったことである。しかしながら、決定理由としては、競争圧力とイデオロギーの変化も同じくらい重要である。前者については、金融の規制緩和・自由化は金融ビジネスの外国（特にビッグバン後のロンドン）への流出を抑えるために必要であった[85]。後者については、新自由主義支持者が金融改革に向けた動きを主導することが多かった。たとえばスウェーデンでは、金融の規制緩和・自由化プログラムは、財務大臣チェル・オロフ・フェルトと中央銀行総裁ベングト・デニスによって設計・推進された[86]。二人とも自由市場主義者であり、自国がそれまで採用してきた計画主義路線を明確に拒絶した。二人とも仲間の国際金融筋および国内の銀行家から強く支持された[87]。スカンジナヴィア諸国の金融自由化は、大規模製造業からも強く支持された。これら大企業の収益基盤は一九八〇年代急速に国際化していたからである[88]。

一九八〇年代の先進工業世界における広範な自由化への取組みによって、国際金融市場参加者は、半世紀前よりも大きな自由を与えられた。事実、自由な国際金融システムへの支持は、一九二〇年代以来、最高潮に達した。リンマー・ド・フリースが指摘したように、「政策立案者は、過去の習性をかなぐり捨て、資本移動の自由という考え方の虜になった」[89]。この新たなコンセンサスを反映して、OECD諸国は、一九八九年五月、短期金融取引を含むすべての国際資本移動をカバーするために、OECD資本移動自由化コードの拡張に合意した[90]。

一九八〇年代の金融自由化への転換には、三つの政治的要因がある。第一に、一九八〇年代の三大金融センターを抱える国（アメリカ、イギリス、日本）それぞれが有する「ヘゲモニー」国としての利益である。これら各国による金融自由主義の支持には、現在の金融大国、没落した金融大国、新興の金融大国それぞれの立場が反映されている面もある。一九六〇年代、一九七〇年代と同様、一九八〇年代初めのアメリカの当局者は、開放的で自由な国際金融秩序のもとでは、アメリカに支配的な構造的権力があるので、国内外の赤字を補塡するための国際的支援を得られると考えていた。イギリスが自由化を支持した理由のひとつは、金融ヘゲモニー国であった一九世紀と同じように、「後退期」ヘゲモニー国として国際金融センター・ロンドンを維持しなければならなかったということである。対照的に、日本の金融自由化は、隆盛する金融大国としての「先走り」的行動を示していた。日本に先走り的行動を促したのは、急速に世界最大の債権国となったこと、アメリカと特別な関係にあったこと、そして国内の金融規制緩和・技術革新・競争のサイクルが動き出したことであった。

第二に、規制緩和競争が生み出す力学も、イギリス、その他EC諸国、そしてスカンジナヴィアでの自由化の原因であった。前章で説明したように、国際金融市場の設立を認可した一九八一年のアメリカの決定も、こうした力学によって促された。金融資本の可動性が、この力学を生み出した。ある国が金融市場の規制緩和と自由化を始めると、気ままな資金や金融ビジネスを呼び込む競争力を維持したければ、先に自由化した国の動きに他の国々は従わざるを得なかったのである。アメリカとイギリスは、規制緩和競争の動きを先導した。一九七〇年代、一九八〇年代におけるアメリカ、イギリスの一方的なユーロ市場支持、自国市場の自由化・規制緩和の決定によって、他の国々は、一九八〇年代に同じく規制緩和をして「対抗措置」をとらざるを得なくなった。これによって、制限的なブレトン・ウッズの金融秩序は崩壊した。

第三の政治的要因としては、「埋め込まれた自由主義」から新自由主義的理論枠組みへの政策転換である。この転換のスピードは先進工業国の中で様々だったが、転換の原因は同じだった。転換の要因としては、グローバル金融の世界において「埋め込まれた自由主義」思想が妥当なのだろうかという懐疑がますます深まったこともある。第六章で論じた経済危機後は、特にそうであった。効率的な金融仲介機能に注目する新自由主義は、規制緩和競争の問題に関心を持つ人々に魅力のあるものであった。この転換はまた、より大きな二つの動きがもたらしたものであった。まず、一九七〇年代と一九八〇年代の経済停滞によって「埋め込まれた自由主義」思想への信頼が損なわれたことである。また、金融の対外開放を支持する民間金融業者・多国籍企業・金融当局者の連合体の力が増大したことである。[91]

（1）Henning（1987）.
（2）Hamada and Patrick（1988）, Marris（1985: 44）.

（3）Cohen（1983: 116）には、第一期レーガン政権のアメリカの経済政策は「外の世界をほとんど無視して」始められたとの指摘がある。しかし、このとき国家安全保障会議にかかわっていたヘンリー・ナウは、「国際的な市場におけるアメリカの権力は、非インフレ政策を通じて効果的に活用されるとともに高められており、交渉のテーブルでアメリカが有する権力よりも、依然としてはるかに大きい」と述べており（Nau 1984-85: 22）、アメリカの当局者が国際金融市場の機能を認識していたことを示唆している。

（4）特に Destler and Henning（1989: 29-30）を参照のこと。

（5）Kaushik（1987: 50）におけるロバート・ホーマッツのコメントを参照のこと。

（6）Destler and Henning（1989: 29）, Levich（1988: 222）および Walter（1989: 232-34）.

（7）Frankel（1984: 27）から引用した。財務省がこの取組みをはじめる動機としては、日本市場で取引を行いたいというアメリカ金融機関の熱望があったし、日本の自由化が円の価値を高めドル高を食い止めると期待したことも挙げられる（Frankel 1984: 3-4, 44; Hamilton 1986: 155-56）。

（8）Williamson（1991: 143）.

（9）Bertrand（1981: 20）.

（10）Peter Norman, "Going over the Cliff," *Financial Times*, October 23, 1989 からの引用。

（11）一九七〇年代半ばのイギリス保守党の新自由主義への政策転換については、Keegan（1984: chaps. 2-3）を参照のこと。

（12）ノーマンの "Going over the Cliff" において引用されている。

（13）新政権と密接な関係にあった経済事情研究所が発行する一九七九年のパンフレットから引用した（Miller and Wood 1979: 68）。

（14）Glyn（1986: 38）.

（15）Hayek（1990: 125）（初版は一九七六年）. ハイエクはまた、資本規制の禁止が「憲法上の規定として確立されること」を期待していた。

（16）Coakley and Harris（1992: 40-41, 44）, Newton and Porter（1988: 200-201）そして Moran（1991: 74）.

(17) この概要については、Moran (1991: chap. 3) および Hamilton (1986: chap. 6) を参照のこと。
(18) Enkyo (1989: 198) からの引用。
(19) たとえば、Calder (1988: 537) を参照のこと。
(20) Pauly (1987b: 14). 一九八〇年の動きが八四年の動きほどには重要でなかったことについては、Lincoln (1986: 250-52), Hollerman (1988) および Rosenbluth (1989: 57) も参照のこと。
(21) たとえば、Lincoln (1986: 252) および Rosenbluth (1989: chap. 3) を参照のこと。
(22) Adams and Hoshii (1972: 459, 469). 当時の富士銀行頭取による文献として、Iwasa (1970) を参照のこと。
(23) 特に Horne (1985: 181; 1988: 187, 190, 199) および Rosenbluth (1989: 62-67) また Fujioka (1979: 63-67) を参照のこと。
(24) Horne (1985: 181).
(25) Duser (1990: 100).
(26) Horne (1988: 177), Hollerman (1988: 57).
(27) Pyle (1987: 256-57).
(28) Funabashi (1988: 89).
(29) Sakakibara (1986: 243).
(30) 概要については、Lincoln (1988) を参照のこと。
(31) トロントの日刊紙 *Globe and Mail*, May 22, 1991.
(32) Helleiner (1992c: 41-42).
(33) たとえば、Gilpin (1987: 337-38) での野村総研のレポート (一九八六年) についての議論を参照のこと。
(34) Pauly (1988: 89), Rosenbluth (1989: 14).
(35) この論点については、Frieden (1988) を参照のこと。
(36) Funabashi (1988: 87). 興味深いことに、このとき自民党の政治家も規制に反対することとなった。というのもこうした規制は、一九六〇年代の資本規制プログラムによってアメリカの市場が痛めつけられたのと同じように、日本市場に対し高まりつつあった国際的評判を落とすと説得されたからである (Volcker and Gyohten 1992: 53-54)。

(37) こうした表現は、Yoshitomi (1985: 12) による。この変化を概観したものとしては、Feldman (1986), Suzuki (1987) および Rosenbluth (1989) を参照のこと。

(38) Dale (1984: 44). ＩＢＦｓは、アメリカとほぼ同じ理由、すなわち小規模銀行によるオフショア市場ビジネスの許可、ユーロ市場取引の監視強化、失われたビジネスの奪還を目的として、最終的に一九八六年、日本でも設立された (Lincoln 1988: 240-41; Hamilton 1986: 171)。

(39) Horne (1988: 196). Horne (1988: 176-78) および Duser (1990: 75) も参照のこと。

(40) Crum and Meerschwam (1986: 289).

(41) 一九八〇年代以前は、資本移動自由化に関するＥＣ指令は、一九六〇年と一九六二年の二度出されただけだった。ＥＣの一九六二年行動計画は、金融自由化の必要性を強調していたが、その時でさえ、その問題は「あっさり」と「軽く扱われていた」(Cohen 1963: 618)。Tsoukalis (1977: 80) も参照のこと。

(42) Loriaux (1991: 223-27) および Cerny (1989) を参照のこと。

(43) Tavlas (1991), Hamilton (1986: 181, 194-95) および Goodman and Pauly (1990: 21-22) を参照のこと。

(44) デンマークについては、Hoffmeyer (1986) を参照のこと。資本規制が最終的に撤廃されたのは一九八八年一〇月のことである。

(45) Padoa-Schioppa (1988: 437). 金融自由化の推進にドロールが果たした重要な役割については、*Financial Times*, September 16, 1987 も参照のこと。

(46) イタリア、スペイン、ポルトガル、ギリシャ、アイルランドはこの義務を免除された。

(47) スペイン、ポルトガル、アイルランドは、一九九二年一二月で資本規制を廃止した。

(48) フランスの財務大臣であるエデュアール・バラデューは、このような介入措置を強く求めていた (*Financial Times*, September 14, 1987)。資本移動の自由化を重要視するドロールの観点があり、自由化の議論が開始された。*Financial Times*, May 13, 1989 も参照のこと。

(49) *Financial Times*, June 13, 1988, Walter (1989: 294).

(50) イギリス、ルクセンブルク、西ドイツの反対については *Financial Times*, February 8, 9, 14 および May 9, 22,

1989. ベルギー、イタリア、そしてスペインはフランスとデンマークの立場に賛成した。欧州委員会はフランスの立場を強く支持していた。

(51) *Financial Times*, March 14, 1989 から引用した。

(52) *Financial Times*, March 14, 1989. Goodman (1992: 202) および Padoa-Schioppa (1988: 440) も参照のこと。

(53) *Financial Times*, March 14, 1989. Goodman and Pauly (1990: 35-36, 42) および Padoa-Schioppa (1988: 438).

(54) Moran (1991: 3), Strange (1990: 264-65) および De Cecco (1987a: 8).

(55) Pringle (1989: 17-18), Hirsch and Oppenheimer (1976: 667) および Altman (1969: 11).

(56) Hamilton (1986: 181, 195). Tavlas (1991: 19) も参照のこと。

(57) Pringle (1989: 27). Hamilton (1986: 192) および Goodman and Pauly (1990: 24) も参照のこと。フランスの金融改革を促すうえで、イギリスとアメリカからの競争圧力が果たした重要な役割については、Cerny (1989), Lebegue (1985: 23, 29) および Plender (1986-87: 40-41) を参照のこと。

(58) このテーマに関する欧州委員会の見解については、Underhill (1991: 205, 207-8) および Vipond (1991: 229) を参照のこと。

(59) David Buchan and Geoffrey Owen, "Undimmed Ambitions for Unity in Europe," *Financial Times*, May 14, 1989 から引用した。

(60) European Commission (1990: 182).

(61) 多くの専門家は、単一市場プロジェクト全般に広く見られる「新自由主義的」傾向に言及してきた (Sandholtz and Zysman 1989; Grahl and Teague 1989; Moravcsik 1991)。金融セクターについては、特に Vipond (1991: 230-31) を参照のこと。

(62) Underhill (1991: 205-6).

(63) Underhill (1991: 205, 222n1), Vipond (1991: 229-30).

(64) Guy de Jonquières, "1992: Countdown to Reality," *Financial Times*, February 19, 1988.

(65) たとえば、Goodman and Pauly (1990: 16-18, 22-24, 42-43), Frieden (1991: 440-42) を参照のこと。Sandholtz and

Zysman（1989）も、単一市場プロジェクト全般をヨーロッパ多国籍企業が支援したことが重要だったと強調している。

（66）Pringle（1989: 26）.

（67）Cerny（1989）. フランス財務省の高級官僚、特にダニエル・ルベーグとジャン＝シャルル・ナウリは、金融改革を強力に推進したと言われている。ルベーグの考え方については、Lebegue（1985）を参照のこと。

（68）Hoffmeyer（1986: 96）.

（69）資本移動と貿易外取引に関するＯＥＣＤの委員会（元財務相と中央銀行の関係者で構成されている）は、一九七一年に設立された金融市場に関するＯＥＣＤ委員会がそうであったように（OECD 1981a; 1982; 1987b を参照のこと）、一九八〇年代の金融自由化を強力に推し進めた。一九六〇年代、一九七〇年代におけるこの政策への彼らの熱中ぶりについては、Bertrand（1981: 7, 14, 15, 20）および Kindleberger（1987b: 79）を参照のこと。

（70）Bertrand（1981: 3）.

（71）OECD（1991: 46）は、資本規制自由化の動きを説明するにあたって、「思想的」理由を強調している。Pauly（1987a: 89, 66）はオーストラリアのケースについて、Jesson（1987: chap. 7）および Easton（1989: 105）はニュージーランドのケースについて、同様の指摘をしている。

（72）Jesson（1987: 123）. ジェッソンは次のように記している。「ケインズ主義から新古典派経済学とマネタリズムへの国際的なシフトは、ニュージーランドの財務省と準備銀行内部に最も重要な影響を与えた」（p. 120）。財務省と準備銀行への影響については、Boston（1989: 76）, Oliver（1989: 18-27）および Schwartz（1991: 250-52）も参照のこと。一九八〇年代初頭のニュージーランドの新自由主義政策に対するＩＭＦの支持については、Douglas（1987: 48）を参照のこと。

（73）Jesson（1987: 122, chap. 7）, Schwartz（1991: 250-52）. ダグラスについては、Douglas（1987: 143）から引用した。

（74）Douglas（1987: 143）.

（75）Douglas（1987: 150）. この時期のニュージーランドの国内金融改革を概観するには、Harper and Karacaoglu（1987）を参照のこと。

（76）Jesson（1987: 123）. Easton（1989）も参照のこと。

(77) Pauly (1987a: 60) から引用した。
(78) Pauly (1987a: 66). Glyn (1992: 119) も参照のこと。
(79) Glyn (1992: 123) における *Australian Financial Review* からの引用。
(80) Pauly (1987a: 66).
(81) Glyn (1992: 120).
(82) Pauly (1987a: 81-82). Glyn (1992: 123, 135n6) も参照のこと。
(83) Bertrand (1981: 18-19).
(84) 一九八九年一月、スウェーデン政府はすべての外国為替管理を近々撤廃する計画を発表し、一九八九年七月に実施した。その後すぐの一九九〇年一一月にノルウェー政府は、フィンランド政府同様の発表を行った。
(85) Enkyo (1989), Hamilton (1986: 191).
(86) 両者の密接な関係と重要な役割については、*Financial Times*, January 18 および June 29, 1989 を参照のこと。フェルトの見解については、*Financial Times*, April 17, 1989 におけるインタヴューを参照のこと。そこでは、次のように記されている。「私はいままで一度も計画経済を信じたことはない。私はその結末を見てきたし、党の仲間よりも早くからそれに気づいていた」。
(87) 国際金融界におけるフェルトがどれだけ有名であったかについては、*Financial Times*, April 17, 1989 を参照のこと。スウェーデンの銀行家による支持については、*Financial Times*, January 11, 1988 を参照のこと。
(88) Pringle (1989: 34). Pauly (1988: 177) も参照のこと。
(89) De Vries (1990: 1).
(90) Ley (1989), OECD (1991).
(91) Pringle (1989: 17) が論じているように、金融自由化はまた「新たな階級」の出現によっても促された。それは大学・研究機関、企業、国際機関にいる「世界を股にかけて活躍する一群の人々」である。これはコックスの言う「国境を越えた管理階級」に類似したグループである。コックスによれば、こうした階級は、一九七〇年代、一九八〇年代の先進工業諸国において重要な社会勢力となった (Cox 1987: 359-68)。Moran (1991: 130) も参照のこと。

〔訳注1〕国債の大量発行により、市場の資金が吸い上げられ、金利が上がり、民間の必要資金が調達できなくなること。「クラウディングアウト」とは「押しつける」という意味。マネタリストはこうした効果によって財政出動の効果が相殺されるとして、ケインジアンの政策を批判する（伊東光晴編『岩波現代経済学事典』岩波書店、二〇〇六年、五七一頁、参照）。

〔訳注2〕アメリカ財務省が発行する償還期間が一〇年超の長期国債のことをいう。財務省長期証券以外に、財務省短期証券（Treasury bill）（期間が一年以下）や、財務省中期証券（Treasury notes）（期間が一年超一〇年以下）などもある（金融辞典編集委員会編『大月金融辞典』大月書店、二〇〇二年、二三六〜二三七頁、参照）。

〔訳注3〕石油など天然資源からの収入（レント）に依存し、その分配をもとに国家が成立している状況を指す概念。一九六〇年代の湾岸諸国の状況から着想された。本書では、一般的にレンティア国家は外国への資源輸出からの収入に依存していることと、日本が債権国となり外国からの利子収入に依存する局面とが重ね合わされている（「レンティア国家」についてより詳しくは、細井長「湾岸諸国の石油政策における外資導入策とレンティア国家論」『立命館経営学』第四〇巻六号、二〇〇二年、参照）。

〔訳注4〕ファンドの購入が設定前の募集期間だけに限られ、設定後は償還まで資金の途中追加ができない投資信託を指す。当初募集した資金を一単位（ユニット）として運用するため、「ユニット型」と呼ばれる。

〔訳注5〕「コーポラティズム」を基調として政治的意思決定を進める立場を指す。コーポラティズムとは、歴史的には、労働者、資本家、専門職業人を産業別シンジケート（協議体）に囲い込み、資本への労働者の従属と全体主義への国民の統合を企図したイタリア・ファシズムの統治形態を指し、否定的な意味で「協調主義」と称される。しかし一九七〇年代以降は、「政・労・使」の三者協議制に代表される政策決定機構あるいは政治システムを指す。それは、過去の否定的意味を払拭するためにネオコーポラティズムとも呼ばれる（濱嶋朗・竹内郁郎・石川晃弘編『新版　社会学小事典』有斐閣、一九九七年、一九三頁）。

第八章　国際金融危機への対処

第四章から第七章でみてきたように、各国政府は規制を強化することなく、市場参加者の自由度を広げてきた。この点で国家は、金融市場のグローバル化にとって重要な存在であった。しかし、同様に重要なのが、大規模な国際金融危機を抑止する際に国家が果たしてきた役割である。危機というものは、一九三一年の場合のように開放的な国際金融システムを瞬く間に崩壊させうる。なぜならば、危機が発生すると対外投資に伴う為替リスクを回避するため、そして、各国の外資政策の見通しが不透明なため、民間の金融機関は安全圏である身近な国内市場に撤退する傾向にあるからである。[1]国家もまた、大きな危機の真只中で、そして危機後に厳格な規制を導入しようとするため、結果的に民間の資金が自国市場へと撤退するという市場行動を加速させてしまう。たとえば、金融危機が深刻な資本逃避を誘発する場合、国家は厳格な為替管理制度を導入したほうが、その費用と比べても利益が大きいと唐突に判断するかもしれない。実際一九三一年には、日本や多くの中欧諸国がそう判断した。大規模な国際金融危機は、経済の混乱と不安定性を各国「同時に」もたらすため、資本移動規制を目的とする集合行為を促す可能性もある。

大規模な国際金融危機が起これば、市場と国家とが連動して反応する可能性は高く、開放的で自由な国際金融秩序の維持を望む人々にとって、危機防止が中心的な課題になる。[2] 研究者の間でほぼ同意されているように、不完全情報や資本の移動性・流動性という特徴があるため、金融システムは危機が周期的に生じる傾向を抱えている。[3] しかし、民間市場でリスクが過度に高い金融業務を抑制する規制や監督の実施によって、国家は危機が生じる可能性を最小化できる。さらに重要なのは、緊急融資の供与によって信認を維持する最後の貸し手が存在すれば、金融恐慌の拡大は防ぎうるということである。[4]

一九三〇年代以前に、こうした規制措置の国際レヴェルでの必要性は、中央銀行や金融アナリストの間でほとんど議論されなかった。当時はまだ、金融規制や監督が主として国内の行動であると考えられていたのである。キンドルバーガーも同じような指摘をしている。一九二〇年代になっても「一八〇二年のヘンリー・ソーントン、一八七三年のウォルター・バジョットの議論以来、展開されてきた〔最後の貸し手という〕原則は、もっぱら国内のものであると思われていた」。[5] しかし一九三一年の金融危機によって、この考えは劇的に変化した。危機は国際的に波及したので、金融アナリストは将来にわたる金融の安定性維持のため、国際的な行動、とりわけ国際的な最後の貸し手が必要だと論じるようになったのである。[6]

こうした新しい考えが生まれていたにもかかわらず、一九四四年のブレトン・ウッズ会議では、国際的な金融規制・金融監督、あるいは国際的な最後の貸し手の必要性についてほとんど議論されなかった。会議の参加者が皆、グローバル金融市場に懐疑的だったからである。IMF協定の条項では、資本規制を除くと、国際金融危機に対処するメカニズムがまったく規定されていなかった。[7] 実際、ブレトン・ウッズ協定の起草者たちがグローバル金融市場の再興を推進しようとしなかった理由のひとつは、国際金融危機を懸念したからであった。アメリカの銀行家だけが、危機を抑制する役割を考慮するよう提案していた。アメリカの銀行家は、BISを通じた緊密な中央銀行間協力によって、グローバル金融の安定性を確保する必要があると強調した。しかし、BISの規則は一九三一年以前の産物であったため、最後の貸し手行動や規制・監督業務を国際レヴェルで実施するメカニズムが組込まれていなかった。銀行家は、BISの廃止を求めるブレトン・ウッズ決議の実施を阻止したが、結局のところ、BISの諸規則には、上記の目的に向けた具体的な行動指針が備わることはなかったのである。

したがって一九五〇年代末、国際金融市場が復興し始めた頃、政策立案者は、市場で発生する危機対応策の導入を迫られた。そこで本章では、三つの主要な国際金融危機――一九七四年の銀行危機、一九八二年の債務危機、一九八七年の株式市場の暴落――に注目し、各国がいかにしてこれらの危機をうまく収めたのかを検討する。前の四つの章で指摘した論点のいくつかに着目すれば、金融グローバル化のプロセスで、なぜ国家が積極的にこうした重要な役割を果たそうとするのか理解しやすくなる。本章ではもうひとつの重要な展開、すなわち、BIS加盟中央銀行の間で、国際金融危機に対応するためのレジームが次第に洗練・強化された点にも注目していく。

第一節　一九七四年の国際銀行危機

一九七四年五月、アメリカのフランクリン・ナショナル銀行が破綻の危機に陥った時、国家は国際金融危機を抑える意思があるのかを問われる最初の大きな試練を迎えた。銀行の規模は小さかったものの、慎重さに欠ける外国為替投機を主因として問題が発生し、復興間もない国際銀行システム全体に衝撃を与えた(8)。フランクリン銀行に口座を持つ銀行や未決済の外国為替契約を抱えていた銀行は、自行の資産が戻ってくるのか確信が持てなかった。また、そうでない銀行もこの問題がフランクリン銀行と取引のある銀行のさらなる破綻につながらないか、懸念していた。当初、危機が増幅したのは、不確実性があったからである。すなわち、アメリカの当局が米銀の外国債権者を救済するのかどうか不透明であり、さらにいえば、国家による最後の貸し手機能が新たなオフショアのユーロダラー市場にまで拡張されるのか、見通しがつかなかったのである。

破綻の脅威が深刻な国際金融危機に進展しなかったのは、(一)FRBの断固たる行動と、(二)G10諸国中央銀行の密接な協力があったからである。まずFRBは、国際的な最後の貸し手の役割を担うべく迅速に対応した。フランクリン・ナショナル銀行に巨額の融資を用意する一方で、その資金をロンドンやバハマのナッソーにある同行の海外支店で利用することにまったく制限をかけなかった(9)。FRBはまた、同行による未決済の外国為替契約を買い取り、契約の履行を保証した。さらに、先頭に立って同行の買収先探しに尽力し、一〇月には売却にこぎつけた。ニューヨーク連邦準備銀行の副総裁が述べたように、FRBが懸念していたのは、フランクリン・ナショナル銀行の破綻が「米銀全体の威信を傷つけることであった(10)」。当時は、OPEC諸国の余剰資金還流に米銀が主要な役割を担うよう当局が期待しており、健全状態にあるという評価を維持する必要があった。FRBはまた、この危機がドル、そしてアメリカの金融システムの信認を傷つけないか懸念していた。アメリカは自国の経済的不均衡を埋め合わせるため、国外からの資金流入にますます依存するようになっており、ドルやアメリカの金融システムへの信認が欠かせなかったのである。[11]

一九七四年五月のBIS会合でG10の中央銀行は、重要な情報をFRBと共有するだけでなく、一致協力してドルを投機から防御することに同意した。G10中央銀行はまた、FRBと協力しながらフランクリン・ナショナル銀行の買い手を探そうと試みた。FRBとともに、イングランド銀行も、フランクリン銀行ロンドン支店へのFRB融資の担保を確保するうえで中心的役割を果たし、同行を一〇月に売却する際には、処分策の一環として同行ロンドン支店の閉鎖に協力した。[12] 一九四〇年代にアメリカの銀行家がまさに望んでいたように、中央銀行間の協力はBISによって大きく進められた。こうした協力関係は、相殺融資ネットワークを管理する過程で一九六〇年代にBISの下で進展し、それに伴ってBISの月例会議が「中央銀行間の親密な人的ネットワークと高次の協議」の場となったとジョーン・スペロは言う。BISの月例会議は、この時期、中央銀行の行動にとって非常に重要であった。[13]

一九七四年の危機後、BISはまた、将来的な危機を回避するため、より体系的な協定の作成を話し合う場になった。一九七四年九月、BIS加盟中央銀行は、次のような公式声明を発表した。「各国中央銀行総裁は、ユーロ市場における最後の貸し手問題に関する意見交換を行った。……（中略）……各国の中央銀行総裁は、このための手段がすでに用意されており、必要な場合には行使されるであろうと確信するに至った」。この声明が示唆するのは、国際市場で取引する銀行に関わる最後の貸し手責任の分担をめぐって、中央銀行間で具体的な合意に達したということだった。[14] この声明は実際のところ、総論合意の域を出るものではなかったが、ジャック・グッテンタークとリチャード・ハーリングによると、国際市場の信認を回復するには十分であった。[15] 事実、フランクリン銀行危機後の数カ月間、外国為替市場、ユーロ市場の取引は、危機以前の水準を大きく下回ったままであり、中小の銀行は、業務に不可欠な国際インターバンク市場から締め出されていた。[16] 最後の貸し手責任について何らかの具体策が必要であることは、一九七四年六月、ドイツのヘルシュタット銀行が破綻した際にもすでにはっきりしていた。このときブンデスバンクは、同行の海外の債権者に対する債務返済は行わないと即座に決定していた。この決定によって、アメリカの銀行間決済制度は崩壊寸前となった。ヘルシュタット銀行閉鎖時におけるブンデスバンクの行動が、「国際取引をまったく考慮せずに実施されたようだ」とグッテンタークとハーリングは指摘する。[17]

BIS加盟中央銀行は——イングランド銀行に促されて——一九七四年秋、国際的な最後の貸し手責任の議論に加え、国際銀行業務の監督に関する管轄責任を検討する委員会を設立した。銀行規制と監督業務に関する常設委員会は、イングランド銀行の幹部が議長を務め、事務局をBISに設置した。この委員会では、G10諸国とルクセンブルク、そしてスイスの銀行監督当局が第二次世界大戦後はじめて一堂に会した。これら銀行監督当局者は、一九七五年一二月までにバーゼル・コンコルダットという一つの協定で合意するに至った。〔訳注1〕この協定は管轄規則をまとめたものであり、国際金融市場での規制・監督行動を規定するルールが盛り込まれた。外国銀行の受入国は、外銀支店の流動性および外銀の子会社・合弁会社の支払能力について監督責任を負った。というのもこれらの業務については、受入国がより正確な情報を持っている可能性が高いと想定されたからである。銀行本店所在地国政府は、当該銀行海外支店の支払能力に責任を負った。なぜならば、本店と海外支店の支払能力は密接に結びついていたからである。[18] スペロによると、銀行監督委員会が新たに作り出したのは、こうした具体的なガイドラインだけでなく「各国の監督当局高官が互いを熟知し、信頼し合い、秘密を守って意思疎通できる国際的ネットワーク」である。このネットワークによって、「国際銀行業務に対する、非公式ではあるが重要な国際的早期警戒システム」ができあがった。[19]

一九七四年の危機をきっかけとする、こうした様々な取組みのそれぞれが重要な一歩となり、国際的な最後の貸し手行動と銀行監督から生じる集合行為問題を最小限に抑えるレジームが強化されていった。[20]このレジームの起源は、一九三〇年のBIS設立まで遡ると言えるだろう。BISの規定には、レジームの指針となるような基本原則が示されていた。つまり、グローバル金融の安定性維持を目的とした中央銀行間の協力を促すという原則である。[21]またBISの規定によって、理事会を年間で最低一〇回は開催する、理事会の独立性向上のため中央銀行総裁以外の政府高官は理事になれないなど、レジームの重要な意思決定手続きやルールが確立された。[22]一九七四年から七五年に実施された取組みと同様に、BISそのものが、一九二〇年代後半の危機的状況下の産物だった。BIS創設に関わったアメリカの銀行家オーエン・ヤングが一九二九年に述べていたように、「[国際金融秩序が]機能不全になるか、改善されるか、いずれにせよ劇的なものとなるはず」だった。[23]BISは一九三一年を過ぎると影響力を失い、ブレトン・ウッズ会議の後は廃止寸前にあったが、一九六〇年のドル危機の結果として国際的な存在感を取り戻した。これを契機として、ヨーロッパ諸国の中央銀行はFRBの高官をBISの会議に招くようになり、中央銀行間のスワップ協定合意に至った。そして一九七四年の危機をきっかけにしてバーゼル委員会が設立され、国際的な規制、監督、最後の貸し手行動に関するルールができあがるとともに、初期段階にあったBISレジームが強化されたのである。

第二節　一九八二年の国際債務危機

一九八二年八月、債務不履行間近というメキシコ政府の宣言が、国際債務危機の引き金になった。危機の根底には、西側諸国の銀行が一九七〇年代の石油危機後、発展途上国とりわけラテンアメリカに行っていた大規模融資があった。これらの融資は借入国の立場からすると、対外借入としてほとんど条件の付かない安価な手段だったため魅力的だった。銀行の立場からいうと、アルゼンチン、メキシコ、ブラジルに対する融資は、オイルダラー預金の運用回転率を上げる有効な手段であった。なぜならば、これらの国は急速に工業化を進めており、返済の見込みも高かったからである。危機の直接的原因は、銀行も債務国も予見しようのない世界的なマクロ経済ショック、つまり一九七九年から八二年にかけて実施されたヴォルカーによるデフレ政策であった。アメリカの経済政策が急転した結果、一九七一年から八〇年は平均で〇・八％だった銀行貸付の実質金利が一九八二年には一一％に跳ね上がった。先進工業国の景気後退は、同時に一次産品価格の急落を招き、発展途上国の対先進国工業製品輸出を大幅に縮小させた。銀行が過去の債務を繰り延べるための新たな融資に突如として慎重になり、借り手の債務返済能力も衰えた。当時の不安定な経済見通しや重い租税負担、そして通貨の過大評価による資本逃避が発生し、債務国の外貨準備はさらに低下した。

債務危機が勃発したのは、一九八二年八月一二日だった。メキシコの財務大臣イエズス・シウバ・エルソグがレーガン政権とＩＭＦの高官に対し、債務の返済がもはや不可能であると電話で通告した時のことである。メキシコは、世界中の主要銀行に八〇〇億ドル以上もの負債を抱え、資金繰りが厳しい状況にあり、国際金融市場で大規模な危機を引き起こす可能性があった。まさにメキシコ当局者の指摘どおりで、危機はメキシコだけではなく、「全体の問題であった」。[24][訳注2] 国際金融機関の当局者は、メキシコの債務不履行がブラジルやアルゼンチンなど、ラテンアメリカの他の重債務国でも近いうちに繰り返される可能性を認識していた。西側諸国の巨大民間銀行は総資本を大きく上回る金額をラテンアメリカ諸国に融資していたため、各国同時に債務不履行に陥れば、最悪の事態を迎えることになる。後に発表されたニューヨーク連邦準備銀行の調査で指摘されているように、「国際的な銀行や政策立案者が世界的規模で金融秩序を失う脅威に直面したのは、大恐慌以来のことであった」[25]。

メキシコ危機は、一九七四年の銀行危機と同様、アメリカのリーダーシップとともに、BISの中央銀行のような行動によって対処された。シウバ・エルソグの救援要請を受けて二日のうちに、アメリカは、自国の戦略的備蓄用石油への前払いという形で、メキシコに対する一〇億ドルの融資をとりまとめた。これに加えBIS加盟中央銀行は、メキシコ銀行に一八・五億ドルのつなぎ融資を行った。この金額のおよそ半分は、アメリカによるものである。FRB議長のヴォルカーは、先頭に立ってこれら二つの安定化策をまとめ、イングランド銀行総裁ゴードン・リチャードソンは、BIS内で各国中央銀行の対応を調整する中心的役割を演じた[26]。こうして眼前の流動性危機は回避され、八月二〇日、FRB当局者は、主だった民間銀行の代表者とメキシコの金融当局者との間で会議を開催した。会議中、メキシコ側は今後の債務返済の一時的猶予を要望し、銀行側から承諾された。ここでもヴォルカーが指導力を発揮し、民間銀行に対して、この決定を受け入れ、メキシコとの債務繰り延べ交渉をまとめるよう働きかけた。アメリカ政府はメキシコ政府に対しても、海外の債権者の信認を回復すべく計画されたIMFの厳格な緊縮政策と再建プログラムをまず先に受け入れない限り、各行との債務の繰り延べ協定は締結されないことをはっきりさせた。八月後半までの経緯をみると、協定の締結は、トロントで九月初めに開催されるIMF・世銀総会に間に合うように思われた。[27]

この危機は、いったんは収拾したかのように見えた。しかし九月一日、メキシコ大統領ホセ・ロペス・ポルティーヨの爆弾発言が飛び出した。それは、次期大統領に選ばれたミゲル・デラマドリに政権を委譲する前の、メキシコ議会で行われた退任演説でのことである。自分の側近にさえほとんど何の前触れもなく、彼は国際金融秩序全体を辛辣に批判し、IMFについても、暗示的表現を用いながら、次のように述べた。

金融ペストが世界中にますます大きな被害をもたらしている。中世のペストと同様、次から次へと各国を災難に陥れている。このペストはネズミのごとき媒介物を通じて伝染し、失業、貧困、製造部門の破綻、そして投機による暴利をもたらしている。呪術医のペスト治療は、患者から食料を取り上げ、無理にでも休ませろというものばかりだ。世に蔓延る時代遅れの教義に取り憑かれた呪術医、自分自身が世の中心・最高の地位にあると信じて疑わない呪術医を前にして、反対の声を上げる者は間違いなく追放され、自分の善行の証を立てられる者が生き残ることになるのだ。[28]

この爆弾発言と同時に、ロペスはIMFの伝統的勧告を事実上無視し、金融機関の国有化と為替管理制度導入の決定を表明した。それは、一九七八年から一九八二年までに総額およそ三〇〇億ドルに達した資本逃避を防ぐためであった。[29]「有史以来、数々の帝国が私たちから搾り取ったものよりも多くの資金を民間銀行は国外に持ち出した。そうした銀行に誘導・助言され、支援されるようなメキシコ人グループに対しては」規制が必要だ。ロペスはこう主張した。[30]

ロペスの演説はデフォルトの可能性を浮き彫りにし、数日後のＩＭＦ・世銀総会はパニックの様相を呈した。のちにウォルター・リストンが述べているように、「一五〇人ほどの財務大臣、五〇人ほどの中央銀行当局者、一〇〇〇人のジャーナリスト、一〇〇〇人の商業銀行関係者が、こぢんまりした街でウィスキーを何杯もあおるうちに、人々の頭の中では『世界の終焉が迫りつつある』という不安が大きく膨らんでいった」[31]。ロペスの言動はまた、メキシコの資産家を震え上がらせ、資本逃避に拍車をかけた。実際、この資本逃避の規模はあまりにも大きく、メキシコの銀行の安定性が脅かされた。そしてヴォルカーが指摘するように、「複雑で自動化された国際決済の仕組みが破綻寸前まで追いやられ、システム全体の信認が揺らいだ」[32]。ＢＩＳによるメキシコの銀行への大規模なつなぎ融資という救済策をヴォルカーが実施したからこそ破綻は回避されたが、この融資には、メキシコの銀行が預金者――そのほとんどは他の銀行である――に対して、これ以上預金を引き出さないよう確約させなければならないという条件が付けられていた[33]。

ロペス・ポルティーヨの唐突な言動は、メキシコ政府の内部対立から生まれた。シルヴィア・マックスフィールドが指摘するように、メキシコでは政府と社会集団の間で結ばれる二大「政策同盟」が存在し、長きにわたり経済政策の決定が二分されてきた[34]。ここまでの章で論じてきたように、これらの二大政策同盟は、先進工業諸国全体で見られた新自由主義連合対「埋め込まれた自由主義」連合の構図に類似していた。「銀行家同盟」は、民間銀行や大企業、金融当局によって構成され、主流の自由放任主義的政策を支持した。それに対抗するのが「カルデナス同盟」であった。これは労働者、農民、そしてそれらに同調するメキシコ政府関係者から構成され、ナショナリスト的で介入主義的政策を支持した。その政策を提示したのが、実際にケインズ理論に強く影響を受けてきたラテンアメリカ各国の「構造主義」経済学者であった。[35]どちらのグループも一九七〇年代はかなりの力を保持したが、一九八二年の危機が勃発すると、ロペス・ポルティーヨは、いずれの立場につくか明らかにせざるを得なくなった。この状況は一九八二年から八三年におけるフランス大統領ミッテラン、一九七六年におけるイギリス首相キャラハンが直面した選択と似たようなものである。ロペス・ポルティーヨ自身の見解は、カルデナス陣営側に傾いていた。たとえば一九八二年のはじめ、ロペスは、迫り来る危機に対応する、より急進的な方法を検討させるため、ある研究グループを立ち上げた。この研究グループが出した答えは、国際金融市場の影響から国家の自律性をある程度回復するためには、為替管理と銀行国有化が必要というものだったが、それは一九八一年のミッテランによる銀行国有化プログラムを特に意識していた。ロペスは、産業界や金融業界が八月にメキシコから多額の資金を引き揚げたという報告に「激怒」し、大統領の職権を利用して、この急進的政策を支援した。そして、政策立案者のひとりであるカルロス・テヨを実行責任者として中央銀行総裁に任命したのである。[36]

ロペス・ポルティーヨの決定は、政府を大混乱に陥れた。中央銀行出身で、より保守的な思想の持ち主であるデラマドリ次期大統領が、現大統領の政策を就任後ただちに変更するつもりであることを明言すると、大統領職の引継ぎがにわかに問題となり、「軍部の出動と暗殺」、さらにはクーデターの噂まで流れた。[37]メキシコとアメリカとの国境が二〇〇〇マイルにもわたることを考慮すると、資本規制の効果的な実施はきわめて困難であるという説得的な議論を展開し、銀行家、産業界上層部、政府内の保守派リーダーらは、ロペス・ポルティーヨの新政策を強硬に否定した。[38]九月一一日、ロペス・ポルティーヨは「IMFとの合意に委ねざるを得ない」として新政策を撤回し、IMFとの協議再開を承認した。[39]中央銀行総裁のテヨは、「反IMF合意」を目指して「新自由主義者」と闘い続けたが、一一月初めにIMFとの交渉が成立した。[40] 一二月一日、デラマドリ政権が誕生すると、テヨは罷免され、保守的な前任者が中央銀行総裁に返り咲き、為替管理も即座に撤回された。

メキシコ政府がようやく正常化すると、アメリカ政府とIMFは安定化政策の一環として、民間銀行がメキシコに新規融資を行うよう働きかけることに重点を置いた。巨額の債務を抱えている巨大銀行からの融資は期待できたが、FRBや銀行規制の当局者は、金融危機に懲りてさらなる資金注入を渋る数百もの中小銀行に働きかける必要があった。ヴォルカーはまた、外国の中央銀行や銀行規制当局者に対しても、各国の銀行が債務返済の繰り延べと新規融資の動きに加わるよう働きかけてもらいたいと呼びかけた。[41] IMFの借款がようやく認められ、各種の資金が供給されたのは、銀行が十分に融資してからのことである。[42] このメキシコの安定化政策は、一九八二年以降、他の債務国のモデルとなった。一九八三年から八四年に短期の流動性危機がブラジル、アルゼンチン、その他ラテンアメリカの債務国で発生した際、アメリカとBIS加盟中央銀行は、対象国に短期のつなぎ融資を供与したが、その条件として民間銀行とIMFによる債務の繰り延べと調整プログラムへの取組みに同意する必要があった。

当初、銀行家や政策立案者の多くは、一九八二年の債務危機を一九三一年の金融危機に匹敵するものとしていたが、一九八〇年代中頃までには、今般の債務危機が国際金融の崩壊をもたらさないとはっきりした。これら二つの危機の結果が異なった理由は四点あげられる。第一に、IMFやBISといった既存の組織の活用によって各国の協調が容易になったこともあり、一九八〇年代の初めには、債権国政府が一九三一年当時よりもはるかに有効な対応策を打てた。[43] 第二に、アメリカはどちらの時代においても国際金融で支配的な地位を占めていたが、一九三一年当時はリーダーシップを発揮するのにほとんど興味を示さなかった一方で、一九八〇年代初めにはリーダーシップを発揮したということもある。一九八〇年代はじめにアメリカが断固たる行動をとった最も重要な理由は、債務のうち米銀の保有割合が群を抜いて高く、アメリカの金融システムが債務危機に対して極度に脆弱であったからである。一方それとは対照的に、一九三〇年代はじめには、ヨーロッパやラテンアメリカの債務を債券の形で個人保有していたアメリカ人は多数いたが、彼らの損失がアメリカの金融システム崩壊の脅威にはならなかったのである。(44)

第三に、一九三一年の金融危機では中欧、日本、ラテンアメリカの主要債務国は、構造調整よりもデフォルトを選択したが、一九八〇年代初めのラテンアメリカ諸国政府は、デフォルトのコストが一九三一年当時よりもはるかに大きなものであることを認識していた。西側諸国政府の強硬な姿勢は、デフォルトが貿易制裁や資産凍結をもたらす可能性をメキシコ政府に示唆するものであった。さらに一九八〇年代初めには(一九三一年の時とは異なり)、債務国は負債を抱えていたまさに同じ銀行から短期の貿易信用を受けていた。つまり、仮にデフォルトとなった場合、貿易金融の面からも深刻な金融危機に見舞われるリスクにさらされていた。(45)世界経済から分断される可能性に直面し債務国はデフォルトを躊躇したが、それは一九七六年のイギリス、一九八二年から八三年当時のフランスで政策立案者が厳格な為替管理の影響について考えをめぐらせていたのと同様である。「デフォルトは、まったく意味がなかった。我々は世界の一部である。食料の三割は輸入だ。(46)ただやみくもに『あとのことなんて知ったことか』とは言えない」とシウバ・エルソグは指摘した。

一九三〇年代と一九八〇年代の金融危機が異なる結果になった第四の要因は、一九八〇年代のはじめには、債権国・債務国のいずれにおいても新自由主義的な考え方が優勢だったことである。主流派による安定化プログラムを熱心に推し進めたことにも現れているように、(47)レーガン政権の新自由主義志向は、一九三〇年代の初め、フランクリン・ローズヴェルト大統領が自由主義的な主流派の政策を拒否したのと対照的である。債務国側にも同様のことが言える。一九三〇年代の債務国は、一九三一年以前に主流であった自由主義的な政策を次々と放棄していた。一方、一九八〇年代には、ラテンアメリカの政策立案者の間で、新自由主義思想への関心が高まっており、一九八二年以降、IMFによる緊縮政策と自由化政策が受け入れられやすかった。ラテンアメリカでは、先進工業諸国と同様、一九八〇年代の経済危機を契機に新自由主義路線への転換が推進され、それまで優勢であった構造主義理論への支持が弱まった。新自由主義はまた、債務危機の際に政府の政策に強い影響を与えた銀行、世界に目を向けるビジネスリーダー、金融当局者からも特段の支持を得ていた。[48]

債権国・債務国双方における新自由主義の台頭は、それによって、債務危機を解決する代替策が排除されてしまったという点でも重要である。ロペス・ポルティーヨ陣営の左派的な政策顧問が期待していたのは、資本逃避を抑え、資本を自国に戻すための規制措置によって、メキシコの債務危機を緩和することであった。これは、かつて一九四七年の為替危機の際、西ヨーロッパ諸国政府が規制措置に期待していたのと同じである。ラテンアメリカの多くの国では、それぞれの対外債務とほとんど同規模か、場合によってはそれを上回る民間資産があった。つまり債権国との協調の下、逃避した資本を自国に強制的に引き戻すことは、一部の国にとっては危機解決のために選択可能な代替策になり得たのである。アメリカの経済学者デイヴィッド・フェリックスは、こうした戦略の積極的支持者のひとりであるが、彼は「債務危機の調整負担を富裕層と貧困層とで分け合ううえで、外国にある資産の活用は、IMFが押し付けた政策と比較して、より公平な方法であろう」と述べている。[49] しかしながら、新自由主義思想が優勢となっている以上、この介入主義的アプローチが実施される見込みはほとんどなかった。フェリックスよりも主流派に近い経済学者が強調したのは、一九四七年当時と同じく、「資本逃避は問題の根源というよりも、むしろ経済的な問題が内在している兆候とみるべきだ」ということであり、BISのような機関から債務国が助言されたのは、逃避資本の還流を望むならば「国内の経済問題を解決」すべきというものであった。[50] 一九八二年のロペス・ポルティーョ政権、一九八七年のペルーのアラン・ガルシア政権を例外とすれば、債務国政府は、こうした意見に強く反対しなかった。[51] スーザン・ストレンジが指摘するように、ラテンアメリカからの資本逃避を止め、資本を還流させるための規制措置の検討を債権国と債務国が拒んだのは、債務危機の歴史上、そして金融のグローバル化の歴史上、重要な「非決定」のひとつだと考えられる。[52]

一九八二年の債務危機は、一九七四年の時と同様、国際銀行業務を監視・規制する新たなレジームをさらに強化する契機になった。とりわけ、危機をきっかけにして、銀行規制当局は、国際銀行業務における健全な自己資本比率の必要性を重視するようになった。危機の後、ヴォルカーは、銀行の適正な自己資本についての国際基準をバーゼル銀行監督委員会主導で協議するよう働きかけた。[53] しかしながら、いかに資本を評価するかという問題について、BISでの協議は不調に終わり、協定の進展は米英二カ国に委ねられた。一九八六年九月、FRBとイングランド銀行の代表者が協議を開始し、翌八七年一月には、銀行の適正な自己資本比率基準に関する二国間合意がまとまった。BISに加盟するその他の中央銀行当局者は、この新しい基準を受け入れない限り、ニューヨーク、ロンドンという重要な市場から締め出されてしまうのではないかと懸念し、一二月までには、バーゼル委員会の中で、ひとつの合意に達した（正式に調印されたのは一九八八年七月である）。その合意内容は、BIS加盟中央銀行がその管轄下にあるすべての銀行に対し、一九九二年末までにリスク調整後の自己資本比率八％を一律に満たすよう取りはからうというものであった。[54]この合意は、正式に実施される前でも「銀行幹部の心理に急速かつ大きな効果」を与えたと言われており、「金融市場の規律を強制的に高める重要な手段」となった。[55]

一九八二年の債務危機はまた、国際金融市場の証券化の流れも加速させた。銀行は証券市場におけるオフバランス取引〔訳注3〕を通じて減益を埋め合わせようとしたし、一般企業にとっては、問題を抱えた銀行から借りるよりも、資本市場で資金を調達したほうが安価だった。技術進歩、利子率・為替レートの乱高下、そして証券市場取引を選好する日本の債権者の出現によって、一九八〇年代における証券化の流れは勢いづいた。国際的な証券取引の拡大は、国際金融の安定性に対し重大な意味をもった。一九七〇年代から八〇年代初頭にかけて、国際金融危機を抑制・防止しようとする試みは、国際的な銀行取引にのみ集中していた。しかしながら、危機に脆弱であったのは、この新たな証券市場も変わらなかったのである。

第三節　一九八七年の株式市場の暴落

一九八七年の世界的な株式市場の大暴落によって、証券市場の脆弱性が明白となった。先進工業国間の大きな経済的不均衡は一九八〇年代後半までに明らかになっていたが、この不均衡はこれ以上持ちこたえることができないと市場の信頼をなくしたことが主因となって一九八七年の危機が生じた。第七章で論じたように、一九八二年以降、一国だけで行った大幅な景気拡大とドル高によって、アメリカには巨額の経常収支赤字が発生した。それは海外の民間資本によって埋め合わされていたが、一九八〇年代半ばになると、アメリカで保護主義的な風潮が強まりつつあったため、西ヨーロッパや日本の政府同様、アメリカの政策立案者も経常収支赤字を懸念し始めていた。一九八五年九月には、ドル安誘導によってアメリカの経常収支赤字を削減しようとするプラザ合意が主要先進工業国間で成立した。[56] レーガン政権の政策立案者が望んだのは、ドル安によって、これまで同様、アメリカの貿易収支を改善することだけではなく、アメリカの対外赤字の調整負担を、主に外国人に引き受けさせるよう仕向けることだった。「ドル安誘導」に期待したのは、それによってアメリカの対外債務を減らし、外国政府による景気拡大政策の導入を間接的に刺激することであった。各国が拡張政策をとれば、自国の成長を妨げることなく、アメリカの赤字を削減できる。[57]

当初、このアメリカの戦略は成功したが、一九八七年のはじめには問題に直面するようになる。民間投資家が、膨らみ続ける損失と改善の見られないアメリカの経常収支を懸念するようになり、アメリカから投資を引き揚げ始めたのである。アメリカは、ドル暴落が手に負えなくなってしまう事態を恐れ、一九八七年二月、ルーブル合意に調印した。それは外国の中央銀行と協調してドルを防衛するとともに、外国が貿易赤字の主因とみなしていた財政赤字の削減に同意するものであった。[58] しかしこうした試みは、市場を落ち着かせるにはほとんど効果がなかった。特に日本の投資家は、対米投資を大幅に減らし続けた。実際、一九八七年の八月から九月までに、日本は一九八〇年代初頭以来、初めて資本の純輸入国になった。[59] 各国の中央銀行は、巨額のドル買いによって資金ギャップを埋めていたが、アメリカが財政赤字を減らそうとする兆候をほとんど示さなかったために、各国中央銀行も市場参加者も次第に神経をとがらせるようになっていた。

一〇月中旬になると、世界中の株式市場が暴落した。暴落の直接的なきっかけは、世界規模での最適な調整手法をめぐって、西ドイツの財務大臣とアメリカの財務長官の意見対立が白日の下にさらされたことであった。公表されたアメリカの貿易赤字が予想以上に大きかったことも暴落の一因となった。東京市場に始まった暴落は、世界中で急速に広がった。それは、世界各国の証券市場相互の新たなつながりを示すものであった。ユーロ市場や他のクロスボーダー投資からの大規模な引揚げに見られるように、株式市場の暴落は、他の国際金融市場への信認も低下させた。[60] しかしながら、差し迫った危機は一時的なもので終わった。なぜならば、BIS加盟中央銀行が主要な証券会社を一社たりとも破綻させないように、証券市場への資金注入を即座に実行したからである。さらに、日本の大蔵省は、国内の四大証券会社に東京市場の崩落を食い止めるよう指示した。これが世界の市場の安定化に功を奏した。世界的な暴落が「東京で始まり、東京で終わった」という見解もあった。[61] 市場はなお神経質な動きを示したが、これら二つの行動によって、その後数か月はいくらか平穏であった。一九八七年後半、レーガン政権と議会は(株価暴落を受けて)財政赤字を二三〇億ドル削減することで同意した。一九八八年一月には、積極的にドルを防衛しようとする中央銀行の行動を目の当たりにし、市場参加者は主要な経済大国が今回も本気で協調していると確信した。

一九八七年の株式市場暴落を通じて、日本の金融大国化が明らかになった。日本は新たな債権国としての地歩を固め、アメリカをはじめとする各国は、日本からの資本輸出に大きく依存するようになった。日本の金融システムの自由化・規制緩和も日本の金融市場・金融機関の国際的な存在感を高めることとなった。東京株式市場が世界の市場との一体化を進めると、その規模の大きさから、外国の金融アナリストは、東京市場の動向をこれまで以上に詳しく追わなければならなくなった。

一九八〇年代後半までに、東京市場は、世界の株式市場の時価総額に占めるシェアでニューヨークを上回るようになった。日本の金融機関が国際的な地位を高めているとはっきりしたのは、暴落のほんの二カ月前のことだった。このとき、日本の銀行はシンジケートを組んで、バンク・オブ・アメリカの劣後債〔訳注4〕を大量購入し、資金難から救済した。世界の金融機関の規模を株式時価総額で順位づけすると、一九八八年には、上位二五社を日本の金融機関が占めていたのである。(62)

それでも一九八〇年代後半は、日本がアメリカに代わって世界経済のヘゲモニーを握る金融大国であるとは言えなかった。ドルはいまだに世界で支配的な通貨であった。そして、アメリカの金融市場（とりわけ短期国債市場）は、規制が少なく、流動性があり、先進的であるという他では見られない特徴から、国際的な投資家にとって、依然として最も魅力的であった。(63) しかし、一九八七年の大暴落によって、金融面で主導的な行動をとろうとする日本の意欲が明らかになった。一九八〇年代、突如として金融の自由化に関心をもったことにも当てはまるが、こうした「新興」ヘゲモニー国としての行動には、日本の債権国としての地位も反映され、その地位ゆえに、グローバル金融の安定に強い関心を示すことになった。また日本が経済や安全保障面でアメリカに幅広く依存していることも、暴落直後にアメリカの金融面における安定性回復に特別な関心を持つ要因になった。(64)

一九七四年と八二年の危機がきっかけになって、将来的な国際金融危機を防ぐための監督・規制レジームが確立したが、一九八七年の株式市場の暴落もまた、このレジームを国際証券市場にまで拡張する必要性に関心が集まる要因となった。この分野では、危機以前からいくつかの対応策がとられていた。アメリカ証券取引委員会は一九八〇年代中頃、証券取引に関する国際協調規制に向けてすでに動き出しており、不正行為の機会を減らすと同時に、海外における規制の未整備によってアメリカ市場の競争力が低下しないようにしていた。[65]この目的を達成するため、一九七四年に一つの組織が設立された。それが（当初は違う名称であったが）証券監督者国際機構（IOSCO）であり、ラテンアメリカ諸国の証券市場を発展させるため、南北アメリカの証券規制当局をまとめ上げた組織である。だがアメリカは一九八四年になると、この組織を証券規制当局の世界的なフォーラムへと転換することに成功し、モントリオールに常設の事務局を設置した。[66]一九八六年、この組織はアメリカ支援のもと、参加国が情報共有に努めるという宣言を採択した。暴落の二ヵ月前には、協調的な国際規制を議論するため、世界の主要な証券規制当局の高官で構成された専門委員会が初めて開催されていた。[67]一九八七年の暴落が大きなきっかけとなって、さらなる動きがあった。IOSCOのある文書によると、暴落によって「明らかになったのは、各国市場の展開次第で証券会社は潜在的な資本リスクを抱えるということ、そして証券会社の健全性を監督する適切な規制の枠組みがすべての市場で必要だということである」。[68]銀行部門の規制当局と同様、米英証券当局は、先頭に立って規制策を実施した。両国はそれぞれ、他の西ヨーロッパ諸国やカナダ、日本と二国間の覚書を交わし、連携しながら情報の共有と証券規制の強化を推進することで合意した。[69]トニー・ポーターによると、イギリスとアメリカは、一九九一年までに世界の証券規制当局の間で締結された三一の二国間協定のほとんどすべてに関わっていた。[70]IOSCOは、こうした協定の監視に加えて、一九八七年一二月に銀行業界で合意された最低自己資本比率と同等のものを、すべての証券会社に課す必要があるかどうか、一九八八年に協議を開始した。BISの銀行監督委員会は、この議論を強く推進するとともに、指南役を買って出た。市場参加者が新たな銀行規制を回避するために証券市場を利用しようと試みるのではないかと懸念したからである。IOSCOは、一九八八年からG10の証券規制当局との合同会議を開催し、各国の証券・銀行当局の間で協議・協力を進めるため新たな世界的なフォーラムの創設を訴えた。[71]

一九八〇年代における他のいくつかの構想もまた、グローバル金融の安定性を支えるレジーム強化に貢献した。バーゼル・コンコルダットが改訂されたのは、一九八二年のアンブロシアーノ銀行の破綻をきっかけとした金融危機から一年後のことである。この危機は、イタリア政府がルクセンブルクにあるアンブロシアーノ銀行の子会社救済を拒否したことに端を発する。そこで連結監督の原則を適用し、(受入国政府のみではなく) 受入国と銀行本店所在地国の両政府が海外子会社の支払能力に監督責任を持つことになった。監督責任は銀行持ち株会社にも拡張された。一九八三年以降、こうした変化が銀行本店の内部報告体系を強化・拡充することになったとポーターは指摘する。[72] しかしながら一九九一年七月、国際商業信用銀行 (BCCI) の経営破綻によって、この監督システムの弱点が明らかになり、銀行監督委員会は九二年七月、監督のための新たな「最低基準」を発表することになった。国際的な銀行は、本国の金融当局から連結ベースで監視されるようになったが、それは当局が外国の監督当局から自国の銀行の業務に関する情報を入手できるようになったということである。また、海外営業をしたければ、その銀行は、本国・受入国双方の事前合意を得なければならなくなった。[73]

一九八〇年代を通じて、BIS非加盟国 (特に規制の緩いオフショア金融センター) に対し、バーゼル・コンコルダットを導入するよう働きかける試みもなされた。一九八三年の改訂コンコルダットでは、あるひとつの条項が挿入され、自国の銀行が受入国で適切に監督されていないとみなされる場合、BISに加盟する銀行監督当局は、現地での活動を認めない権限が与えられた。BISからのより直接的な圧力だけではなく、この条項があったからこそ、G10以外の七五ヵ国の監督当局は、一九八四年にバーゼル・コンコルダットを承認したのである。[74] 一九九二年七月、BISの委員会が「最低基準」を公表した際、BIS非加盟国も基準導入を強く奨励された。その理由は、たとえ本国の監督当局から同意を得られなくても、受入国政府は、この基準に従って外国銀行の自国市場での活動を禁じることが認められたからである。(75)

金融のグローバル化における国家の重要性を軽視する人々は、新たな開放的国際金融秩序を瞬く間に崩壊させるような深刻な危機に対し、国際金融市場がどれだけ脆弱になってしまっているのか考慮していない。各国政府は、国際的な規制・監督だけでなく、最後の貸し手行動を通じて、そうした危機を防いできたのである。これまでの四つの章では、国家行動を促す数々の要因を明らかにしたが、そこでの議論は、なぜ国家が危機防止の役割を果たそうとするのかを説明するうえでも重要であった。

まずはじめに、アメリカは、BIS中心のレジーム形成を推進した時と同じく、一九七四年と八二年の危機の渦中でもリーダーシップを発揮したが、それはグローバル化を進めるアメリカの強い意思を示すものである。ここでのリーダーシップも、新たな開放的金融秩序に占めるアメリカの圧倒的地位によるところが大きかった。こうした地位にあるからこそ、アメリカは、大規模な国際金融危機を阻止しようとする力と意思の両方を兼ね備えることになったのである。一九七四年と八二年の危機の際、アメリカが国際的な最後の貸し手として行動するための力を発揮できたのは、米銀を管轄していたことによるところが大きい。なぜなら、米銀は一九八〇年代に至るまで国際市場で最も重要な民間金融機関であり続けたからである。(76)（一九八〇年代の自己資本規制の交渉で明らかなように）国際的な規制・監督の協議でアメリカがリーダーシップをとったところにも、アメリカの金融市場、民間金融機関の世界的な規模での重要性が反映されていた。ドルの重要性はもとより、こうして新たな国際金融秩序においてアメリカの銀行ならびに金融市場が中心的な地位を占めていたからこそ、アメリカはまた、この秩序の安定性維持に強い関心を示したのである。

グローバル金融の安定性を維持するため、イギリスと日本がこの時期に発揮したリーダーシップを分析すると、これまでの章で概説したとおり、両国が「ヘゲモニー国として」類似の行動パターンをとったことが明らかになった。（一九七四年と八二年の二つの危機でアメリカを支えたのと同様）BISレジームを強化する際に指導的な役割を引き受けるなかで、イングランド銀行が身をもって示したのは、〔過去を引きずる〕「後退期」ヘゲモニー国としての行動であり、これは一九六〇年代以降、イギリスがグローバル化を推進してきた行動とまったく同じであった。イングランド銀行は、国際金融センター・ロンドンの地位に影響を与えるグローバル市場を安定させるとともに、一九世紀後半にまで遡るイギリスの金融ヘゲモニーの伝統を維持することに尽力した。自己資本規制の協議の際、イングランド銀行で交渉の中心人物だった一人は、一九九〇年に次のように述べている。「イギリスの評価は多くの分野で低落した。しかしながら、我々イギリスには国際的威信を失っていないものが二つある。それはイギリス王室とイングランド銀行だ」[77]。一方、一九八七年の株式市場暴落の際、日本が果たした中心的役割は、一九八〇年代に日の出の勢いで金融大国となった日本のヘゲモニー国として「先走った」行動を端的に示している。八〇年代の急速な自由化がそうであったように、対外資産保有高の急増、およびアメリカとの特別な関係によって、さらにこの「先走り」に拍車がかかった。

アメリカやラテンアメリカの各国が債務危機時にとった行動はまた、金融面で新自由主義的思考が優勢となったことからも影響を受けていた。新自由主義理論はラテンアメリカで勢力を伸ばしていたが、それは当時、先進工業諸国でそうであったのと同じ理由による。すなわち、景気の減速によって既存の経済パラダイムへの支持が低下し、新自由主義が銀行家や世界に目を向けるビジネスリーダー、金融当局者の間で強い支持を得たのである。ラテンアメリカの政策立案者の多くが、新自由主義論者からの助言に従う必要性を認めるようになったのは、世界経済がますます結びつきを強め、開放的金融秩序が形成されるなかで、新自由主義に対する代替策として、資本移動規制の効果を高めようとしたり、デフォルトに踏み切ったりするような政策には政治的な困難が伴ったからである。

最後に強調したいのは、この時期、金融危機の回避に向けて協力するうえで、BIS中心のレジームが高度化・強化されたことにより、主要先進工業国の中央銀行が重要な役割を果たしやすくなったことである。このレジームの形成には長い道のりがあった。その起源は、これまでの章で取り上げた一九三〇年のBISの創設や一九六〇年代における相殺融資ネットワークの形成といった展開の中に見いだせる。一九七〇年代と八〇年代に生じた三つの大きな危機を経るなかで、さらなる危機を回避するため、最後の貸し手行動、規制・監督行為のそれぞれに関し、具体的な基準・ルール・意思決定手続きが次第に確立された。これらの規定は、市場の期待を動かし、情報の入手可能性を高め、協調方式を制度化するものであったため、中央銀行間協力を進めるうえで大いに役立った。同じように重要なのは、金融当局が潜在的な問題に対処しようと本気の姿勢を示すことによって、そうした規定が市場の動きを変え、民間の市場参加者の間で信認を醸成するのに大きく貢献した点である。ただし、このレジームの強さは誇張されるべきではない。というのも、レジームの強さが発揮されたのは、最後の貸し手行動や規制措置、そして監督行為を通じてグローバル金融の安定性を維持しようとする限られた役割に偏っていたからである。金融危機の阻止を目的とした、より包括的なレジームであれば、マクロ経済や為替レートに関する国際的調整といった重要な問題にも対処していただろう。実際、このレジームによって確立された規定のいくつかはまた、最後の貸し手行動を規定するルールに見られるように、まったく総論的なものにとどまっており、詳しい内容は明示されないままだった。[78]

　ＢＩＳレジームは、ますます開放的で自由化する国際金融秩序の維持を目的としていたが、それを実現するためには、限定的な方法でグローバル金融市場を再規制しなければならなかった。たとえば、国際取引を行う銀行に対し自己資本規制を一律に課すことで、規制緩和競争の動きの一部を効果的に抑制するという具合である。ブレトン・ウッズ体制の金融秩序は「市場対抗」(anti-market) 型規制を象徴していたが、ＢＩＳレジームの規制は金融危機の回避を目的とした「市場順応」(pro-market) 型であった。[79]とはいえ、規制さえなければ国際金融市場は円滑に効率よく機能するという考え方に対し、新自由主義者は疑いの念をほとんど持っていなかったが、このレジームを構築した中央銀行関係者は常に懐疑的だった。こうして、市場対抗型の規制から市場順応型の規制へと転換したが、ブレトン・ウッズ体制の世界が根底から覆ってしまったのはこれだけではなかった。このレジームの中心に置かれたＢＩＳという組織はまさに、ブレトン・ウッズ協定の下で解体されるはずだった。一九七〇年代から八〇年代にＢＩＳの重要性が増したことによって、「中央銀行の時代は過去のものとなり、中央銀行を基盤とした協調は何も生み出せなかった」とブレトン・ウッズ会議の場で述べていた人々の誤りが、ここに明らかになったのである。[80]

(1) たとえばSpero (1989: 129) を参照せよ。
(2) Bryant (1987: 153) およびSpero (1980) を参照のこと。
(3) Baltensperger and Dermine (1987: 70-71), Guttentag and Herring (1983: 5-6; 1986), Goodhart (1985). 金融システ

ムが危機を招きやすい理由に関して、詳しくは、Minsky（1982）を参照のこと。

（4）たとえばDale（1984）, Eichengreen and Portes（1987）, Guttentag and Herring（1983）, Kindleberger（1978）, Minsky（1982）を参照のこと。

（5）Kindleberger（1988: 44）.

（6）Kindleberger（1989: 215）.

（7）Kindleberger（1987b: 57）.

（8）Guttentag and Herring（1986: 19）.

（9）Spero（1980: 129）.

（10）リチャード・デブズの言葉。Spero（1980: 114）より引用。

（11）Spero（1980: 114）では、アメリカ当局者によるドルの信認への懸念が記されている。

（12）Spero（1980: 147-49, 150-52）.

（13）Spero（1980: 153）.

（14）Spero（1980: 155）より引用。

（15）Guttentag and Herring（1985: 31）. 合意の細目に関する議論については、Dale（1984: 178-79）やSpero（1980: 154, 156-58, 168-69）を参照せよ。

（16）Spero（1980: 112-16）.

（17）Guttentag and Herring（1985: 26）. 西ドイツの当局は、ヘルシュタット銀行を終業時間と同時に閉鎖した。それは、取引相手が同行にドイツマルクを支払った後、同行からそれに見合うドルを受け取る前であった（強調は原著者）。同行の海外の債権者は、複雑な法的措置を講じてようやく清算できた（Spero 1980: 112）。西ドイツ当局の決定がアメリカの銀行決済システムに問題を引き起こした点に関しては、Lepetit（1982: 252）を参照のこと。

（18）Guttentag and Herring（1983: 15）, Spero（1980: 159-66）, Dale（1984: 172-73）.

（19）Spero（1980: 164）. またEichengreen and Portes（1987: 61）にあるロバート・ゲミルのコメントも参照せよ。

（20）グローバル金融の安定性維持に関する集合行為問題についての議論は、Dale（1984）, Guttentag and Herring（1983:

11-16), Kapstein (1989), Bryant (1987: chap. 8) および Spero (1980: 185) を参照のこと。

(21) この規定に関しては Schloss (1958: 146-60) を参照のこと。第三条によると、BISの主要目的は「中央銀行間協力を促進すること」である。BIS設立を勧告した専門家たちによる一九二九年のプランでは、中央銀行間協力が「世界の信用取引構造の安定性を維持するのに不可欠」とされていた (Schloss 1958: 58 より引用)。当然ながら、この組織は、ドイツの賠償支払いに対処するという特定業務を目的として設立されたものでもあった。

(22) それぞれ三二条と三一条が対応している。

(23) Costigliola (1972: 604) より引用。

(24) Kraft (1984: 3) で引用されているアンヘル・グリアの発言である。

(25) Spero (1990: 181) から引用。

(26) Kraft (1984: 10). また Volcker and Gyohten (1992: 201, 203) にあるヴォルカーのコメントを参照のこと。

(27) Kraft (1984: 21, 23, 28-29).

(28) Kraft (1984: 39) から引用。

(29) Maxfield (1990: 111).

(30) Kraft (1984: 39) から引用。

(31) Kraft (1984: 40) から引用。

(32) Volcker and Gyohten (1992: 204).

(33) Volcker and Gyohten (1992: 204-5), Kraft (1984: 41).

(34) Maxfield (1990).

(35) Palma (1978: 906).

(36) Maxfield (1990: 143-46).

(37) Kraft (1984: 40). デラマドリの見解については Maxfield (1990: 152) を参照のこと。

(38) Maxfield (1990: 75, 146-48), Kraft (1984: 38). 興味深いことに、一九三〇年代初め、メキシコ大統領ラサロ・カルデナスが為替管理を導入しなかった理由のひとつもこれであった (Maxfield 1990: 72, 75)。

（39） Kraft（1984: 44）.

（40） テヨの発言は Maxfield（1990: 11）から引用した。また Kraft（1984: 45）を参照のこと。

（41） Lissakers（1991: 206-7）, Kraft（1984: 48-50）.

（42） Volcker and Gyohten（1992: 206）.

（43） 制度的アプローチも有効とされた。これは個別のケースに応じた債務繰り延べ方式であり、一九六〇年代から七〇年代にかけてパリ・クラブ〔訳注5〕に加盟する西側諸国政府によって開発されたものであった（Griffith-Jones 1988）。制度化の重要性に関して、さらに広範な議論については、Pfister and Suter（1987）を参照のこと。

（44） Lipson（1986: 224-25）, Fishlow（1986: 83）, Eichengreen（1991: 163-64）. 一九三一年の金融危機の引き金をめぐって、アメリカのリーダーシップの欠如を重視するものとしては Kindleberger（1973）を参照のこと。

（45） Eichengreen（1991: 163）. しかしながら Kaletsky（1985）によると、債務国はデフォルトのコストを過大評価していた。

（46） Kraft（1984: 4）. 一部の研究者が指摘しているように、（一九三一年と違って）一九八〇年代初めには、主要債務国が金融危機後数年間はそれを一時的であるとみなし、自分たちが「善き」債務者として行動していれば、いずれ国際金融市場に復帰できるであろうと信じていた（Griffith-Jones 1988; Fishlow 1986: 83; Kaufman 1990; Felix 1990: 759）。

（47） Kahler（1990）, Fishlow（1986）.

（48） ラテンアメリカにおいて新自由主義が台頭した意義とその政治力学については、Biersteker（1992）, Kahler（1990）, Ocampo（1990）, Nelson（1990: 12）を参照のこと。

（49） Felix（1985: 51）. 資本逃避に対して導入可能だった規制措置に関する議論は、ほかにも Diaz-Alejandro（1984）, Henry（1986）, Williamson and Lessard（1987: 139, 143, 196, 238-42）, Naylor（1987）にある。一九四七年から四八年当時との比較に関しては、Helleiner（1992a）を参照のこと。

（50） Cumby and Levich（1987: 51）および BIS（1984: 171）より引用。

（51） ペルーの事例については、Maxfield（1992）を参照のこと。

（52） Strange（1990: 264）.

（53） Kapstein（1989: 333）.

(54) Kapstein (1989; 1992) を参照のこと。

(55) ここで依拠したのは R. Preston and R. Waters, "Banks Aim for Stability and a Level Playing Field," *Financial Times*, December 31, 1992 およびＩＭＦによる一九九二年版の *International Capital Markets* であるが、後者は *IMF Survey*, November 9, 1992, pp. 345-46 に転載されている。

(56) プラザ合意に至るうえで保護主義の圧力が重大な意味を持ったことについては、Funabashi (1988: 15-16) を参照せよ。

(57) Kawasaki (1993), Funabashi (1988: 4), Henning (1987: 35), Destler and Henning (1989: 51).

(58) Funabashi (1988: 180), Destler and Henning (1989: 59).

(59) Helleiner (1989: 347).

(60) Davis (1989: App. 1), B. Riley, "Home Looked Safest," *Financial Times*, October 14, 1988.

(61) Murphy (1989: 73).

(62) 順位は *Euromoney* 誌による。また Helleiner (1992c: 41-42) を参照のこと。

(63) 金融大国日本の限界に関し、より広範な議論については、Helleiner (1992c, b) を参照のこと。

(64) Uekusa (1991: 24). この意味では、対外経済政策決定方式が「事後対応的」である (Calder 1988) ために、一九八七年の危機が起きて初めて日本はリーダーシップ行動をとることになったといえよう。

(65) Porter (1992b: 11).

(66) この組織の構造をめぐる議論については、Guy (1992: 292) を参照のこと。一九九〇年までには少なくとも五〇カ国が加盟することになった。

(67) Guy (1992: 294), Porter (1992b: 10-12). 専門委員会の参加国は、Ｇ７諸国に加えてスウェーデン、オランダ、スイス、香港、オーストラリアで構成されていた。

(68) IOSCO (1989: 8).

(69) *Financial Times*, February 8 and November 15, 16, 1988. 二国間の覚書のうちいくつかは、危機以前に締結されていた。

(70) Porter (1992b: 13).

(71) Porter (1992a: 6; 1992b: 14). 一九八八年のＢＩＳの年次報告書では、こうした世界的フォーラムが求められていた。これについては、*Financial Times*, April 5 and October 5, 1991 および *Economist*, October 26, 1991, p. 95 も参照のこと。そのようなフォーラムは一九九三年の年央段階で設立されていない。またこの時点では、証券会社に対し共通の自己資本比率を課すことに関する交渉も、うまくまとまっていない。

(72) Porter (1992a: 9). こうした変化については、Hart (1989: 99), Dale (1984: 174-78) も参照のこと。

(73) *Financial Times*, October 23, 1992.

(74) Porter (1992a: 7-8), Bryant (1987: 146). 一九七〇年代後半、八〇年代はじめに、バーゼル委員会は何度か国際会議を開催し、バーゼル・コンコルダットを採用すべしという圧力をかけていたが、会議にはG10諸国以外の銀行監督当局も招かれていた。

(75) *Economist*, July 11, 1992, pp. 72-74.

(76) 一九七四年の危機については Spero (1980)、一九八二年の危機については Strange (1987: 569) を参照のこと。

(77) ジョージ・ブランドン卿の発言であるが、David Lascelles, "Discreet Charm of the Bank," *Financial Times*, March 5, 1990 から引用した。

(78) Kapstein (1989: 330).

(79) 一九九二年四月、ジョージア州アトランタで開催された国際関係学会における二つの国際金融部会で、フィリップ・サーニーがこの適切な分類方法を発表した。

(80) Schloss (1958: 120).

〔訳注1〕「バーゼル・コンコルダット」(Basel Concordat) は「銀行の海外拠点監督上の原則」であり、銀行の国外活動監督に関し、現地当局と母国当局との間で責任を分担するもの。一九七五年九月に公表されたが、本章後述のとおり、アンブロシアーノ銀行の破綻をきっかけとした金融危機の翌年、一九八三年六月に改訂されている。「バーゼル・コンコーダット」とも言われるが、本訳書では財務省・金融庁・日本銀行の表記に準じている。改訂の経緯等に関する日本での研究については、渡部訓『バーゼルプロセス——金融システム安定への挑戦』蒼天社出版、二〇一二年に詳しい。

〔訳注2〕この発言をしたグリアは、のちにメキシコ外務大臣（一九九四～九七年）、財務大臣（一九九八～二〇〇〇年）を歴任し、その後OECD事務総長を務めた。

〔訳注3〕貸借対照表（バランスシート）に計上されない帳簿外の取引を「オフバランス取引」という。デリバティブ取引などの金融商品や、リース取引などが含まれる（金融辞典編集委員会編『大月金融辞典』大月書店、二〇〇二年、四九頁）。本書との関係に注目すれば、国際金融市場の証券化や金融取引の技術革新、資金調達のグローバル化などからオフバランス取引が活発化した。しかし、情報開示や透明性原則、時価会計基準導入の流れから、かつてはオフバランス取引とされていたものも、近年はバランスシートに記載されるというオンバランス化が進んでいる。

〔訳注4〕普通社債をはじめとした社債のなかで、債務の返済順位が劣るという劣後特約のある社債を「劣後債」という。債権者にとってはリスクの高い社債である一方、相対的に高い金利が設定される。しかし、劣後特約の内容は、個々の劣後債ごとに異なる（伊東光晴編『岩波現代経済学辞典』岩波書店、二〇〇四年、八一九頁）。本書との関係で言えば、劣後債は条件次第で自己資本として算入できることから、BIS規制（自己資本比率規制）の導入後、銀行は自己資本増強のために劣後債の発行を活発化させた（金融辞典編集委員会編『大月金融辞典』大月書店、二〇〇二年、五二二頁）。

〔訳注5〕債権国が債務国の公的債務返済問題を協議する非公式的なグループである。一九五六年のアルゼンチンの債務問題について、債権国がパリで協議したことを発端とし、事務局がパリにあるフランス財務省に設置されていることから、「パリ・クラブ」と呼ばれている。主要七カ国を中心に一九カ国で構成される債権国会議として組織されてきたが、債務国であるロシアが一九九七年に加盟した（金融辞典編集委員会編『大月金融辞典』大月書店、二〇〇二年、四三四頁）。債務に関する交渉を進めるにあたり、債務国はIMF融資を受けること、またはIMFの監視など何らかの形でIMFの関与が前提となり、詳細な条件は、債権国・債務国の二国間交渉の結果として締結される二国間協定によって確定される（岩本武和・阿部顕三編『岩波小辞典　国際経済・金融』岩波書店、二〇〇三年、二三五頁）。なお、本書では直接取り上げられていないが、民間金融機関が民間債務返済問題を協議する非公式的なグループもあり、「ロンドン・クラブ」と呼ばれている。

第Ⅲ章　結　論

第九章　貿易の管理と金融の自由化——国家行動の解明

　第二章から第八章までは、グローバル化の政治史を概観してきた。しかしながら、重要な問題が残されているので、この最終章で検討していくことにする。すなわち、なぜ各国は、多くの貿易制限措置を続けていた時期に、開放的で自由な金融秩序を受け入れてきたのかという問題である。近年の国家行動が貿易面と金融面で異なることをもって、金融面のグローバル化現象が事実上「政治を超えたところで生じている」根拠として提示できるという意見もあるだろう。貿易面では保護主義的傾向が続いているので、金融がグローバル化したのは、ただ単に、国家が市場圧力や技術進歩に直面し、グローバル化の波に耐えきれなくなったからにすぎないと思えるかもしれない。こうした見解に異議を唱えることが、本書の目的のひとつである。それゆえ、金融面における国家行動が貿易面と異なる理由について納得のいく説明をする必要がある。こうしたことを解明すれば、国際政治経済学の分野でより一般的な理論的貢献もなし得るだろう。最近、ロジャー・トゥーズとクレイグ・マーフィーが述べたように、国際政治経済学の分野でも国際貿易に関する研究は、他分野に比して、これまで「特別扱い」されてきた。なぜならば、国際政治経済学の理論モデルや概念の多くが、一九七〇年代から八〇年代における貿易部門の展開を説明するという特定の目的のために発展してきたからである。(1)しかし、国家行動は金融面と貿易面とで異なるため、金融のグローバル化を分析するには、こうした理論モデルや概念の一部は見直す必要があるだろう。個別具体的論点について言うと、貿易面と金融面の国家行動の相違が説明できれば、開放的で自由な国際経済秩序を形成し維持する国家の能力について、国際政治経済学の論争をより活性化できるだろう。

本章では、五つの観点から貿易面と金融面における国家行動の相異を説明する。はじめの四つは両部門の対比、最後の五点目は両部門の相互関係を論ずる。

第一節　集合行為の異なる力学

第一の観点は、貿易面において開放的で自由な国際経済秩序を形成・維持する際、集合行為問題が重要であるのに対して、金融面では、それほど重要にはならないというものである。これはマネー特有の可動性と代替可能性による。まず開放的秩序の形成にあたり、貿易面では各国が集団で自由主義のルールを守るのが前提となっているが、金融面においては必ずしもその必要がない。他の国々との協調ぬきに、ひとつないし複数の国家が、資金力のある金融市場参加者に一定程度の自由を与えれば、開放的な金融秩序の形成は可能である。スーザン・ストレンジは国際金融における国家と市場の「バランス・オブ・パワー」と表現したが、これを用いると、たとえば一九六〇年代にユーロ市場を支持することで、イギリスとアメリカは、他国と協調することなく、この「バランス」を市場側が有利になるように傾けることができた(2)。

国家はまた、資本規制を自由化する際も集合行為問題に直面しなかった。なぜならば、金融自由化の主要な利益は、国家が、自由きままに動くグローバル資本や金融ビジネスを自国内に誘致できることだったからである。集合行為というよりも協調しないからこそ、この利益を「享受」できる。したがって、他国と協調せずに自由化してもそれに伴うリスクはほとんどなく、だからといって規制し続けても、自由化に比べはっきりとした利益がそれほど多くあるわけでもなかった。これとは対照的に、開放的貿易秩序の主要な利益——外国市場への参入——を「享受」するには、外国の政府が貿易障壁を減らすか、撤廃する必要がある。したがって貿易の自由化には、金融自由化の過程では生じない「ただ乗り」行為や「囚人のジレンマ」問題が必然的につきまとうこととなる。実際、単独の金融自由化・規制緩和は、ジョン・プレンダーによると、他国を犠牲にして、自らの利益を開放的なシステムから最大限引き出そうとする国家の「重商主義」戦略のひとつであった。[3] 市場がますますグローバル化し、自由化が主要な金融センターで進められるにつれ、国家は規制緩和競争という戦場に放り込まれていた。ある研究者が指摘しているように、この闘いのなかで国家は「新たなグローバル金融市場での利益を確保するため、保護主義的な金融レジームを解体」しようとしていた。[4] そのような政策はグローバル金融センターで生まれる雇用、税収、為替取引に伴う多様な利益をもたらしてきただけでなく、財政赤字や経常収支赤字を賄う資金を世界中から自国市場に引き寄せる「吸引力」を高めてきた。さらには、マイケル・モランが指摘するように、グローバル金融センターを有する国家には、国際舞台での「威信がもたらす恩恵」もある。[5] 市場シェアをめぐる競争が激化すると、貿易面では介入主義的な政策が後押しされた一方で、金融面では自由化が推進された。なぜならば、リチャード・デイルの指摘にあるように、国家は市場参加者が「金融センター間の規制の差異に異常なほど敏感であること」に対応しなければならなかったからである。[6]

実際、こうした規制緩和競争が加速したことによって、ブレトン・ウッズ体制下の制限的な金融秩序が次第に解体していくのは必至となった。もしも主要国が単独で、または複数で一方的にそうした制限的な金融秩序から離れ、自由化と規制緩和のプロセスの先陣を切れば、他の国々は追随せざるを得ないと感じるであろう。第二次世界大戦後、アメリカとイギリスは、実際にそうした単独行動のパワーを見せつけた。さらに両国は、自由化政策を通じ、資金力のある市場参加者に特別な自由を与え、開放的な金融秩序の形成をより直接的に推し進めた。直接的・間接的手段を問わず、開放的な金融秩序を単独で生み出し、推進できる国が存在していたのであれば、そうした単独の自由化行動を防ぐ手立てが講じられない限り、ブレトン・ウッズの制限的金融秩序がいずれ衰退するのは避けられなかった。このように、金融面における集合行為の問題は、貿易の場合と質的に正反対であった。金融面の集合行為問題は、開放的な金融秩序の形成というよりも、閉鎖的な金融秩序を維持する場合に発生した。具体的に言えば、国家は単独で金融市場の自由化を進めることで、自国の金融システムが「ただ乗り」で利益を享受しながらも、閉鎖的な金融秩序のもたらす利益（たとえば政策の自律性の向上、より安定的な為替レート）にあずかろうとするものなのである。

政策立案者が、開放的で自由な金融秩序を形成するうえで集合行為問題に直面しない場合は、その維持の際にも直面しなかった。一方、貿易面ではいずれの場合でも集合行為問題に直面した。開放的な貿易秩序を維持するには、各国が関税障壁を高めて閉鎖的な動きに出るのを抑える何らかの手立てが必要になる。しかしながら金融を抑制するのは困難であり、閉鎖に向けた規制措置がうまくいくのは、各国が完全な為替管理あるいは協調的為替管理という手段をとる場合だけである。戦後の経験が示すとおり、いずれの選択肢もとられる可能性は低かった。一九七〇年代後半や八〇年代前半にはっきりしたように、厳格な為替管理の実施に伴う膨大な経済的・政治的コストのため、各国が単独で閉鎖に向かうことはなかった。[7] 協調的金融規制はより効果的な戦略のはずだが、一九四〇年代後半と一九七〇年代前半のアメリカ、一九八〇年のイギリスとスイスが実際にそうしたように、主要国は、単独でもグループでも、その戦略をいともたやすく拒否できる。実際、金融面の閉鎖を実現するには各国の協調的取組みが最も有効な手段であるため、金融面における集合行為の力学は、この場合も、貿易面のものとは逆となった。金融面では閉鎖的秩序を形成する場合に集合行為の力学が作用するので、開放的秩序の維持よりも、閉鎖的秩序の形成のほうが困難になったのである。この力学から、国際金融の常態が閉鎖的ではなく開放的になりがちであると分かる。

第二節　中央銀行当局者——国境を越えた知識共同体の萌芽

金融面の集合行為問題は、貿易面と同じような形では存在しないが、それでも、最後の貸し手機能、監督・規制措置といった金融危機を防ぐために必要な行動では、それが現実問題になった。[8] 前章で論じたように、一九七〇年代や八〇年代にこれらの問題を解決した方法のひとつは、BISを中心としたレジームの強化であった。なぜそのようなレジームの強化が可能だったのだろうか。しかも、戦後の貿易レジームがあまり強力には見えなかった時期に可能だった理由は何だろうか。主な理由のひとつは、通商官僚と異なり、各国の中央銀行当局者がグループをなし、ピーター・ハースの言う「国境を越えた知識共同体」に近い存在になっていることである。[9]

ハースによると、このような共同体のメンバーは、「妥当性に関する共通の考え方や共通の政策目標」を有するだけではなく、「一連の価値判断や因果律の理解」でも一致しており、それによって、国際政治の舞台における協調行動が育まれた。[10][訳注1] もちろんこの指摘が中央銀行当局者に完全に当てはまるわけではないが、各国の通商官僚と比較すると、こうした傾向が強い。価値判断に関して言うと、自由貿易の必要性について通商官僚が常に合意しているわけではないのに対して、中央銀行当局者の間では、国際金融の安定性を維持する必要性が議論になることなどほとんどなかった。実際のところ、一般市民でさえ、国際金融の安定はほとんど議論の余地がない公共の利益であると考えてきた。因果律の理解について言うと、この場合も中央銀行当局者は、国際金融の安定を持続するには中央銀行間協力が不可欠であるという考え方で長きにわたり一致してきた。[11] フレッド・ハーシュが述べているように、中央銀行当局者は自らを、国際金融の安定に取り組む「国際的友好団体ともいうべき組織の一員」と考えている。[12] こうして価値判断と因果律の理解が共有されるようになり、その結果、中央銀行は長らく共通の政策プロジェクトに取り組むことになったのである。[13] 実際、BISが一九三〇年に設立されたのも、中央銀行当局者がこうした共同プロジェクトに取り組みやすくするためだった。BISの年次報告書一九三五年版によると、BISには、国際金融問題について「頻繁な会議や訪問、継続的な情報交換、協議ならびに合同会議」を促進するという目的があった。[14] 中央銀行間の共通政策プロジェクトのきっかけとなったのは、ほとんどの場合、大規模な金融危機だった。[15] BISは一九二〇年代末における金融恐慌に対応すべく設立された。設立時と同様、一九六〇年代にBISが復活したのも、一九六〇年のドル危機がきっかけだった。BISレジームを強化するいずれの構想も、一九七四年、八二年、八七年に発生した三つの大きな危機に触発されたものである。

共同体のメンバーが「何が妥当なのかという考え方」を共有していなければ、共通の政策プロジェクトは混乱してしまう。一九二〇年代、中央銀行当局者は協調の必要性について価値判断では同意していたが、バリー・アイケングリーンのいう「共通の概念的枠組み」がなかったために、協調の実をあげることはできなかった。[16] BIS設立当初の最も重要な目的の一つは、まさに、「金融の基本原理を体現する国際的組織を発展させ、金融に関する理論、問題認識、実務について、最大限可能な範囲で合意できるようにすること」であった。[17] 中央銀行当局者は、通商官僚と比べ、三つの理由から、こうした目的が達成しやすい状況にあった。第一に、国際金融の問題がより複雑に見えるため、この分野には高い「参入障壁」があること、そして世界各国の中央銀行当局者が似たような学歴・経歴を有することである。[18] 第二に、「何が妥当なのかという考え方」について中央銀行当局者が共有しやすいのは、通商官僚と比べて在職期間が長いからである。第三に、これまで国際金融危機の経験を分かち合ってきたため、世界各国の中央銀行当局者にとって共有すべき教訓が明確であったからである。とりわけ一九三一年の危機では、ほとんどすべての地域の中央銀行当局者が最後の貸し手による行動の必要性を確信した。イーサン・カプスタインの指摘にもあるように、一九七四年の危機は、先進工業国全体で銀行監督当局の考え方に「パラダイム・チェンジ」をもたらした。[19] 要するに、ヴォルカーが言うとおり、中央銀行当局者は「経験・職歴・研修」が共通しているため、「相互理解と親近感があり、誰とでもやりとりできる特色と言ってもいいような傾向」がある。彼は、債務危機下において中央銀行当局者が果たした役割を説明するなかで、「我々がこの緊急事態の特質を話し合うのに多くの時間をかけずにすんだのは確かだ」と語った。[20]

知識共同体モデルは、中央銀行の行動を完全に説明するものではない。カプスタインの指摘にあるように、中央銀行当局者が完全に機能する「国境を越えた知識共同体」を構成するには、「国際銀行業務について理論と経験に裏打ちされた強固な知識体系」をさらに発展させなければならないであろうし、国内の政治的圧力から独立して行動できると保証されなければならないであろう。[21] ここで述べたかったのは、各国の中央銀行当局者が通商官僚と比べ、「国境を越えた知識共同体」に近いという理由もあって、通商官僚よりも協調的に相互交流しているということにすぎない。さらに付け加えれば、カプスタインが言うように、「たとえ中央銀行当局者がいまだに知識共同体になっていないとしても、次第にそうなりつつある」ということである。[22]

第三節　貿易・金融面における国家のパワーと関心の違い

ＢＩＳレジームの強さと影響力の要因として、中央銀行間の相互関係が類い希な役割を果たしたことと同様に重要なものがある。それは、（カプスタインが強調しているように）ＢＩＳレジームの強化に向けてアメリカとイギリスが実践したリーダーシップだった。[23] 両国政府はまた、一九七四年と一九八二年の金融危機の際、「最後の貸し手」としてレジームの欠点を補っていた。より一般的にいえば、両国は一九六〇年代から規制措置を手段としながらグローバル化現象を促進してきた。一九八〇年代には、米英二国に日本が加わることになった。日本は国際金融の安定を維持するために徐々にリーダーシップを発揮するようになっていたのである。この三ヵ国の特別なリーダーシップは、同時期の貿易面ではほとんどみられなかった。
アメリカのリーダーシップは、国際金融におけるヘゲモニー国としての地位がなせる業だと理解してよい。アメリカは世界貿易での地位が低下する一方、国際金融では、一九八〇年代に至るまで中心的な地位を保ち続けた。新たな開放的国際金融秩序において、アメリカが構造的権力を有していたからである。構造的権力の源泉は、経済規模、金融市場の相対的な魅力のほか、この開放的秩序のなかで、アメリカの金融機関とドルの存在が突出しているところにあった。覇権安定論者の想定どおり、この圧倒的な地位が、アメリカに開放的で自由な国際金融秩序を推進する能力だけではなく、意欲をもたらした(24)。しかしながら、アメリカが金融のリーダーとして振る舞おうとする意欲を持ったのは、国際公共財の提供を保証しようとしたからではなく、国内外の制約が高まるなかで政策の自律性を維持するため、開放的金融秩序を利用しようという目論見があったからである。一九六〇年代から八〇年代までの間、アメリカの当局者の認識は、自国の増大する経常収支赤字と財政赤字を外国人が賄い、調整負担を引き受けるように仕向けるには、開放的で自由な国際金融システムにおける自国の圧倒的な地位が役立つというものだった。このように、近年アメリカは、貿易面よりも金融面において開放的で自由な秩序を推進するのに前向きであるが、そこには、ヘゲモニー国アメリカの地位が貿易よりも金融において長続きしているという事実が反映されている(25)。実際、貿易面のヘゲモニーの後退から問題が生じても、それらは、金融面のヘゲモニーを通じて解消されたのである。

金融面におけるイギリスと日本のリーダーシップも、覇権安定論に若干の修正を加えれば理解できる。金融の開放性にイギリスが関心を寄せるのは、クラズナーのいう〔過去を引きずる〕「後退期」[訳注2]へゲモニー国の行動の際立った事例と見なせる。衰退しつつあるヘゲモニー国は深刻な危機に見舞われることがなければ、ヘゲモニー絶頂期からの開放推進政策をとり続けるかもしれない。(26) 一九世紀後半の金融大国としての過去は、イングランド銀行、大蔵省、ロンドンのシティからなる複合体を生み出したが、イギリスの場合、衰退の原因は、この複合体が国内政治において力を持ち続けたことにあった。(27) 複合体は、一九三一年の危機と世界恐慌によって、スターリング・ブロックの保護主義化に沿う形で自らの利益を新たに見いだす必要に迫られたが、国際金融センターとしてのロンドンの地位を維持することにこだわっていた。(28) 一九四〇年代後半、閉鎖的なスターリング・ブロックの存続が非常に危うくなったとき、この複合体は、開放的で自由な国際金融秩序の擁護者として再び名乗りを上げたのである。二〇世紀はじめには、イギリスの貿易政策にも同様に衰退期の特徴が見られたが、金融面における衰退は一九四五年以降も政治的に持ちこたえることができた。なぜならば、ロンドンはユーロ市場によって、国際金融面で指導的地位を取り戻すためのメカニズムを手にしたからである。

一方、一九八〇年代の急激な金融自由化や一九八七年の株式市場暴落の際、日本が発揮したリーダーシップは、イギリスとは正反対の事例である。日の出の勢いの金融大国・日本は、金融面でヘゲモニーを獲得するより先にヘゲモニー国のように振る舞っていた。日本の貿易政策でも同様の動きがあったと言われるかもしれないが、以下の三つの理由で金融面の方がはっきりとしていた。第一に、日本は対外的な金融資産の急速かつ膨大な蓄積に伴い金融面で台頭したため、グローバル金融の安定性に短期間で関心を持つようになった。第二に、日本は経済や安全保障でアメリカに依存しており、円滑な二国間関係を確保するため、日本にはグローバル金融の開放性や安定性を支える強いインセンティヴが働いた。とりわけ、一九八〇年代にアメリカが日本の金融自由化を強く要求し始めてからは、その傾向にあった。最後に、日本国内において金融の規制緩和・競争・革新のサイクルが一九七〇年代後半に始まっており、金融自由化がより急速に進められたからである。

第四節　国内政治における金融自由化問題への低い注目度

貿易面と金融面における国家行動の相違について、四つ目に指摘したいのは、貿易自由化と比べ、金融自由化の問題が国内政治で注目されにくいことである。貿易の自由化に踏み切ろうとすれば、政治家や一般市民を巻き込んだ大きな国内論争が沸き起こるのは必至である。しかしながら、一九七〇年代、一九八〇年代に資本移動の自由化が決定された際には、争点にはならなかった。この違いがあるため、新自由主義的な経済政策の提唱者は、貿易面よりも金融面で自由化を進めやすかったのである。

金融自由化の問題が国内政治で注目度が低かったのは、国際金融の諸問題が高度に専門的で、複雑に見えることが一因である。一九三〇年代の初めのように大きな危機でも発生しないかぎり、国際金融の問題は、貿易の問題と違って一般市民や政治家の注目をほとんど集めない[29]。したがって、国際金融に関する政策立案では、政府内の金融専門家がかなりの力をふるうことになる。これまで見てきたように、一九七〇年代、一九八〇年代には、こうした専門家の多くが新自由主義的金融政策を一層熱心に提唱するようになった。グローバル化の時代において、「埋め込まれた自由主義」に基づく政策枠組みの維持が政治的に困難になったとき、新自由主義的な考えを受け入れた者もいた。あるいは一九七〇年代、一九八〇年代のスタグフレーションの状況下、「埋め込まれた自由主義」の考え方に対する信念が揺らぎ、ハイエク、フリードマンら新自由主義の大物知識人が当時積極的に推し進めた新しい考え方に引き寄せられた専門家もいた。[30]またこの当時、金融当局者間で国際的な連携が強まったことも、新自由主義的な考えが普及する重要な経路となった。

金融当局が国内でさほど制約を受けることなく、国際金融の政策課題に影響力を発揮できたと指摘した論者は少なくない。ケネス・ダムとジョージ・シュルツは、一九七〇年代の初め、アメリカ政府内において国際金融改革について議論を重ねていたが、この経験から彼らが学んだのは、「政府に関わりのある実業家やエコノミストは、財政政策や国内金融政策の問題ではけっして譲歩しないが、その彼らでさえ、国際金融の専門家には従う」ということだった。[31]同様に、ルイス・ポーリーによると、オーストラリアで資本規制の自由化が実施されようとしていた時、伝統的左派の労働党はその動きに反対すると期待されていたはずが、「他の問題に手一杯で」、「難解な問題の技術的な細部については、本当の意味で完全には理解できていなかった」という。[32]ロバート・テイラーが報告しているとおり、スウェーデンでも、資本規制の撤廃を強く推し進めた中央銀行総裁ベングト・デニスは、自由化の動きに対してさほど大きな国内論争も起こらず、拍子抜けしたのである。[33]

金融自由化の問題が国内政治で注目されにくい第二の理由は、貿易の自由化と異なり、資本移動の自由化で悪影響を直接受けるような、特定の目立った社会集団がなかったということである。金融の自由化は(ケインズとホワイトが明らかにしたように)一般市民に重要な影響があるけれども、悪影響を与え得るのはマクロ経済のレヴェルであり、そのため注目されにくい。レイモン・ベルトランによると、「資本移動の自由化を進めても、それが自由貿易の維持に比べて、さほどの対立も生まず、盛り上がらないのは明らかである。というのも、貿易制限は雇用や利益に対してすぐさま目に見える効果を与える一方、資本移動規制の影響は一般市民には注目されにくく、たいていの場合、専門家にとっても効果のほどがまったくはっきりしないからである[34]」。

金融自由化の生み出す国内政治の力学は、実際、貿易自由化の場合と真逆であった。貿易の自由化が一般的に議論を巻き起こす理由は、雇用の喪失というコストが容易にわかり、特定の人々に負担が集中する一方、消費者物価の低下という面からみた利益はそれほど明確でなく、薄く拡散してしまうからである。金融の自由化がそれほど議論にならないのは、ブレトン・ウッズ会議で取り上げられたようなコストがマクロ経済のレヴェルでは分散してしまう一方で、利益は国際的に活動する特定の個人や集団に直接もたらされるからである。多国籍企業や巨大金融機関の活動範囲が国際化するにつれて、当時その代表者たちが金融自由化を強く押し進め、国境を越えるマネーの移動に邪魔な規制を取り除こうとしたのは事実である。金融と貿易では自由化の生み出す国内政治の力学がこのように異なる点について、国連貿易開発会議〔UNCTAD〕は一九九〇年版の『貿易開発報告書』で以下のようにまとめている。

金融の開放によるコスト（政策の自律性の喪失や金融の不安定性の増大など）は全体に行き渡るものであり、特定の誰かに降りかかるわけではない。その一方で、利益は特定の経済主体（とりわけ国際的な銀行・証券会社や多国籍企業、投資家）に生じる。したがって、これら利益を受ける経済主体が金融の開放を求めて政治的圧力をかけても、大きな抵抗を受けることはない。貿易の分野では逆で、規制のコストを全体で負担し、その利益は特定のグループのものになる[35]。

第五節　自由な貿易と自由な金融取引——同床異夢

貿易面と金融面で国家の行動が異なる理由について、これまで述べてきた四つの説明では、貿易・金融両部門の違いに着目してきたが、最後は、二部門における国家行動の直接的な相互関係を指摘する。忘れてはならないのは、戦後、資本規制が重視されたのは「埋め込まれた自由主義」というイデオロギー上の理由だけではなく、戦後の自由貿易秩序と安定的な為替相場制度を投機的な資本移動から守るという願いがあったからこそである。戦後初期の政策立案者たちは、金融自由主義とブレトン・ウッズの貿易・金融秩序との間に内在する対立を認識し、金融自由主義の放棄を選択した。しかし一九七〇年代、一九八〇年代には、政策立案者たちは自由で開放的な金融秩序を推進しはじめ、当初の優先順位が次第に逆転していった。一九七〇年代初頭、政策立案者が気づいたように、金融の開放性はブレトン・ウッズ体制の為替相場制度と矛盾を来すようになっていた。本章の狙いとして、より重要になるのは、大規模で出入りの激しい国際資本移動に直面すると、戦後の自由貿易秩序の維持もますます困難になったという点である。

このことは、一九八二年以降、はっきりする。アメリカへの莫大な資金流入がドルの価値を押し上げたことによって、アメリカの競争力が低下し、国内から保護貿易政策を要求する声が高まったのである。ケインズが以前から指摘していたように、資本移動は「痛みを伴う」、「暴力的な」形で貿易パターンに調整を強いるし、こうした調整が行われれば、自由貿易は「促進」どころか「抑制」されることとなる。(36) 一九八〇年代後半までは、かつてのケインズとホワイトのように「自由貿易と資本自由化は対立するのかどうか」をめぐって活発に議論が行われていた。(37) イングランド銀行のある当局者が指摘するように、「私たちは、国際収支表でいう資本勘定項目の自由化を進めてきたが、その一方で財やサーヴィスといった経常勘定の自由化が犠牲にされてしまった」[38]。一九八〇年代の経験もあって、多くの人が戦後初期の貿易の急成長を支えたのは資本規制だったと訴えるようになった。ある金融ジャーナリストによれば、「貿易が拡大した〔戦後の〕『黄金期』は、資本移動を司るレジームが移動の自由を認めなかったからこそ実現した」のである[39]。

したがって、金融と貿易の違いだけでは、保護貿易主義が高まる時期に、なぜ開放的で自由な金融秩序への動きが起こったのかを説明できない。この点とともに重要なのは、自由な国際経済秩序を構成する諸要件が必ずしも矛盾なく並び立つものではないと考慮することである。アルベール・ブレッサンの指摘によれば、国際経済の異なる部門のそれぞれに自由市場原理が存在している。そしてそれらが「互いに矛盾なく成立するものと考えられている。しかし現実は違う。世界経済では今や様々な『見えざる手』が機能し、互いに対立し合っているように見えることが多い」[40]。

貿易でかなりの保護主義がとられていた時期に金融がグローバル化したからといって、金融グローバル化のプロセスはとにもかくにも国家の管理の及ばぬところで生じたのだという証拠にはなら**ない**。そういうことではなく、貿易と金融では国家の行動が異なるからこそ、金融はグローバル化したのである。それについては、五つの理由を述べてきた。第一に、マネーには可動性と代替可能性という特色があるため、自由で開放的な貿易秩序の形成・維持に伴う集合行為の問題が、金融面ではそれほど大きな意味を持たなかった。第二に、中央銀行の当局者は「国境を越えた知識共同体」に近い関係にあり、金融面での国家間協力が促進された。第三に、アメリカ・イギリス・日本という主要三カ国の金融面と貿易面におけるパワーと関心が異なっていた。第四に、金融自由化の問題は、貿易自由化と比較すると国内政治の中で政治家や一般市民からの注目度が低かった。第五に、金融部門と貿易部門の展開過程は直接的に関連している。すなわち、国家は、自由な金融秩序と自由な貿易秩序の両者を同時に維持するのが困難だったのである。

これら五つの説明があれば、貿易部門と金融部門における近年の国家行動の相違が理解しやすくなる。またこれらによって、国家が開放的で自由な国際経済秩序を形成・維持できるかどうかについて三つの大きな理論的問題にも光をあてやすくなる。第一に、五つの説明のうち三つが示唆しているとおり、国家が開放的で自由な国際経済秩序を形成し維持する際、それがどの程度容易なのかを分析しようとするならば、国際政治経済学者は、部門別の特徴が重要な意味を持つとより意識すべきである。貿易関係の研究が進められたことによって、多くの学者は、集合行為の問題が自由で開放的な貿易秩序の形成・維持を阻害するということで意見の一致を見ている。しかしながら、マネー特有の可動性と代替可能性があるため、金融の場合、集合行為問題の現れ方が、貿易面とは実際に逆になる。つまり金融面で集合行為問題に直面するのは、閉鎖的な秩序を形成・維持しようとする場合であり、開放的な金融秩序は単独行動と競争圧力によって生み出されたのである。ただし、開放性を維持するために協力が不可欠な領域がひとつある。それは大規模な金融危機を防止しようとする場合だが、この協調が比較的うまくいったのは、問題の主役である中央銀行当局者の特徴が功を奏した部分もあった。金融自由化の問題は国内政治で注目度が低いため、自由化を支持する人々が比較的干渉を受けずに目標を追求でき、貿易部門と比べて自由化を進めやすかったということもある。以上、要するに、国際経済のそれぞれの部門において、国家が自由で開放的な秩序を首尾よく形成し維持できるかどうかは、各部門特有の要件、すなわち商品の特性、主たる利害関係者の特徴、当該問題の政治的注目度に大きく左右されるということである。そうした重要事項が、自由で開放的な貿易秩序を形成し維持する時には不利に働くのに対して、自由で開放的な金融秩序の場合は、その実現を比較的容易にするよう機能するのである。

第二に、アメリカ、イギリス、近年では日本が、グローバル化のプロセスを特に支持しているが、このことは、開放的な国際経済秩序を形成・維持するにはヘゲモニー国の存在が重要だという見解にかなり強力な根拠を与えている。しかしながら金融面に注目した場合、覇権安定論にはいくつかの点で修正の余地があることも明らかとなった。アメリカのパワーは貿易面では低下しながらも、金融面では一九八〇年代に至るまで揺るがなかった。この事実からはっきりするのは、ヘゲモニーの概念を部門別に捉えない理論は退けるべきだということである。[41] またアメリカがグローバル化のプロセスを後押ししようとした意欲の背景には、政策の自律性を保持するという動機もあり、それは覇権安定論の亜流で描かれるほど善意に基づくものではなかった。[42] さらに付け加えれば、日本とイギリスが開放的で自由な国際金融秩序の推進で見せた並々ならぬ意欲を理解するには、国家の行動には、先走ったり、過去に引きずられたりする性質があることを考慮しなければならない。

第三に、貿易の自由化政策と金融の自由化政策との両立には困難が伴うとすれば、国際政治経済学者は、いかなる時代についても国際経済の全体像を表現する言葉として「自由な国際経済秩序」を用いる際には細心の注意が必要である。ブレトン・ウッズの制限的金融秩序が存在したことによって、戦後初期における自由な国際貿易秩序の形成が進んだ可能性が高い。同様に、自由な国際金融秩序の出現が、一九七〇年代、一九八〇年代における貿易の保護主義化を推進したのかもしれない。このように、自由な国際経済秩序を成立させる様々な要因は、分野が違えば適合しないことがある。そのため、自由な国際経済秩序という言葉は、国際経済全体のなかでの経済関係のあり方というよりも、国際経済の特定分野における経済関係のあり方を表現するためだけに用いるのが最も適切なのである。

（1）Tooze and Murphy（1991: 15-16, 25-26）.
（2）Strange（1986: 26）.
（3）Plender（1986-87: 41）.
（4）Dale（1992）. また Dale（1984: 21）も参照のこと。
（5）Moran（1991: 6）. また Pauly（1988: 176）も参照のこと。
（6）Dale（1984: 40）.
（7）Glyn（1986: 45）に見られるように、こうした戦略の支持者でさえ、為替管理が「厳しすぎるもの」と認めている。Duvall and Wendt（1987: 45）でも、国家が国際貿易と同程度には国際金融を管理してこなかった理由を説明する際、ここで指摘したコストが強調されている。
（8）第一章の注33を参照のこと。
（9）実際、Haas（1992: 7n6）では、「国境を越えた知識共同体」の重要性に関する全体的な議論の裏付けとして、ロバート・ラッセルが行った一九六〇年代の中央銀行の協調に関する研究（Russel 1973）が引用されている。
（10）Haas（1992: 16）.
（11）Kapstein（1992: 284）.
（12）Hirsh（1967: 219）.
（13）Kapstein（1992: 267）.
（14）Schloss（1958: 68）より引用。

(15) Kapstein (1989: 328; 1992: 268) でも、同じ観点から危機の重要性が指摘されている。
(16) Eichengreen (1992: 263). Clarke (1967) も参照のこと。
(17) Schloss (1958: 64) で引用されたＢＩＳの一九三五年版年次報告書による。
(18) 一九三五年版のＢＩＳ年次報告書によると、「中央銀行は（各国内の公衆衛生サーヴィス同様）、どの国も似たような専門家の集まりである」（引用は、Schloss 1958: 63）。
(19) Kapstein (1989: 328).
(20) Volcker and Gyohten (1992: 201).
(21) Kapstein (1992: 268).
(22) Kapstein (1992: 267-68).
(23) Kapstein (1992).
(24) たとえば Krasner (1976) を参照のこと。
(25) 一九世紀後半のイギリスや一八世紀のオランダの例にあるように、かつてのヘゲモニー国の辿った道は、このパターンの繰り返しである（Wallerstein 1980）。
(26) Krasner (1976: 341-43). また Moran (1991: 6) も参照のこと。
(27) Ingham (1984).
(28) ストレンジによれば、一九四五年のイギリス労働党政権によるイングランド銀行の国有化でさえ、「政策的にはほとんど完全に無意味な法案であった。それは、イングランド銀行の機能にも、イングランド銀行と政府の関係にも影響を与えられなかった。国内経済におけるシティの役割には変化がなかった」（Strange 1971: 231-32）。
(29) Krause (1971: 535), Bertrand (1981: 15, 17-18, 21), Bryant (1987: 152-53), Kapstein (1989: 332), Krasner (1978: 65), Duvall and Wendt (1987: 46).
(30) 実際フリードマンは、すでに一九五三年の段階で、「近年のインフレ」によって、新自由主義者のメッセージが以前よりも共感を持って受け入れられる「風潮が生まれる」かもしれないと予測していた（Friedman 1953: 179-80）。Hall (1989: 390-91) も参照のこと。

（31） Dam and Shultz（1977: 109）. また Odell（1982: 347）も参照せよ。
（32） Pauly（1987a: 83, 94）.
（33） Robert Taylor, "Riksbank Governor Turns Revolutionary," *Financial Times*, June 29, 1989.
（34） Bertrand（1981: 21）.
（35） UNCTAD（1990: 112）.
（36） 引用元については第二章の注39と40を参照。
（37） Richard Levich（1988: 218）より引用。
（38） Hamilton（1986: 237）より引用。また Gilpin（1987: 367）, Hamada and Patrick（1988: 130）, McMahon（1985: 180）, Wojnilower（1986）, Tobin in Patrick and Tachi（1986: 121）も参照せよ。
（39） *Financial Times*, October 25, 1987. Bienefeld（1989: 36）より引用。
（40） Bressand（1983: 761）. 同様の点は Winham（1988: 660）を参照のこと。
（41） Keohane（1980）も参照のこと。
（42） Krasner（1976）は、覇権安定論のなかでこの点に注目した重要な例外である。

〔訳注1〕「妥当性」（validity）や「因果律」（causal belief）については、本書二六頁および第一章訳注9を参照のこと。

〔訳注2〕原著者のヘゲモニーに関する見解については、第一章訳注6および「訳者あとがき」を参照のこと。

訳者あとがき

本書は、Eric Helleiner, *States and the Reemergence of Global Finance: From Bretton Woods to the 1990s*, Ithaca and London: Cornell University Press, 1994 の全訳である。

原著者エリック・ヘライナーは一九六三年生まれ。トロント大学で経済学と政治学の学士号、ＬＳＥ（London School of Economics）で国際関係学の修士号、博士号を取得後、現在はカナダ・オンタリオ州のウォータールー大学人文学部（Faculty of Arts）ならびに大学院バルシリー・スクール（Balsillie School of International Affairs）で国際政治経済学講座の主任教授を務めている。国際政治経済学、国際通貨・国際金融、南北経済関係、政治経済史を主な研究テーマとし、コーネル大学通貨金融研究叢書（*Cornell Studies in Money*）シリーズや *Review of International Political Economy*、*Policy Sciences* といった専門ジャーナルの編集に関わっている。またイギリス・ウォーリック大学国際金融改革委員会、金融安定理事会（ＦＳＢ）のガヴァナンスに関する諮問委員会の委員など、カナダ国内外の要職に就き活躍している気鋭の国際政治経済学者である。

『多国籍企業と企業内貿易』『南北問題の政治経済学』の著者として日本でも有名なジェラルド・ヘライナー（Gerald K. Helleiner）は彼の父であり、『地球環境の政治経済学——グリーンワールドへの道』（共著）が邦訳されているウォータールー大学環境学部教授ジェニファー・クラップ（Jennifer Clapp）は彼の妻である。

本書『国家とグローバル金融』はヘライナーの記念すべき第一作であるが、このほかに四冊の単著がある。

① *The Making of National Money: Territorial Currencies in Historical Perspective*, Cornel University Press, 2003.

② *Towards North American Monetary Union? The Politics and History of Canadian's Exchange Rate Regime*, McGill-Queen's University Press, 2006.
③ *The Forgotten Foundations of Bretton Woods: International Development and the Making of the Postwar Order*, Cornel University Press, 2014.
④ *The Status Quo Crisis: Global Financial Governance After the 2008 Meltdown*, Oxford University Press, 2014.

①は、いわゆる「通貨の地理学」に関わる業績である。中央の政治権力が領土内において外国通貨・地方通貨を廃し単一の国民通貨を完成・流通させる過程が国民国家、国民経済、経済主権の形成と密接不可分であったこと、この意味での国民通貨の確立は欧米主要国においてさえ、せいぜい遡って一九世紀の出来事であること、領土内通貨としての国民通貨は一九世紀以後（最近になって初めてではなく）常に、存立を揺さぶられてきたことを歴史的分析を通じ明らかにしている。

①を含めて、ヘライナーは長く「経済主権」に関心を持ち続けており、それはカナダの対米経済関係を念頭に書かれた②にも表れている。ブレトン・ウッズ時代の一時期を含め、なぜカナダは長きにわたり変動相場制を維持しようとしてきたのか、そしてなぜ今後も維持しそうなのか、一九世紀以後のカナダの為替政策を辿りながら論じている。

③、④は最近著であり、本書との関係についてはヘライナー自身が「日本語版への序文」で触れている。

これまで数々の優れた業績を残してきたヘライナーだが、単著の邦訳は今回が初めてである。国際政治経済学の立場からブレトン・ウッズ体制の形成と崩壊の過程を検証した本書は、今や当該研究領域で必読の基本文献であり、数多くの専門的研究書で引用されている。本書の内容や問題意識は、第一章で著者自身により手際よくまとめられており、「日本語版への序文」でも触れられているので、ここでは重要論点を簡単に確認しておきたい。原著出版から二〇年以上経過していることから、リーマン・ショックやユーロ危機といった国際金融の現代的課題は本書の議論の枠外にあると考える論者がいるかもしれないが、本書は国際通貨・金融ガヴァナンスの行方を考察するうえで、現在においても非常に重要な視点を提示している。

第二次世界大戦後の国際経済体制は、一般に「パックス・アメリカーナ」と称される。しかしながら当時のアメリカは、「自由・無差別・多角主義」のスローガンとは裏腹に、その圧倒的なパワーを用いて「開放的」で「自由な」システムを築いたわけではない。特に金融・資本取引に関しては、自由化どころか規制・管理が施され、それを通じて福祉国家を支える制度が模索された。

世界恐慌と第二次大戦を経た世界の課題とは、多角的な自由化原則を各国内のケインズ主義的経済政策といかに両立させるかであり、ブレトン・ウッズ体制は、(ジョン・ラギーが指摘するとおり)国際的な開放性と国内政策の自律性の同時追求をめざす経済レジームであった。ブレトン・ウッズ体制とは、一九世紀的な自由主義の単なる復活ではなく、「埋め込まれた自由主義」に基づく妥協的体制である、というのがヘライナーの基本的認識である。こうした体制は、具体的にどのような条件の下、どのような「政治的選択」がなされた結果、生成したのか。そして、なぜ崩壊したのか。

主流派経済学では、金融の自然な発展過程を規制・管理しようとする体制(ニューヨークの銀行家はしばしば「ニューディールのいかさまの仕掛け」と称した)の崩壊など必然的事態であり、金融自由化は望ましい結果である。金融は技術や市場の発展を背景に、政治を越えたところでグローバル化しており、それゆえ必然的プロセスと見なすのが主流派経済学である。

しかしながら、多くの論者が指摘するように、金融グローバル化は二〇世紀末以降に固有の現象ではなく、一九世紀末にはすでにかなりのグローバル化がいったんは進展しており、技術進歩や経済発展に伴う一方向的かつ不可逆的なプロセスとは言えない。本書においてヘライナーは、様々な研究書、公文書に言及しながら、「埋め込まれた自由主義」に基づく「妥協」についてはもちろん、それがのちに崩壊し金融がグローバル化したプロセスに関しても、アメリカをはじめとする主要国による「政治的選択」「政治的決定（非決定）」の重要性を浮き彫りにしているのである。

まず戦後の国際経済体制において資本規制策が採用された理由、先進工業諸国で自由な国際金融秩序の受入れが警戒された要因について、ヘライナーは以下のような事柄を挙げている。

第一に、世界恐慌後、アメリカをはじめ先進各国で、民間銀行・中央銀行当局者に対して、ケインズ主義志向の官僚・産業資本家・労働組合の新たな政治同盟が有力となり、「埋め込まれた自由主義」が実際に政治的影響力を持ったこと、第二に、自由な国際金融市場は安定的な為替相場システム、自由な国際貿易秩序と、少なくとも短期的には両立し得ないと考えていた人たちが銀行家を含め、数多くいたこと、第三に、経済の引締めよりも成長・拡大を優先すべく西ヨーロッパや日本が採用した資本規制を、冷戦期の安全保障上の理由からアメリカが容認したこと、そして第四に、一九四五年から四七年にかけての主要通貨の交換性回復の試みが、戦後の一時期、アメリカの対外経済政策を牛耳っていた銀行家の近視眼的行動によって失敗したことである。

それでは、「埋め込まれた自由主義」で「妥協」した、つまり協調的資本規制、為替管理という手段を留保していたはずの先進諸国がなぜ規制の解除、金融グローバル化支持に転じたのか。

ヘライナーによれば、第一に、時を経るとともにブレトン・ウッズ体制の維持に固有の政治的困難が伴うようになったこと、第二に、現（existing）ヘゲモニー国・アメリカ、衰退期ないし後退期（declining or lagging）ヘゲモニー国・イギリスがともに開放的で自由な国際「金融」秩序に（「貿易」秩序よりも）大きな利益を見いだすようになったこと、また新興ないし先走り的（rising or leading）ヘゲモニー国・日本もそれに追随したこと、第三に、「埋め込まれた自由主義」に代わり「新自由主義」がイデオロギーとして力を獲得し、国内の政治同盟、政治的力関係にも変化が生じたこと、そして第四に、ブレトン・ウッズ後も生き延びた国際決済銀行（ＢＩＳ）を中心として、大規模な国際金融危機を防止するためのレジームが形成され中央銀行間協力がより容易になったこと、以上が金融グローバル化を論じる際、見落としてはならない政治的要因である。一九七〇年代後半から一九八〇年代前半の重要な時期における主要国の政治的選択こそが金融グローバル化を後押ししたのであり、逆に言えば、ターニング・ポイントにおける選択の内容次第では、グローバル化のプロセスは違ったものになっていたであろうというのが彼の主張である。

さらには、こうしてブレトン・ウッズ体制の形成と崩壊、金融グローバル化の政治的プロセスを丹念に追った結果、従来の覇権安定論を越える論点を提示できたのではないかとヘライナーは述べている。

まず第一に、同じく「開放的で自由な国際秩序」といっても、貿易よりも金融のほうが（集合行為問題との関連で）秩序の創出も維持も容易であり、また開放的「金融」秩序と開放的「貿易」秩序は必ずしも両立しない可能性があるという点である。ヘゲモニーに基づく「開放性」を議論する場合、「金融」「貿易」など部門別に論じうること（あるいは論じるべきこと）を主張し、覇権安定論の分析視角を広げることとなった。

第二に、国際経済体制の安定や変容を見定める際、現ヘゲモニー国だけではなく、「後退期」（本書の議論では「過去を引きずる」という意味合いも込められている）ヘゲモニー国、さらにはヘゲモニー国としての利益を先取りしようとする新興国の政治的選択に着目することの重要性である。

本書の重要論点は以上のとおりであるが、ベンジャミン・コーヘンはヘライナーを、国際政治経済学におけるアメリカ学派、イギリス学派の議論を架橋する研究者と位置づけている。戦後グローバル金融システムに関する一九九四年の第一作、すなわち本書『国家とグローバル金融』以来、類い希なる技量をもって、詳細な実証分析・理論分析を進めると同時に、歴史・制度・思想の役割を正当に評価してきたというのがコーヘンのヘライナー評である（Benjamin J. Cohen, *Advanced Introduction to International Political Economy*, Cheltenham and Northampton: Edward Elgar, 2014, p. 78）。「埋め込まれた自由主義」「新自由主義」いずれの普及・拡大に関しても、ヘライナーは、ピーター・ハース的な「国境を越えた知識共同体」（transnational epistemic community）に一定の役割を見いだしており、こうした姿勢なども、コーヘン的な評価が生まれる要因であろう。

本書で扱われた時代には、現在様々な論者があらためて目を向けている。古くさい歴史などではなく、通貨・金融のグローバル・ガヴァナンスが揺れている今、まさに丹念に振り返られるべき時代ということであり、ブレトン・ウッズ会議から七〇年を機に日本でも注目すべき研究書が次々と出版されている。伊藤正直・浅井良夫編『戦後IMF史――創生と変容』（名古屋大学出版会、二〇一四年）、金井雄一『ポンドの譲位――ユーロダラーの発展とシティの復活』（名古屋大学出版会、二〇一四年）、西川輝『IMF自由主義政策の形成――ブレトンウッズから金融グローバル化へ』（名古屋大学出版会、二〇一四年）、牧野裕『IMFと世界銀行の誕生――英米の通貨協力とブレトンウッズ会議』（日本経済評論社、二〇一四年）などが重要な業績として挙げられるし、現代版「埋め込まれた自由主義」の可能性を探るダニ・ロドリック著／柴山桂太・大川良文訳『グローバリゼーション・パラドクス――世界経済の未来を決める三つの道』（白水社、二〇一四年）、国際秩序をめぐる米英の攻防を丹念に追ったベン・スティル著／小坂恵理訳『ブレトンウッズの闘い――ケインズ、ホワイトと新世界秩序の形成』（日本経済新聞出版社、二〇一四年）といった翻訳も、本書との関連で非常に興味深い内容である。

リーマン・ショック以後、通貨・金融のグローバル・ガヴァナンスをめぐり、実に様々な議論がなされてきたが、ヘライナー自身が新著で確認しているように、結局は「変化」よりも「以前と同じまま」という側面が目立つ。これまでのところ、アメリカの構造的権力の強さが示された格好なのかもしれない。二〇〇八年以後の状況とは、「不可逆的に見える傾向でも、永遠に続くことはない」ことを示す予兆なのか。それとも「大きな戦争でもなければ、大きな社会変化も来ない」という証左なのか（ロナルド・ドーア『金融が乗っ取る世界経済――二一世紀の憂鬱』中公新書、二〇一一年、二二六頁）。

混沌としたなか、私たちはヘライナー同様、歴史に学びながら、「国際金融の政治的基盤」「国家の政治的選択」の重要性を念頭に、ありうべき将来のグローバル・ガヴァナンスを模索するべきなのだろう。彼が言うように、金融グローバル化がその時々における政治的選択の結果であるならば、けっして「変えることのできない、また止めようがない現象」ではない。金融グローバル化が格差拡大の要因にもなり、また周期的に通貨金融危機を世界各地で引き起こして「悪魔の挽き臼」のごとく社会を災禍に巻き込んでいるのであれば、時間のかかる困難な作業とはいえ、その歯止め、あるいはオルターナティヴもまた政治的選択によって生み出すしかないだろう。現在のような金融グローバル化は、必然でも最善でもない。

ヘライナーも少なからぬ影響を受けたはずのスーザン・ストレンジは、かつて次のように述べていた。

将来のシナリオを描くことは、完全に受動的な決定論に屈服せず、立ち向かっていくための唯一の現実的な武器である。こんなふうに言ってしまいたいとあなたは考えるだろうか――「起こることは起こってしまうものだ。私が何をしても言っても、それを止めることはできない。世界経済の運命に何か影響を与えられる者などいない」。もしこの種の陰うつな宿命論に屈するなら、どんなに不愉快な未来が待ち受けていても、それは自分たちの責任である。（櫻井公人ほか訳『マッド・マネー――世紀末のカジノ資本主義』岩波書店、一九九九年、三二三―二四頁）

二〇一五年八月三日夕刻、猛暑の京都において、私と共訳者の山川俊和君、彼のゼミ生の三人で、初めてエリックに会った。気さくで温厚な人物だった。私たちの下手な英語に付き合いながら、『国家とグローバル金融』について、日本における「国際政治経済学」の系譜について、さらには日本の歴史や政治についても語り合った。真摯に耳を傾け、丁寧にコメントするエリックはたぶん良き教師でもあると思う（実際、カナダ・トレント大学で教えていた頃、学内の優秀教育者表彰を受けたこともある）。

会食の途中、アルバート・ハーシュマン（Albert Hirschman）の話になった。「なぜ彼に興味を持ったんだ？」とエリックに聞かれ、「彼の非決定論的スタンス、ポシビリズム（possibilism）に惹かれた」と答えた。ポシビリストのハーシュマンは、「可能性」の領域を見定めるため、過去の出来事も「必然性」のもとではとらえず、「意図せざる結果」そして「実現しなかった意図」にさえ目を向け続けていた。ハーシュマンの死後、分厚い伝記をまとめたジェレミー・エイデルマンはエリックの友人だ。「僕たちはこれからもポシビリズムでいこう」。少し酔いが回ってはいたが、「何も変わりそうにない状況の中に変化の芽を見いだす」という方向で意見は一致したと思っている。「変化の芽」を見落とさないためにも、社会科学を席巻する「囲い込み」運動とは一線を画さなくてはならない。

柴田茂紀君、参川城穂君、山川君の共訳者三人はいずれも私の学部ゼミの卒業生であり、今はそれぞれの分野で活躍する研究者である。ハーシュマンの『連帯経済の可能性』（法政大学出版局、二〇〇八年）に続き、私と卒業生との勉強会である「ポシビリズム研究会」のメンバーでまた共訳書を出せたことは本当に喜ばしい。翻訳の途中、懐かしく思い返していたのは、恩師・本山美彦先生やゼミの仲間とスーザン・ストレンジ『国際通貨没落過程の政治学――ポンドとイギリスの政策』（三嶺書房、一九八九年）を訳した日々である。四半世紀を経て、今度は自分のゼミ生とともに戦後国際経済体制研究の名著を訳す機会を得て、感慨無量である。

各自の担当章は巻末に示したとおりであるが、草稿から完成稿まで、ポシビリズム研究会の場で、あるいはEメールやオンライン・ストレージ・サーヴィス、電話なども使いながら、お互いの訳文の検討を何度も行った。また沼田隼人君（早稲田大学大学院政治学研究科大学院生）にも草稿に目を通してもらった（彼も矢野ゼミの卒業生である）。それでもまだ不備や誤訳・誤解があるのではないかと怯えているが、そうした点については、読者諸賢のご指摘ご叱正を賜りたいと思う。

翻訳の作業は途中で私が入院したこともあって、予定よりも大幅に遅れてしまったが、法政大学出版局の高橋浩貴氏には辛抱強く待っていただいたうえ、迅速かつ適切な編集作業を行っていただいた。また本書の出版企画にゴーサインを出していただいたのは、今は出版局を去られた勝康裕氏である。お二人の優秀な編集者がおられなければ、本書が世に出ることはなかったであろう。心から感謝申し上げたい。

二〇一五年八月　敗戦後七〇年の日に

訳者を代表して　矢野修一

索　引

英語略号

ア行

カ行

サ行

タ行

ナ行

ハ行

マ行

ヤ行

ラ行

参考文献

公的機関刊行物

Arthur Burns Papers, Ford Presidential Library, Ann Arbor, Michigan, Boxes 33, 34, 55, 65, 74.

Bank for International Settlements. 1984. *Fifty-Fourth Annual Report*, Basel: BIS.

European Commission. 1990. "One Market, One Money." *European Economy*, no. 44, special issue (October).

International Monetary Fund. 1972. Summary and Proceedings, Annual Meeting. Washington, D.C.: IMF.

International Monetary Fund. 1974. *International Monetary Reform: Documents of the Committee of Twenty*. Washington, D.C.: IMF.

International Organization of Securities Commissions. 1989. *Capital Adequacy for Securities Firms*. United Kingdom: Royal City.

League of Nations. Economic, Financial, and Transit Department. 1944. *International Currency Experience: Lessons of the Interwar Period*. Princeton, N.J.: Princeton University Press.（ラグナー・ヌルクセ著／小島清・村野孝訳［1953］『国際通貨―― 20世紀の理論と現実』東洋経済新報社）

Organization for Economic Cooperation and Development. 1966. Working Party Three, *Balance of Payments Adjustment Process*. Paris: OECD.

Organization for Economic Cooperation and Development. 1971. "OECD's Code for Liberalisation of Capital Movements." *OECD Observer 55*: 38-43.

Organization for Economic Cooperation and Development. 1978. *Regulations Affecting International Banking Operations*, Part I. Paris: OECD.

Organization for Economic Cooperation and Development. 1981a. *Controls on International Capital Movements: Experience with Controls on International Portfolio Operations in Shares and Bonds*. Paris: OECD.

Organization for Economic Cooperation and Development. 1981b. *Regulations Affecting International Banking Operations*, Part 2. Paris: OECD.

Organization for Economic Cooperation and Development. 1982. *Controls on International Financial Credits, Loans and Deposits*. Paris: OECD.

Organization for Economic Cooperation and Development. 1984. *International Trade in Services: Banking*. Paris: OECD.

Organization for Economic Cooperation and Development. 1987a. *International Trade in Services: Securities*. Paris: OECD.
Organization for Economic Cooperation and Development. 1987b. *Introduction to the OECD Codes of Liberalization*. Paris: OECD.
Organization for Economic Cooperation and Development. 1987c. *Structural Adjustment and Economic Performance: A Synthesis Report*. Paris: OECD.
Organization for Economic Cooperation and Development. 1991. "Liberalization of Capital Markets and Financial Services in the OECD Area." *Financial Market Trends* (June).
Organization for European Economic Cooperation. 1954. *Fourth Annual Report of the Managing Board*. Paris: OEEC.
Organization for European Economic Cooperation. 1957. *Seventh Annual Report of the Managing Board*. Paris: OEEC.
Organization for European Economic Cooperation. 1961. *Liberalisation of Current Invisibles and Capital Movements*. Paris: OEEC.
United Nations Conference on Trade and Development. 1990. *Trade and Development Report, 1990*. New York: United Nations.
U.S. Congress. House. 1947. Committee on Foreign Affairs. *Emergency Foreign Aid. Hearings*. 80th Cong., 1nd sess.
U.S. Congress. Senate. 1948a. Committee on Foreign Relations. *European Recovery Program. Hearings*. 80th Cong., 2nd sess.
U.S. Congress. House. 1948b. Committee on Foreign Affairs. *United States Foreign Policy for a Postwar Recovery Program. Hearings*. 80th Cong., 2nd sess.
U.S. Congress. 1963a. Joint Economic Committee. *Hearings*. 88th Cong., 1st sess.
U.S. Congress. 1963b. Joint Economic Committee. *Hearings. Part 2*. 88th Cong., 1st sess.
U.S. Congress. 1963c. Joint Economic Committee. *Hearings. Part 3*. 88th Cong., 1st sess.
U.S. Department of State. 1948. *Proceedings and Documents of the UN Monetary and Financial Conference*. Washington, D.C.: Government Printing Office.
U.S. Government. 1954a. *Majority Report, Commission on Foreign Economic Policy: Report to the President and the Congress*. Washington, D.C.: Government Printing Office.
U.S. Government, 1954b. *Minority Report, Commission on Foreign Economic Policy*. Washington, D.C.: Government Printing Office.
U.S. Government. 1973. *Economic Report of the President Transmitted to Congress, January 1973*. Washington, D.C.: Government Printing Office.

U.S. National Archives. General Records of the Department of Treasury. Record Group 56: Bretton Woods, Atlantic City Conference; Records of the National Advisory Council on International Monetary and Financial Problems; Records of the Assistant Secretary (H. D. White).

単行本・論文

Adams, Thomas, and Iwao Hoshii. 1972. *A Financial History of the New Japan*. Tokyo: Kodansha International.

Aldrich, Winthrop. 1943. *The Problems of Postwar Monetary Stabilization*. Address to the American Section of the International Chamber of Commerce (April). Pamphlet.

Aldrich, Winthrop. 1944. Some Aspects of American Foreign Economic Policy (September). Pamphlet.

Alerassool, Mavash. 1989. "United States Freezing of Iranian Assets, 1979-87." Ph.D. diss., London School of Economics.

Allen, Chris. 1989. "The Underdevelopment of Keynesianism in the Federal Republic of Germany." In *The Political Power of Economic Ideas: Keynesianism across Nations*, edited by Peter Hall. Princeton, N. J.: Princeton University Press.

Al-Muhanna, Ibrahim. 1988. "The World System in Transition: Technology and Transnational Banking." Ph.D. diss., American University.

Altman, Oscar. 1969. "Eurodollars." In *Readings in the Eurodollar*, edited by Eric Chalmers. London: Griffith and Sons.

American Bankers Association. 1943. *The Place of the United States in the Postwar Economy*. New York: ABA.

American Bankers Association. 1945. *Practical International Financial Organization*. New York: ABA.

American Bankers Association. 1968. *The Costs of World Leadership: An Analysis of the U.S. Balance of Payments Problem*. New York: ABA.

Anderson, Benjamin. 1943. *Postwar Stabilization of Foreign Exchange: The Keynes-Morgenthau Plan Condemned*. New York: Economists' National Committee on Monetary Policy.

Aronson, Jonathan. 1977. *Money and Power: Banks and the World Monetary System*. London: Sage.

Baltensperger, Ernst, and Jean Dermine. 1987. "The role of Public Policy in Eusuring Financial Stability,: A Cross-Country Comparative Perspective." In *Threats to International Financial Stability*, edited by Alexander Swoboda and

Richard Portes. Cambridge: Cambridge University Press.
Bauri, Tariq, and Jliet Schor, eds. 1992. *Financial Openness and National Autonomy*. Oxford: Clarendon Press.
Bark, Dennis, and David Gress. 1989. *A History of West Germany. Vol. 1, From Shadow to Substance, 1945-63*. Oxford: Basil Blackwell.
Barry, Norman. 1989. "The Political and Economic Thought of German Neoliberals." In *German Neo-Liberals and the Social Market Economy*, edited by Alan Peacock and Hans Willgerodt. London: Macmillan.
Bauchard, Pierre. 1986. *La guerre des deux roses: du rêve à la réalité, 1981-1985*. Paris: Grasset.
Benn, Tony. 1989. *Against the Tide: Diaries, 1973-1976*. London: Hutchison.
Berholtz, Peter. 1989. "Ordo-Liberals and the Control of the Money Supply." In *German Neo-Liberals and the Social Market Economy*, edited by Alan Peacock and Hans Willgerodt. London: Macmillan.
Bernstein, Edward. 1984. "Reflections on Bretton Woods." In *The International Monetary System; Forty Years after Bretton Woods*. Conference Series no. 28. Boston: Federal Reserve Bank of Boston.
Bertrand, Raymond. 1981. "The Liberalization of Capital Movements: An Insight." *Three Banks Review* 132: 3-22.
Beyen, Johan. 1951. *Money in a Maelstrom*. London: Macmillan.
Bienefeld, Manfred. 1989. "The Lessons of History and the Developing World." *Monthly Review* (July/August): 9-41.
Biersteker, Thomas. 1992. "The 'Triumph' of Neoclassical Economics in the Developing World: Policy Convergence and Bases of Governance in the International Economic Order." In *Governance without Government: Order and Change in World Politics, edited by James Rosenau and Ernst-Otto Czempiel. Cambridge: Cambridge University Press.*
Bloomfield, Arthur. 1946. "The Postwar Control of International Capital Movements." *American Economic Review* 36: 687-709."
Bloomfield, Arthur. 1950. *Capital Imports and the American Balance of Payments, 1934-39: A Study in Abnormal Capital Transfers*. Chicago: University of Chicago Press.（中西市郎・岩野茂道監訳［1974］『国際短期資本移動論』新評論）
Bloomfield, Arthur. 1954. *Speculative and Flight Movements of Capital in Postwar International Finance*. Princeton, N.J.: Princeton University Press.
Bloomfield, Arthur. 1959. *Monetary Policy Under the International Gold Standard, 1880-1914*. New York: Federal Reserve Bank of New York.（小野一一郎・小林龍馬共訳［1975］『金本位制と国際金融――1880-1914 年』日本評論社）

Bloomfield, Arthur. 1968. "Rules of the Game of International Adjustment?" In *Essays in Money and Banking in Honour of R. S. Sayers*, edited by Charles Whittlesey and John Wilson. Oxford: Clarendon Press.

Block, Fred. 1977. *The Origins of International Economic Disorder*. Berkeley: University of California Press.

Borden, William. 1984. *The Pacific Alliance: United States Foreign Economic Policy and Japanese Trade Recovery, 1947-55*. Madison: University of Wisconsin Press.

Boston, Jonathan. 1989. "The Treasury and the Organization of Economic Advice." In *The Making of Rogernomics*, edited by Brian Easton. Auckland: Auckland University Press.

Brenner, Michael. 1976. *The Politics of International Monetary Reform: The Exchange Crisis*. Cambridge, Mass.: Ballinger.

Bressand, Albert. 1983. "Mastering the 'Worldeconomy.'" *Foreign Affairs* 61: 745-72.

Brown, Brendan. 1987. *The Flight of International Capital: A Contemporary History*. London: Croom Helm.

Brown, Edward. 1944. "The IMF: A Consideration of Certain Objections." *Journal of Business of the University of Chicago* 17: 199-208.

Bryant, Ralph. 1987. *International Financial Intermediation*. Washington: Brookings Institution.（高橋俊治・首藤恵訳［1988］『金融の国際化と国際銀行業』東洋経済新報社）

Burke, Kathleen, and Alec Cairncross. 1992. *Goodbye, Great Britain: The 1976 IMF Crisis*. New Haven, Conn.: Yale University Press.

Burnham, Peter. 1990. *The Political Economy of Postwar Reconstruction*. London: Macmillan.

Calder, Kent. 1988. "Japanese Foreign Economic Policy Formation: Explaining the Reactive State." *World Politics* 40: 517-41.

Callaghan, James. 1987. *Time and Change*. London: Collins.

Calleo, David. 1982. *The Imperious Economy*. Cambridge, Mass: Harvard University Press.（山岡清二訳［1983］『アメリカ経済は何故こうなったか』日本放送出版協会）

Calleo, David. 1987. *Beyond American Hegemony*. New York: Basic Books.

Carli, Guido. 1972. "Improving the International Adjustment Process: Some Prospects." *Convertibility, Multilateralism, and Freedom: World Economic Policy in the Seventies*, edited by Wolfgang Schmitz. New York: Springer Verlag.（ウォルフガング・シュミッツ編／柏木雄介監訳［1973］『国際通貨危機と自由経済——ブレトン・ウッズ体制に代わるもの』日本経済新聞社）

Cerny, Phil. 1989. "The Little Big Bang in Paris: Financial Market Deregulation in a Dirigiste System." *European Journal of Political Research* 17: 169-92.

Chalmers, Eric. 1972. *The International Interest Rate War*. London: Macmillan.

Child, Frank. 1954. "German Exchange Control, 1931-1938: A Study in Exploitation." Ph.D. diss.. Stanford University.

Clarke, Stephen. 1967. *Central Bank Cooperation, 1924-31*. New York: Federal Reserve Bank of New York.

Coakley, Jerry, and Laurence Harris. 1992. "Financial Globalisation and Deregulation." In *The Economic Legacy 1979-1992*, edited by Jonathan Michie. London: Academic Press.

Cohen, Benjamin. 1963. "The Eurodollar, the Common Market, and Currency Unification." *Journal of Finance* 18: 605-21.

Cohen, Benjamin. 1981. *Banks and the Balance of Payments*. Totowa, N.J.: Allanheld, Osmum.

Cohen, Benjamin. 1983. "An Explosion in the Kitchen? Economic Relations with Other Advanced Industrial States." In *Eagle Defiant: United States Foreign Policy in the 1980s*, edited by Kenneth Oye, Robert Lieber, and Donald Rothchild. Boston: Little, Brown.

Cohen, Benjamin. *In Whose Interest? International Banking and American Foreign Policy*. New Haven, Conn.: Yale University Press.

Cohen, Theodore. 1987. *Remaking Japan: The American Occupation as New Deal*. New York: Free Press.

Collins, Robert. 1978. "Positive Business Response to the New Deal: The Roots of the Committee for Economic Development, 1933-42." *Business History Review* 52: 369-91.

Committee for Economic Development. 1945. *International Trade, Foreign Investment, and Domestic Employment*. New York: CED.

Committee for Economic Development. 1961. *International Position of the Dollar*. New York: CED.

Committee for Economic Development. 1966. *The Dollar and the World Monetary System*. New York: CED.

Committee for Economic Development. 1973. *The World Monetary System*. New York: CED.

Conolly, Frederick. 1936. "Memorandum on the International Short-term In debtedness." In *The Improvement of Commercial Relations between Nations: The Problems of Monetary Stabilization*. Paris: International Chamber of Commerce.

Conybeare, John. 1988. *U.S. Foreign Economic Policy and the International Capital Markets: The Case of Capital Export Controls, 1963-74*. New York: Garland.

Coombs, Charles. 1976. *The Arena of International Finance*. New York: John Wiley and Sons.（荒木信義訳［1977］『国際通貨外交の内幕』日本経済新聞社）

Cooper, Richard. 1971. "Towards an International Capital Market." In *North American and West European Economic Policies*, edited by Charles Kindleberger and Andrew Schonfield. London: Macmillan.

Costigliola, Frank. 1972. "The Other Side of Isolationism: The Establishment of the First World Bank, 1929-30." *Journal of American History* 59: 602-20.

Costigliola, Frank. 1984. *Awkward Dominion: American Political, Economic, and Cultural Relations with Europe, 1919-33*. Ithaca, N.Y.: Cornell University Press.

Cox, Robert. 1987. *Production, Power, and World order: Social Forces in the Making of History*. New York: Columbia University Press.

Crosland, Susan. 1982. *Tony Crosland*. London: Jonathan Cape.

Crotty, James. 1983. "On Keynes and Capital Flight." *Journal of Economic Literature* 21: 59-65.

Crum, M. Colyer, and David Meerschwam. 1986. "From Relationship to Price Banking: The Loss of Regulatory Control." In *America vs. Japan*, edited by Thomas McCraw. Boston: Harvard Business School Press.

Cumby, Robert, and Richard Levich. 1987. "Definitions and Magnitudes." In *Capital Flight and Third World Debt*, edited by John Williamson and Donald Lessard. Washington, D.C.: Institute for International Economics.

Dale, Richard. 1984. *The Regulation of International Banking*. Cambridge: Woodhead-Faulkner.

Dale, Richard. 1992. "Finanzplatz Deutschland." *Financial Regulation Report*, Financial Times Business Information Service（February 18）.

Dam, Kenneth. 1982. *The Rules of the Game*. Chicago: University of Chicago Press.

Dam, Kenneth, and George Shultz. 1977. *Economic Policy beyond the Headlines*. New York: W. W. Norton.（安藤博訳［1983］『市場への信頼——シュルツの効果的な経済政策』サイマル出版会）

Davis, E. P. 1989. Instability in the Euromarkets and the Economic Theory of Financial Crisis. Bank of England Discussion Paper no. 43.

De Cecco, Marcello. 1972. "Economic Policy in the Reconstruction Period, 1945-51." In *The Rebirth of Italy, 1943-50*, edited by Stuart Woolf. London: Longman.

De Cecco, Marcello. 1976. "International Financial Markets and U.S. Domestic

Policy since 1945." *International Affairs* 52: 381-99.
De Cecco, Marcello. 1979. "Origins of the Postwar Payments System." *Cambridge Journal of Economics* 3: 49-61.
De Cecco, Marcello. 1987a." Financial Innovation and Monetary Theory." In *Changing Money: Financial Innovation in Developed Countries*, edited by Marcello De Cecco. Oxford: Basil Blackwell.
De Cecco, Marcello. 1987b. "Inflation and the Structural Change in the Eurodollar Market." In *Monetary Theory and Economic Institutions*, edited by Marcello De Cecco and Jean-Paul Fitoussi. London: Macmillan.
De Cecco, Marcello. 1989. "Keynes and Italian Economics." In *The Political Power of Economic Ideas: Keynesianism across Nations*, edited by Peter Hall. Princeton, N.J.: Princeton University Press.
Dell, Edmund. 1991. *A Hard Pounding: Politics and Economic Crisis, 1974-1976*. Oxford: Oxford University Press.
Destler, I. M., and C. Randall Henning. 1989. *Dollar Politics: Exchange Rate Policymaking in the United States*. Washington, D.C.: Institute for International Economics.（信田智人・岸守一訳［1990］『ダラー・ポリティックス』TBSブリタニカ）
De Vegh, Imre. 1943. "International Clearing Union." *American Economic Review* 33: 534-56.
De Vries, Margaret. 1985a, b, c. *The International Monetary Fund, 1972-1978*: Vols. 1, 2, 3. Washington, D.C.: IMF.
De Vries, Rimmer. 1990. "Adam Smith: Managing the Global Capital of Nations." *World Financial Markets* (July 2. 3).
Diaz-Alejandro, Carlos. 1984. "Latin American Debt: I Don't Think We Are in Kansas Anymore." *Brookings Papers on Economic Activity* 2.: 335-403.
Diebold, William. 1952. *Trade and Payments in Western Europe: A Study in Economic Cooperation, 1947-51*. New York: Harper & Brothers.
Dobson, Alan. 1988. *The Politics of the Anglo-American Economic Special Relationship, 1940-87*. New York: St. Martin's Press.
Douglas, Roger. 1987. *Towards Prosperity*. Auckland: Bateman.
Dowd, Lawrence. 1953. "Japanese Foreign Exchange Policy, 1930-40." Ph.D. diss., University of Michigan, Ann Arbor.
Duser, J. Thorsten. 1990. *International Strategies of Japanese Banks: The European Perspective*. London: Macmillan.
Duvall, Raymond, and Alexander Wendt. 1987. "The International Capital Regime: A Cooperation Non-Problem?" Paper presented at annual meeting of

the International Studies Association, Washington, D.C. (April).
Easton, Brian. 1989. "From Run to Float: The Making of the Rogernomics Exchange Rate Policy." In *The Making of Rogernomics*, edited by Brian Easton. Auckland: Auckland University Press.
Eckes, Alfred. 1975. *A Search for Solvency: Bretton Woods and the International Monetary System, 1941-71*. Austin: University of Texas Press.
Edsall, Thomas. 1984. *The New Politics of Inequality*. New York: W. W. Norton.
Edsall, Thomas. 1989. "The Changing Shape of Power." In *The Rise and Fall of the New Deal Order, 1930-80*, edited by Steven Fraser and Gary Gerstle. Princeton, N.J.: Princeton University Press.
Edwards, Richard. 1985. *International Monetary Collaboration*. New York: Transnational.
Eichengreen, Barry. 1991. "Historical Research on International Lending and Debt." *Journal of Economic Perspectives* 5: 149-69.
Eichengreen, Barry. 1992. *Golden Fetters: The Gold Standard and the Great Depression, 1919-39*. Oxford: Oxford University Press.
Eichengreen, Barry, and Alec Cairncross. 1983. *Sterling in Decline: The Devaluations of 1931, 1947, 1967*. Oxford: Basil Blackwell.
Eichengreen, Barry, and Alec Cairncross. and Richard Portes. 1987. "The Anatomy of Financial Crises." In *Threats to International Financial Stability*, edited by Richard Portes and Alexander Swoboda. Cambridge: Cambridge University Press.
Einzig, Paul. 1970. *The History of Foreign Exchange*. 2nd ed. London: Macmillan. (小野朝男・村岡俊三訳［1965］『外国為替の歴史』ダイヤモンド社)
Ellis, Howard. 1950. *The Economics of Freedom: The Progress and Future of Aid to Europe*. New York: Harper & Brothers.
Enkyo, Yoichi. 1989. "Financial Innovation and International Safeguards: Causes and Consequences of 'Structural Innovation' in the U.S. and Global Financial System: 1973-86." Ph.D. disc., London School of Economics.
Epstein, Gerald, and Juliet Schor. 1992. "Structural Determinants and Economic Effects of Capital Controls in OECD Countries." In *Financial Openness and National Autonomy*, edited by Tariq Banuri and Juliet Schor. Oxford: Clarendon Press.
Fanno, Marco. 1939. *Normal and Abnormal International Capital Transfers*. Minneapolis: University of Minnesota Press.
Fay, Stephen, and Hugo Young. 1978. The Day the Pound Nearly Died. *Sunday Times*. (London).

Feis, Herbert. 1964 (1930). *Europe, The World*' s Banker, 1870-1914. New York: Augustus Kelley.（柴田匡平訳［1992］『帝国主義外交と国際金融—— 1870-1914』筑摩書房）
Feldman, Robert. 1986. *Japanese Financial Markets: Deficits, Dilemmas, and Deregulation*. Cambridge, Mass.: MIT Press.
Felix, David. 1985. "How to Resolve Latin America' s Debt Crisis." *Challenge* (November/December): 44-51.
Felix, David. 1990. "Latin America' s Debt Crisis." *World Policy Journal* , 7: 733-71.
Ferguson, Thomas. 1984. "From Normalcy to New Deal: Industrial Structure, Party Competition, and American Public Policy in the Great Depression." *International Organization* 38: 41-94.
Ferguson, Thomas, and Joel Rogers. 1986. *Right Turn: The Decline of the Democrats and the Future of American Politics*. New York: Hill and Wang.
Fforde, John. 1992.. *The Bank of England and Public Policy, 1941-58*. Cambridge: Cambridge University Press.
Fishlow, Albert. 1986. "Lessons from the Past." In *Politics of International Debt*, edited by Miles Kahler. Ithaca, N.Y.: Cornell University Press.
Flanders, M. June. 1989. *International Monetary Economics, 1870-1960*. Cambridge: Cambridge University Press.
Frankel, Jeffrey. 1984. *The Yen-Dollar Agreement: Liberalizing Japanese Capital Markets*. Washington, D.C.: Institute for International Economics.
Fraser, Leon. 1943. "Reconstructing the World' s Money." *New York Herald Tribune* (November 21), sec. 7, p. 12.
Frieden, Jeffry. 1987. *Banking on the World: The Politics of American International Finance*. New York: Harper & Row.（安倍惇・小野塚佳光訳［1991］『国際金融の政治学』同文舘出版）
Frieden, Jeffry. 1988. "Capital Politics: Creditors and the International Political Economy." *Journal of Public Policy* 8: 265-86.
Frieden, Jeffry. 1991. "Invested Interests: The Politics of National Economic Policies in a World of Global Finance." *International Organization* 45: 425-52.
Friedman, Milton. 1953. "The Case for Flexible Exchange Rates." In *Essays in Positive Economics*, by Milton Friedman. Chicago: University of Chicago Press.
Friedrich, Carl. 1955. "The Political Thought of Neoliberalism." *American Political Science Review* 49: 509-25.
Frydl, Edward. 1982. "The Eurodollar Conundrum." *Federal Reserve Bank of New York. Quarterly Review* (Spring): 11-19.

Fujioka, M. Y. 1979. *Japan*' s International Finance: Today and Tomorrow. Tokyo: Japan Times.

Funabashi, Yoichi. 1988. *Managing the Dollar: From the Plaza to the Louvre*. Washington, D.C.: Institute for International Economics.

Gardner, Richard. 1980. *Sterling-Dollar Diplomacy in Current Perspective: The Origins and the Prospects of Our International Economic Order*. New York: Columbia University Press.（村野孝・加瀬正一訳［1973］『国際通貨体制成立史——英米の抗争と協力（上・下）』東洋経済新報社。翻訳は原著 1969 年版による）

Genillard, R. 1970. "The Eurobond Market." In *The Eurodollar*, edited by Herbert Prochnow. London: Rand McNally.（ハーバート・V・プロクナウ編／柏木雄介監訳［1972］『ユーロダラー——国際金融コンファレンス報告』日本経済新聞社、所収）

Giesbert, Franz-Oliver. 1990. *Le President*. Paris: Editions de Seuil.

Gilbert, Milton. 1963. "Reconciliation of Domestic and International Objectives of Financial Policy: European Countries." *Journal of Finance* 8: 174-86.

Gill, Stephen. 1990. *American Hegemony and the Trilateral Commission*. Cambridge: Cambridge University Press.（遠藤誠治訳［1996］『地球政治の再構築——日米欧関係と世界秩序』朝日新聞社）

Gilpin, Robert. 1987. *The Political Economy of International Relations*. Princeton, N.J.: Princeton University Press.（佐藤誠三郎・竹内透監修／大蔵省世界システム研究会訳［1990］『世界システムの政治経済学——国際関係の新段階』東洋経済新報社）

Glyn, Andrew. 1986. "Capital Flight and Exchange Controls." *New Left Review* 155: 37-49.

Glyn, Andrew. 1992. "Exchange Controls and Policy Autonomy: The Case of Australia, 1983-88." In *Financial Openness and National Autonomy*, edited by Tariq Banuri and Juliet Schor. Oxford: Clarendon Press.

Gold, Joseph. 1950. "The Fund Agreement in the Courts." *IMF Staff Papers* I: 315-33.

Gold, Joseph. 1971. *The Fund*' s Concept of Convertibility. Pamphlet Series no. 14. Washington, D.C.: IMF.

Gold, Joseph. 1977. *International Capital Movements under the Law of the IMF*. Pamphlet Series no. 21. Washington, D.C.: IMF.

Gold, Joseph. 1982. *The Fund Agreement in the Courts*. Vol. 2. Washington, D.C.: IMF.

Gold, Joseph. 1986. *The Fund Agreement in the Courts*. Vol. 3. Washington, D.C.:

IMF.
Goldstein, Morris, David Folkerts-Landau, Peter Garber, Liliana Rojas-Suarez, and Michael Spencer. 1993. *International Capital Markets; Part I: Exchange Rate Management and International Capital Flows*. Washington, D.C. IMF.
Goodhart, Charles. 1985. *The Evolution of Central Banks*. London: London School of Economics.
Goodman, John. 1992. *Monetary Sovereignty: The Politics of Central Banking in Western Europe*. Ithaca, N.Y.: Cornell University Press.
Goodman, John, and Louis Pauly. 1990. "The New Politics of International Capital Mobility." Working Paper, International Business and Trade Law Program, University of Toronto Faculty of Law.
Gowa, Joanne. 1983. *Closing the Gold Window: Domestic Politics and the End of Bretton Woods*. Ithaca, N.Y.: Cornell University Press.
Grahl, John, and Paul Teague. 1989. "The Cost of Neo-Liberal Europe." *New Left Review* 174: 33-50.
Greider, William. 1987. *Secrets of the Temple*. New York: Simon & Schuster.
Griffith-Jones, Stephany. 1988. "Debt Crisis Management: An Analytical Framework." In *Managing World Debt*, edited by Stephany Griffith-Jones. London: Harvester Wheatsheaf.
Guttentag, Jack, and Richard Herring. 1983. *The Lender-of-Last-Resort Function in an International Context*. Essays in International Finance no. 151. Princeton, N.J.: Department of Economics, Princeton University.
Guttentag, Jack, and Richard Herring. 1985. "Funding Risk in the International Interbank Market." In *International Financial Markets and Capital Movements; A Symposium in Honor of Arthur Bloom field*. Essays in International Finance no. 157. Princeton, N.J.: Department of Economics, Princeton University.
Guttentag, Jack, and Richard Herring. 1986. *Disaster Myopia in International Lending*. Essays in International Finance no. 164. Princeton, N.J.: Department of Economics, Princeton University.
Guy, Paul. 1992. "Regulatory Harmonization to Achieve Effective International Competition." In *Regulating International Financial Markets: Issues and Policies*, edited by Franklin Edwards and Hugh Patrick. Norwell, Mass.: Kluwer Academic Publishers.
Haas, Peter. 1992. "Introduction: Epistemic Communities and International Policy Coordination." *International Organization* 46: 1-35.
Haberler, Gottfried. 1945. "The Choice of Exchange Rates after the War." *American Economic Review* 35: 308-18.

Haberler, Gottfried. 1954. *Currency Convertibility*. Washington, D.C.: American Enterprise Institute.

Haberler, Gottfried. 1976a. "The Case against Capital Controls for Balance of Payments Reasons." In *Capital Movements and Their Control*, edited by Alexander Swodoba. Geneva: Sijdhoff-Leiden.

Haberler, Gottfried. 1976b. *The World Economy, Money, and the Great Depression*. Washington, D.C.: American Enterprise Institute.

Haggard, Stephen, and Beth Simmons. 1987. "Theories of International Regimes." *International Organization* 40: 491-517.

Hall, Peter. 1986. *Governing the Economy. The Politics of State Intervention in Britain and France*. Cambridge: Polity Press.

Hall, Peter. 1987. "The Evolution of Economic Policy under Mitterrand." In *The Mitterrand Experiment: Continuity and Change in Modern France*, edited by George Ross, Stanley Hoffmann, and Sylvia Malzacher. Cambridge: Polity Press.

Hall, Peter. 1989. "Conclusion: The Politics of Keynesian Ideas." In *The Political Power of Economic Ideas: Keynesianism across Nations*, edited by Peter Hall. Princeton, N.J.: Princeton University Press.

Ham, Adrian 1981. *Treasury Rules: Recurrent Themes in British Economic Policy*. London: Quartet Books.

Hamada, Koichi, and Hugh Patrick. 1988. "Japan and the International Monetary Regime." In *The Political Economy of Japan*. Vol. 2, *The Changing International Context*, edited by Takashi Inoguchi and Daniel Okimoto. Stanford, Calif.: Stanford University Press.

Hamilton, Adrian. 1986. *The Financial Revolution*. New York: Free Press.（鈴田敦之訳［1987］『金融革命の衝撃――日本を襲うグローバリゼーションの波』ダイヤモンド社）

Hardach, Karl. 1976. *The Political Economy of Germany in the Twentieth Century*. Berkeley: University of California Press.

Harper, David, and Girol Karacaoglu. 1987. "Financial Policy Reform in New Zealand." In *Economic Liberalisation in New Zealand*, edited by Alan Bollard and Robert Buckle. Wellington: Allen Unwin.

Harper, John. 1986. *America and the Reconstruction of Italy, 1945-1948*. Cambridge: Cambridge University Press.

Harrod, Roy. 1969. *The Life of John Maynard Keynes*. New York: Augustus Kelley.（塩野谷九十九訳［1967］『ケインズ伝（上・下）』東洋経済新報社）

Harrod, Roy. 1972. "Problems Perceived in the International Financial System." In *Bretton Woods Revisited*, edited by Archibald Acheson, John Chant, and

Martin Prachowny. Toronto: University of Toronto Press.
Hart, Susan. 1989. "National Policy and the Revolution in International Banking: The British Response, 1977-86." Ph.D. diss., London School of Economics.
Hathaway, Robert. 1984. "Economic Diplomacy in a Time of Crisis, 1933-45." In *Economics and World Power: An Assessment of American Diplomacy since 1789*, edited by William Becker and Samuel Wells. New York: Columbia University Press.
Hawley, James. 1984. "Protecting Capital from Itself: U.S. Attempts to Regulate the Eurocurrency System." *International Organization* 38: 131-65.
Hawley, James. 1987. *Dollars and Borders: U.S. Government Attempts to Restrict Capital Flows, 1960-1980*. Armonk, N.Y.: M. E. Sharpe.
Hayek, Friedrich. 1937. *Monetary Nationalism and International Stability*. London: Longmans, Green.
Hayek, Friedrich. 1944. *The Road to Serfdom*. Chicago: University of Chicago Press.（栗山千明訳［2008］『隷属への道』春秋社）
Hayek, Friedrich. 1967. *Studies in Philosophy, Politics, and Economics*. London: Routledge & Kegan Paul.（中山智香子・太子堂正称・吉野裕介訳［2009］『思想史論集』春秋社）
Hayek, Friedrich. 1990. *Denationalisation of Money* —— The Argument Refined. London: Institute of Economic Affairs.（川口慎二訳［1988］『貨幣発行自由化論』東洋経済新報社）
Healey, Denis. 1989. *The Time of My Life*. London: Michael Joseph.
Heilperin, Michael. 1968. *Aspects of the Pathology of Money*. London: Michael Joseph.
Helleiner, Eric. 1989. "Money and Influence: Japanese Power in the International Monetary and Financial System." *Millennium: Journal of International Studies* 18: 343-58.
Helleiner, Eric. 1992a. "Capital Flight and the Receiving Country: Contrasting U.S. Policy in the Marshall Plan and the 1980s Debt Crisis." Paper presented at the Annual Meeting of the Canadian Political Science Association, Charlottetown, Prince Edward Island (June).
Helleiner, Eric. 1992b. "Japan and the Changing Global Financial Order." *International Journal* 47: 420-44.
Helleiner, Eric. 1992c. "States and the Future of Global Finance." *Review of International Studies* 18: 31-49.
Henderson, Hubert. 1936. "Memorandum on New Technical Arrangements for Postponing Stabilization." In *The Improvement of Commercial Relations between*

Nations: The Problems of Monetary Stabilization. Paris: International Chamber of Commerce.

Henning, C. Randall. 1987. *Macroeconomic Diplomacy in the 1980s*. London: Croom Helm.

Henry, James. 1986. "Where the Money Went." *The New Republic* (April 14): 20-23.

Hewson, John, and Eisuke Sakakibara. 1975. *The Eurocurrency Markets and Their Implications*. Lexington, Ky.: Lexington Books.

Himmelstein, Jerome. 1990. *To the Right: The Transformation of American Conservatism*. Berkeley: University of California Press.

Hinshaw, Randall. 1958. *Toward European Convertibility*. Essays in International Finance no. 31. Princeton, N.J.: Princeton University.

Hirsch, Fred. 1967. *Money International*. London: Penguin.

Hirsch, Fred. 1978. "The Ideological Underlay of Inflation." In *The Political Economy of Inflation*, edited by Fred Hirsch and John Goldthorpe. Cambridge, Mass.: Harvard University Press.（フレッド・ハーシュ、ジョン・H・ゴールドソープ編／都留重人監訳［1982］『インフレーションの政治経済学』日本経済新聞社、所収）

Hirsch, Fred, and Michael Doyle. 1977. "Politicization in the World Economy: Necessary Conditions for an International Economic Order." In *Alternatives to Monetary Disorder*, by Fred Hirsch, Michael Doyle, and Edward Morse. New York: McGraw-Hill.（田村正勝訳［1980］『国際通貨体制の再編』日本ブリタニカ）

Hirsch, Fred, and Peter Oppenheimer. 1976. "The Trial of Managed Money: Currency, Credit, and Prices, 1920-70." In *Fontana Economic History of Europe: The Twentieth Century*, Part 2, edited by Carlo Cipolla. London: Fontana.

Hoffmeyer, Erik. 1986. "Danish Policy on International Capital Movements." In *The Policy of Liberalization in International Monetary and Financial Relations*, edited by Ennio Mizzau. Milan: Edizioni Giuridico Scientifiche.

Hogan, Michael. 1977. *Informal Entente: The Private Structure of Cooperation in Anglo-American Economic Diplomacy, 1918-1928*. Columbia: University of Missouri Press.

Hogan, Michael. 1987. *The Marshall Plan: America, Britain, and the Reconstruction of Western Europe, 1947-52*. Cambridge: Cambridge University Press.

Hollerman, Leon. 1967. *Japan*'s Dependence on the World Economy: The Approach toward Economic Liberalization. Princeton, N.J.: Princeton University Press.

Hollerman, Leon. 1979. "International Economic Controls in Occupied Japan." *Journal of Asian Studies* 38: 707-19.

Hollerman, Leon. 1988. *Japan, Disincorporated: The Economic Liberalization Process*. Stanford, Calif.: Hoover Institution Press.（益戸欽也訳［1990］『「日本株式会社」の崩壊——そして、その後にくるもの』産能大学出版部）

Hoover, Calvin. 1945. *International Trade and Domestic Employment*. New York: McGraw-Hill.

Horne, James. 1985. *Japan*'s Financial Markets: Conflict and Consensus in Policymaking. London: Allen & Unwin.

Horne, James. 1988. "Politics and the Japanese Financial System." In *Dynamic and Immobilist Politics in Japan*, edited by James Stockwin, Alan Rix, Aurelia George, James Home, Daiichi Ito, and Martin Collick. London: Macmillan.

Horsefield, John. 1969a, b, c. *The International Monetary Fund, 1945-1965*, Vols. 1, 2, 3. Washington, D.C.: IMF.

Howson, Susan, and Donald Moggridge. 1990. *The Wartime Diaries of Lionel Robbins and James Meade, 1943-45*. London: Macmillan.

Hudson, Michael. 1977. *Global Fracture: The New International Economic Order*. New York: Harper & Row.（佐藤和男訳［1980］『新国際経済秩序——世界経済の亀裂と再築』世界日報社）

Hutton, Graham. 1981. "Why Did It Happen... Just Then?" In *The Emerging Consensus...?*, edited by Arthur Seldon. London: Institute of Economic Affairs.

Hyman, Sidney. 1976. *Marriner S. Eccles, private entrepreneur and public servant*. Stanford, Calif.: Stanford University Graduate School of Business.

Ikenberry, John. 1989. "Rethinking the Origins of American Hegemony." *Political Science Quarterly* 104: 375-400.

Ikenberry, John. 1992. "A World Economy Restored: Expert Consensus and the Anglo-American Postwar Settlement." *International Organization* 46: 289-321.

Ikle, Max. 1972. "The Eurocurrency Market in the Monetary Crisis." In *Convertibility, Multilateralism, and Freedom: World Economic Policy in the Seventies*, edited by Wolfgang Schmitz. New York: Springer-Verlag.

Ilgen, T. L. 1985. *Autonomy and Interdependence: U.S.-Western European Monetary and Trade Relations, 1958-1984*. Totowa, N.J.: Rowman and Allanheld.

Ingham, Geoffrey. 1984. *Capitalism Divided: The City and Industry in British Social Development*. London: Macmillan.

Iriye, Akira. 1977. "Continuities in U.S.-Japanese Relations, 1941-49." In *The Origins of the Cold War in Asia*, edited by Akira Iriye and Yonosuke Nagai. New York: Columbia University Press.

Iwasa, Yoshizane. 1970. "The Eurodollar Market: A View from Japan." In *The Eurodollar*, edited by H. V. Prochnow. London: Rand McNally.（ハーバート・V・プロクナウ編／柏木雄介監訳［1972］『ユーロダラー――国際金融コンファレンス報告』日本経済新聞社、所収）

Jacobsson, Erin. 1979. *A Life for Sound Money: Per Jacobsson*. Oxford: Clarendon Press.（吉國眞一・矢後和彦監訳［2010］『サウンドマネー―― BIS と IMF を築いた男、ペール・ヤコブソン』蒼天社出版）

Jesson, Bruce. 1987. *Behind the Mirror Glass: The Growth of Wealth and Power in New Zealand*. Auckland: Allen & Unwin.

Johnson, Arthur. 1968. *Winthrop W. Aldrich: Lawyer, Banker, Diplomat*. Boston: Harvard University Graduate School of Business Administration.

Johnson, Daniel. 1989. "Exiles and Half-Exiles: Wilhelm Röpke, Alexander Rustow, and Water Eucken." In *German Neo-Liberals and the Social Market Economy*, edited by Alan Peacock and Hans Willgerodt. London: Macmillan.

Kahler, Miles. 1990. "Orthodoxy and Its Alternatives: Explaining Approaches to Stabilization and Adjustment." In *Economic Crisis and Policy Choice: The Politics of Adjustment in the Third World*, edited by Joan Nelson. Princeton, N.J.: Princeton University Press.

Kahn, Richard. 1976. "Historical Origins of the International Monetary Fund." In *Keynes and International Monetary Relations*, edited by A. P. Thirlwall. London: Macmillan.

Kaletsky, Anatole. 1985. *The Costs of Default*. New York: Twentieth Century Fund.

Kaplan, Jacob, and Gunther Schleiminger. 1989. *The European Payments Union: Financial Diplomacy in the 1950s*. Oxford: Clarendon Press.

Kapstein, Ethan. 1989. "Resolving the Regulator's Dilemma: International Coordination of Banking Regulations." *International Organization* 43: 32. 3-47.

Kapstein, Ethan. 1992. "Between Power and Purpose: Central Bankers and the Politics of Regulatory Convergence." *International Organization* 46: 265-87.

Katz, Samuel. 1961. *Sterling Speculation and European Convertibility, 1955-58*. Essays in International Finance no. 37. Princeton, N.J.: Princeton University.

Katz, Samuel. 1969. *External Surpluses, Capital Flows, and Credit Policy in the EEC 1958-67*. Princeton Studies in International Finance no. 22. Princeton, N.J.: Department, of Economics, Princeton University.

Katz, Samuel, ed. 1979. *U.S.-European Monetary Relations*. Washington, D.C.: American Enterprise Institute.

Kaufman, Robert. 1990. "Stabilization and Adjustment in Argentina, Brazil, and Mexico." In *Economic Crisis and Policy Choice: The Politics of Adjustment in the*

Third World, edited by Joan Nelson. Princeton, N.J.: Princeton University Press.
Kaufmann, Hugo. 1985. *Germany*'s International Monetary Policy and the European Monetary System. New York: Brooklyn College Press.
Kaushik, S. K., ed. 1987. *International Banking and World Economic Growth: The Outlook for the late 1980s*. New York: Praeger.
Kawasaki, Tsuyoshi. 1993. *In the Defence of Economic Sovereignty: The Japanese Ministry of Finance in Macroeconomic Diplomacy, 1985-1987*. Toronto: Joint Centre for Asia-Pacific Studies.
Keegan, William. 1984. *Mrs. Thatcher*'s Economic Experiment. New York: Penguin.
Keegan, William, and Rupert Pennant-Rea. 1979. *Who Runs the Economy? Control and Influence in British Economic Policy*. London: Maurice Temple Smith.
Kelly, Janet. 1976. *Bankers and Borders: The Case of American Banks in Britain*. Cambridge, Mass.: Ballinger.
Kennedy, Ellen. 1991. *The Bundesbank: Germany*'s Central Bank in the Inter national Monetary System. London: Pinter.
Keohane, Robert. 1979. "U.S. Foreign Economic Policy towards Other Advanced Capitalist States: The Struggle to Make Others Adjust." In *Eagle Entangled: U.S. Foreign Policy in a Complex World*, edited by Kenneth Oye, Robert Lieber, and Donald Rothchild. London: Longman.
Keohane, Robert. 1980. "The Theory of Hegemonic Stability and Changes in International Economic Regimes." In *Change in the International System*, edited by Ole Holsti, Randolph Silverson, and Alexander George. Boulder, Colo.: Westview Press.
Keohane, Robert. 1984. *After Hegemony: Cooperation and Discord in the World Political Economy*. Princeton, N.J.: Princeton University Press.（石黒馨・小林誠訳［1998］『覇権後の国際政治経済学』晃洋書房）
Keynes, John Maynard. 1930. *A Treatise on Money*. Vol. 2., *The Applied Theory of Money*. London: Macmillan.（長澤惟恭訳［1980］『ケインズ全集第 6 巻 貨幣論 II ――貨幣の応用理論』東洋経済新報社）
Keynes, John Maynard. 1933. "National Self-Sufficience." *Yale Review* 22: 755-69.（舘野敏・北原徹・黒木龍三・小谷野俊夫訳［2015］『ケインズ全集第 21 巻 世界恐慌と英米における諸政策――1931 ～ 39 年の諸活動』東洋経済新報社、所収）
Keynes, John Maynard. 1980a. *The Collected Writings of J. M. Keynes*. Vol. 25, *Activities, 1940-1944 Shaping the Post-war World, the Clearing Union*, edited by Donald Moggridge. Cambridge: Cambridge University Press.（村野孝訳

［1992］『ケインズ全集第 25 巻 戦後世界の形成——清算同盟——1940-44 年の諸活動』東洋経済新報社）
Keynes, John Maynard. 1980b. *The Collected Writings of J. M. Keynes*. Vol. 26, *Activities 1941-1946: Shaping the Post-war World, Bretton Woods and Reparations*, edited by Donald Moggridge. Cambridge: Cambridge University Press.（石川健一・島村高嘉訳［1988］『ケインズ全集第 26 巻 戦後世界の形成——ブレトン・ウッズと賠償——1941 ～ 46 年の諸活動』東洋経済新報社）
Kindleberger, Charles. 1943. "Planning for Foreign Investment." *American Economic Review* 33: 347-54.
Kindleberger, Charles. 1973. *The World in Depression, 1929-39*. Berkeley: University of California Press.（石崎昭彦・木村一朗訳［2009］『大不況下の世界—— 1929-1939』岩波書店）
Kindleberger, Charles. 1978. *Manias, Panics, and Crashes: A History of Financial Crises*. New York: Basic Books.（吉野俊彦・八木甫訳［1980］『金融恐慌は再来するか——くり返す崩壊の歴史』日本経済新聞社）
Kindleberger, Charles. 1985. "The Functioning of Financial Centers: Britain in the Nineteenth Century, the United States since 1945." In *International Financial Markets and Capital Movements: A Symposium in Honor of Arthur Bloom field*. Essays in International Finance no. 157. Princeton, N.J.: Department of Economics, Princeton University.
Kindleberger, Charles. 1986. "International Public Goods without International Government." *American Economic Review* 76: 1-11.
Kindleberger, Charles. 1987a. "A Historical Perspective." In *Capital Flight and Third World Debt*, edited by Donald Lessard and John Williamson. Washington, D.C.: Institute for International Economics.
Kindleberger, Charles. 1987b. *International Capital Movements*. Cambridge: Cambridge University Press.（長谷川聡哲訳［1991］『国際資本移動論』多賀出版）
Kindleberger, Charles. 1988. "Reflections on Current Changes in National and International Capital Markets." In *The International Economic Order*, by Charles Kindleberger. Cambridge, Mass.: MIT Press.
Kindleberger, Charles. 1989. *Manias, Panics, and Crashes: A History of Financial Crises*. 2nd ed. London: Macmillan.（吉野俊彦・八木甫訳［2004］『熱狂、恐慌、崩壊——金融恐慌の歴史』東洋経済新報社）
Kissinger, Henry. 1979. *White House Years*. Boston: Little, Brown.（斎藤弥三郎訳［1980］『キッシンジャー秘録』第 1 巻～第 5 巻、小学館）
Klopstock, Fred. 1949. "Monetary Reform in Western Germany." *Journal of*

Political Economy 59: 277-92.
Kloss, Hans. 1972. "Monetary Policy and Liberalization of Capital Markets." In *Convertibility, Multilateralism, and Freedom: World Economic Policy in the Seventies*, edited by Wolfgang Schmitz. New York: Springer-Verlag.
Kraft, Joseph. 1984. *The Mexican Rescue*. New York: Group of Thirty.
Krasner, Stephen. 1976. "State Power and the Structure of International Trade." *World Politics* 18: 317-47.
Krasner, Stephen. 1978. "U.S. Commercial and Monetary Policy: Unraveling the Paradox of External Strength and Internal Weakness." In *Between Power and Plenty: Foreign Economic Policies of Advanced Industrial States*, edited by Peter Katzenstein. Madison: University of Wisconsin Press.
Krasner, Stephen, ed. 1983. *International Regimes*. Ithaca, N.Y.: Cornell University Press.
Krasner, Stephen, and Janice Thomson. 1989. "Global Transactions and the Consolidation of Sovereignty." In *Global Changes and Theoretical Challenges*, edited by James Rosenau and Ernst-Otto Czempiel. Lexington, Ky.: Lexington Books.
Krause, Lawrence. 1971. "Private International Finance." *International Organization* 25: 523-40.
Krieger, Joel. 1986. *Reagan, Thatcher, and the Politics of Decline*. Cambridge: Polity Press.
Kuisel, Richard. 1981. *Capitalism and the State in Modern France*. Cambridge: Cambridge University Press.
Kunz, Diane. 1987. *The Battle for Britain*' s Gold Standard in 1931. London: Croom Helm.
Labour Party. 1976. "Report of the Seventy-fifth Annual Conference of the Labour Party." Blackpool.
Lebegue, Daniel. 1985. "Modernizing the French Capital Market." *The Banker* 135 (December): 23-29.
Leffler, Melvyn. 1979. *The Elusive Quest: America*' s Pursuit of European Stability and French Security, 1919-33. Chapel Hill: University of North Carolina Press.
Lenel, Hans Otto. 1989. "Evolution of the Social Market Economy." In *German Neo-Liberals and the Social Market Economy*, edited by Alan Peacock and Hans Willgerodt. London: Macmillan.
Lepetit, Jean-Pierre. 1982. "Comment." In *Financial Crises: Theory, History, and Policy*, edited by Charles Kindleberger and Jean-Pierre Laffargue. Cambridge: Cambridge University Press.

Levich, Richard. 1988. "Financial Innovations in International Financial Markets." In *The United States in the World Economy*, edited by Martin Feldtein. Chicago: University of Chicago Press.

Ley, Robert. 1989. "Liberating Capital Movements: A New OECD Commitment." *OECD Observer* 159: 22-26.

Lincoln, Eric. 1986. "Infrastructural Deficiencies, Budget Policy, and Capital Flows." In *Japan*'s Response to Crisis and Change in the World Economy, edited by Michele Schmiegelow. Armonk, N.Y.: M. E. Sharpe.

Lincoln, Eric. 1988. *Japan: Facing Economic Maturity*. Washington, D.C.: Brookings Institution.

Lipson, Charles. 1986. "International Debt and International Institutions." In *The Politics of International Debt*, edited by Miles Kahler. Ithaca, N.Y.: Cornell University Press.

Lissakers, Karin. 1991. *Banks, Borrowers, and the Establishment: A Revisionist Account of the International Debt Crisis*. New York: Basic Books.

Loriaux, Michael. 1991. *France after Hegemony: International Change and Financial Reform*. Ithaca, N.Y.: Cornell University Press.

Ludlow, Peter. 1982. *The Making of the European Monetary System*. London: Butterworth Scientific.

Lundstrom, Hans. 1961. *Capital Movements and Economic Integration*. The Netherlands: A. W. Sythoff-Leyden.

Lutz, Friedrich. 1943. *The Keynes and White Proposals*. Princeton, N.J.: Princeton University Press.

Machlup, Fritz. 1968. *Remaking the International Monetary System: The Rio Agreement and Beyond*. Baltimore: Johns Hopkins University Press.

Machlup, Fritz, ed. 1976. *Essays on Hayek*. New York: New York University Press.

McKenzie, Richard, and Dwight Lee. 1991. *Quicksilver Capital: How the Rapid Movement of Wealth Has Changed the World*. New York: Free Press.

McMahon, Chris. 1985. "The Global Financial Structure in Transition: Consequences for International Finance and Trade." In *Global Financial Structure in Transition*, edited by Joel McClellan. Lexington, Ky.: Lexington Books.

McNeil, William. 1986. *American Money and the Weimar Republic*. New York: Columbia University Press.

McQuaid, Kim. 1976. "The Business Advisory Council of the Department of Commerce, 1933-61: A Study of Corporate/Government Relations." In *Research in Economic History*. Vol. 1, edited by Paul Uselding. Greenwich, Conn.: JAI Press.

McQuaid, Kim. 1982. *Big Business and Presidential Power: From Roosevelt to Reagan*. New York: William Morrow.
Maier, Charles. 1987a. "The Politics of Productivity: Foundations of American International Economic Policy after World War Two." In *In Search of Stability: Explorations in Historical Political Economy*, by Charles Maier. Cambridge: Cambridge University Press.
Maier, Charles. 1987b. "The Two Postwar Eras and the Conditions for Stability in Twentieth-Century Western Europe." In *In Search of Stability: Explorations in Historical Political Economy*, by Charles Maier. Cambridge: Cambridge University Press.
Marris, Stephen. 1985. *Deficits and the Dollar*. Washington, D.C.: Institute for International Economics.（坂本正弘・安田靖訳［1986］『ドルと世界経済危機——日・米・欧は何をすべきか』東洋経済新報社）
Mattione, Richard. 1985. *OPEC*'s Investments and the International Financial System. Washington, D.C.: Brookings Institution.
Maxfield, Sylvia. 1990. *Governing Capital: International Finance and Mexican Politics*. Ithaca, N.Y.: Cornell University Press.
Maxfield, Sylvia. 1992. "The International Political Economy of Bank Nationalization: Mexico in Comparative Perspective." *Latin American Research Review* 27: 75-103.
Maxfield, Sylvia, and James Nolt. 1990. "Protectionism and the Internationalization of Capital: U.S. Sponsorship of Import Substitution Industrialization in the Philippines, Turkey, and Argentina." *International Studies Quarterly* 34: 49-82.
Mendelsohn, Michael. 1980. *Money on the Move: The Modern International Capital Market*. New York: McGraw-Hill.
Mikesell, Raymond. 1954. *Foreign Exchange in the Postwar World*. New York: Twentieth Century Fund.
Miller, Robert, and John Wood. 1979. *Exchange Control For Ever?* London: Institute of Economic Affairs.
Mills, R. 1976. "The Regulation of Short-Term Capital Movements in Major Industrial Countries." In *Capital Movements and Their Control*, edited by Alexander Swoboda. Geneva: Sijdhoff-Leiden.
Milward, Alan. 1984. *The Reconstruction of Western Europe, 1945-51*. London: Methuen.
Milward, Alan. 1990. "Motives for Currency Convertibility: The Pound and the Deutschmark, 1950-59." In *Interactions in the World Economy*, edited by Carl

Ludwig Holtfrerich. New York: New York University Press.
Minsky, Hyman. 1982. "The Financial Instability Thesis: Capitalist Processes and the Behavior of the Economy." In *Financial Crises: Theory, History, and Policy*, edited by Charles Kindleberger and Jean-Pierre Laffargue. Cambridge: Cambridge University Press.
Moggridge, Donald. 1986. "Keynes and the International Monetary System, 1906-46." In *International Monetary Problems and Supply-Side Economics*, edited by Jon Cohen and Geoffrey Harcourt. London: Macmillan.
Monroe, Wilbur. 1973. *Japan: Financial Markets and the World Economy*. New York: Praeger.（行天豊雄訳［1976］『日本の金融市場――国際通貨問題と日本経済』サイマル出版会）
Moran, Michael. 1991. *The Politics of the Financial Services Revolution: The U.S.A., U.K., and Japan*. London: Macmillan.
Moravcsik, Andrew. 1991. "Negotiating the Single European Act: National Interests and Conventional Statecraft." *International Organization* 45: 19-56.
Morris, Frank. 1982. "Discussion." In *The Political Economy of Monetary Policy: National and International Aspects*, edited by Donald Hodgeman. Illinois: University of Illinois Press.
Murphy, R. Taggart. 1989. "Power without Purpose: The Crisis of Japan's Global Financial Dominance." *Harvard Business Review* (March/April): 71-83.
Nash, George 1976. *The Conservative Intellectual Movement in America since 1945*. New York: Basic Books.
Nau, Henry. 1984-85. "Where Reaganomics Works." *Foreign Policy* 57: 14- 38.
Nau, Henry. 1985. "Or the Solution." *Foreign Policy* 59: 144-53.
Nau, Henry. 1990. *The Myth of America*'s Decline. Oxford: Oxford University Press.（石関一夫訳［1994］『アメリカ没落の神話』TBS ブリタニカ）
Naylor, Tom. 1987. *Hot Money and the Politics of Debt*. Toronto: McClelland & Stewart.
Neikirk, William. 1987. *Volcker: Portrait of the Money Man*. New York: Congdon & Weed.（篠原成子訳［1987］『ボルカー――「ザ・マネー・マン」の肖像』日本経済新聞社）
Nelson, Joan. 1990. "Introduction." In *Economic Crisis and Policy Choice*, edited by Joan Nelson. Princeton, N.J.: Princeton University Press.
Newton, Scott, and Dilwyn Porter. 1988. *Modernization Frustrated: The Politics of Industrial Decline in Britain since 1900*. London: Unwin Hyman.
O'Brien, Richard. 1992. *Global Financial Integration: The End of Geography*. London: Pinter.

Ocampo, Jose. 1990. "New Economic Thinking in Latin America." *Journal of Latin American Studies* 22: 168-81.

Odell, John. 1982. *U.S. International Monetary Policy: Markets, Power, and Ideas as Sources of Change*. Princeton, N.J.: Princeton University Press.

Ohlin, Bertil. 1936. "International Economic Reconstruction." In *International Economic Reconstruction*. Paris: International Chamber of Commerce.

Oliver, Robert. 1971. *Early Plans for a World Bank*. Princeton Studies in International Finance no. 29. Princeton, N.J.: Department of Economics, Princeton University.

Oliver, W. Hugh. 1989. "The Labour Caucus and Economic Policy Formation, 1981-84." In *The Making of Rogernomics*, edited by Brian Easton. Auckland: Auckland University Press.

Ozaki, Robert. 1972. *The Control of Imports and Foreign Capital in Japan*. New York: Praeger.

Padoan, Pier Carlo. 1986. *The Political Economy of International Financial Instability*. London: Croom Helm.

Padoa-Schioppa, Tommasso. 1988. "Milan, Hanover, 1992." *Review of Economic Conditions in Italy* 3: 435-43.

Palma, Gabriel. 1978. "Dependency: A Formal Theory of Underdevelopment or a Methodology for the Analysis of Concrete Situations of Underdevelopment." *World Development* 6: 881-924.

Parboni, Ricardo. 1986. "The Dollar Weapon: From Nixon to Reagan." *New Left Review* 158: 5-18.

Parsons, Wayne. 1989. *The Power of the Financial Press: Journalism and Economic Opinion in Britain and America*. Aldershot: Edward Elgar.

Patrick, Hugh, and Ryuichiro Tachi, eds. 1986. *Japan and the United States Today: Exchange Rates, Macroeconomic Policies, and Financial Market Innovations*, New York: Columbia University Center on Japanese Economy and Business.

Pauly, Louis. 1987a. *Foreign Banks in Australia: The Politics of Deregulation*. Sydney: Australian Professional Publications.

Pauly, Louis. 1987b. *Regulatory Politics in Japan: The Case of Foreign Banking*. Ithaca, N.Y.: Cornell University East Asia Paper no. 45.

Pauly, Louis. 1988. *Opening Financial Markets: Banking Politics on the Pacific Rim*. Ithaca, N.Y.: Cornell University Press.

Pauly, Louis. 1991. "The Political Foundations of Multilateral Economic Surveillance." *International Journal* 47: 2. 93-327.

Penrose, Edith. 1953. *Economic Planning for the Peace*. Princeton, N.J.: Princeton

University Press.

Peschek, Joseph. 1987. *Policy-Planning Organizations: Elite Agendas and America*' s Rightward Turn. Philadelphia: Temple University Press.

Pfister, Ulrich, and Christian Suter. 1987. "International Financial Relations as Part of the World System." *International Studies Quarterly* 31: 239-72.

Plender, John. 1986-87. "London's Big Bang in International Context." *International Affairs* 63: 39-48.

Plumptre, Arthur. 1977. *Three Decades of Decision: Canada and the World Monetary System, 1944-75*. Toronto: McClelland & Stewart.

Polanyi, Karl. 1957. *The Great Transformation: The Political and Economic Origins of Our Time*. Boston: Beacon Press.（野口建彦・栖原学訳［2009］『大転換——市場社会の形成と崩壊』東洋経済新報社）

Porter, Tony. 1992. a. "International Financial Collaboration under Stress: The Basel Capital Adequacy Accord." Paper presented at the Annual Meeting of the Canadian Political Science Association, Charlottetown, Prince Edward Island (June).

Porter, Tony. 1992b. "Regimes for Financial Firms." Paper presented at the International Studies Association Conference, Atlanta (April).

Pressnell, Leslie. 1986. *External Economic Policy since the War. Vol. 1, The Postwar Financial Settlement*. London: Her Majesty' s Stationery Office.

Pringle, Robert. 1989. Financial Markets and Governments. Working Paper no. 57. Helsinki: World Institute for Development Economics Research.

Putnam, Robert. 1984. "The Western Economic Summits: A Political Interpretation." *Economic Summitry and Western Decision-Making*, edited by Cesare Merlini. Beckenham: Croom Helm.

Pyle, Kenneth. 1987. "In Pursuit of a Grand Design: Nakasone betwixt the Past and Future." *Journal of Japanese Studies* 13: 243-70.

Randall, Clarence. 1954. *A Foreign Economic Policy for the U.S.* Chicago: University of Chicago Press.

Rasminsky, Louis. 1972.. "Canadian Views." In *Bretton Woods Revisited*, edited by Archibald Acheson, John Chant, and Martin Prachowny. Toronto: University of Toronto Press.

Rees, David. 1973. *Harry Dexter White: A Study in Paradox*. New York: Coward, McCann and Geoghegan.

Rees, Graham. 1963. *Britain and the Postwar European Payments System*. Cardiff: University of Wales Press.

Riddle, J. H. 1943. "British and American Plans for International Currency

Stabilization". Our Economy in *War Occasional Paper* no. 16. New York: National Bureau of Economic Research.

Ridgeway, George. 1959. *Merchants of Peace: The History of the International Chamber of Commerce*. Boston: Little, Brown.

Robbins, Lionel. 1937. *Economic Planning and International Order*. London: Macmillan.

Robbins, Lionel. 1971. *Autobiography of an Economist*. London: Macmillan.（田中秀夫監訳［2009］『一経済学者の自伝』ミネルヴァ書房）

Robinson, Joan. 1944. "The United States in the World Economy." *Economic Journal* 54: 430-37.

Robinson, Stuart. 1972. *Multinational Banking*. Geneva: Sijdhoff-Leiden.

Roll, Eric. 1971. *International Capital Movements: Past, Present, and Future*. Washington, D.C.: International Monetary Fund.

Röpke, Wilhelm. 1941. *International Economic Disintegration*. London: William Hodge.

Röpke, Wilhelm. 1950. *The Social Crisis of Our Time*. London: William Hodge.

Röpke, Wilhelm. 1951. *The Economics of Full Employment*. New York: American Enterprise Association.

Röpke, Wilhelm. 1959. *International Order and Economic Integration*. Dordrecht, the Netherlands: Reidel.

Rosanvallon, Pierre. 1989. "The Development of Keynesianism in France." In *The Political Power of Economic Ideas: Keynesianism across Nations*, edited by Peter Hall. Princeton, N.J.: Princeton University Press.

Rosenbluth, Frances M. 1989. *Financial Politics in Contemporary Japan*. Ithaca, N.Y.: Cornell University Press.

Ruggie, John. 1982. "International Regimes, Transactions, and Change: Embedded Liberalism in the Postwar Economic Order." *International Organization* 36: 379-415.

Russell, Robert. 1973. "Transgovernmental Interaction in the International Monetary System, 1960-72." *International Organization* 27: 431-64.

Sakakibara, Eisuke. 1986. "The Internationalization of Tokyo's Financial Markets." In *Pacific Growth and Financial Interdependence, edited by Augustine Tan and Basant Kapur. London: Allen & Unwin.*

Salant, Walter. 1989. "The Spread of Keynesian Doctrine and Practice in the United States." In *The Political Power of Economic Ideas: Keynesianism across Nations*, edited by Peter Hall. Princeton, N.J.: Princeton University Press.

Sandholtz, Wayne, and John Zysman. 1989. "1992: Recasting the European

Bargain." *World Politics* 42: 95-128.
Schloss, Hans. 1958. *The Bank for International Settlements*. Amsterdam: North-Holland.
Schloss, Hans. 1970. *The Bank for International Settlements*. New York: New York University Graduate School of Business Administration.
Schmidt, Helmut. 1989. *Men and Powers*. London: Jonathan Cape.
Schonberger, Howard. 1977. "The Japan Lobby in American Diplomacy, 1947-52." *Pacific Historical Review* 46: 32. 7-60.
Schonberger, Howard. 1989. *Aftermath of War: Americans and the Remaking of Japan, 1945-52*. Kent, Ohio: Kent State University Press.（宮崎章訳［1994］『占領1945～1952——戦後日本をつくりあげた8人のアメリカ人』時事通信社）
Schor, Juliet. 1992. "Introduction." In *Financial Openness and National Autonomy*, edited by Tariq Banuri and Juliet Schor. Oxford: Clarendon Press.
Schriftgiesser, Karl. 1960. *Business Comes of Age: The Story of the Committee for Economic Development and Its Impact upon the Economic Policies of the U.S. 1942-1960*. New York: Harper & Bros.
Schwartz, Herman. 1991. "Can Orthodox Stabilization and Adjustment Work? Lessons from New Zealand, 1984-90." *International Organization* 45: 221-56.
Schweitzer, Pierre-Paul. 1966. "International Aspects of the Full Employment Economy." In *Managing a Full Employment Economy*. New York: Committee for Economic Development.
Sebald, William. 1965. *With MacArthur in Japan: A Personal History of the Occupation*. New York: W. W. Norton.（野末賢三訳［1966］『日本占領外交の回想』朝日新聞社）
Simmons, Beth. 1992. "Why Innovate? Founding the Bank for International Settlements." Paper presented at the Annual Meeting of the American Political Science Association, Chicago (September).
Singer, Daniel. 1988. *Is Socialism Doomed? The Meaning of Mitterrand*. Oxford: Oxford University Press.（新島義昭訳［1990］『西欧社会主義に明日はあるか——ミッテランの実験と挫折』騒人社）
Spero, Joan. 1980. *The Failure of the Franklin National Bank: Challenge to the International Banking System*. New York: Columbia University Press.
Spero, Joan. 1989. "Guiding Global Finance." *Foreign Policy* 73: 114-34.
Spero, Joan. 1990. *The Politics of International Economic Relations*. 4th ed. New York: St. Martin's Press.（小林陽太郎・首藤信彦訳［1988］『国際経済関係論』東洋経済新報社）
Spiro, David. 1989. "Policy Coordination in the International Political Economy:

The Politics of Recycling Petrodollars." Ph.D. diss., Princeton University.
Stigler, George. 1988. *Memoirs of an Unregulated Economist*. New York: Basic Books.（上原一男訳［1990］『現代経済学の回想――アメリカ・アカデミズムの盛衰』日本経済新聞社）
Story, Jonathan. 1986. "Comment 3." In *Europe, America, and the World Economy*, edited by Loukas Tsoukalis. Oxford: Basil Blackwell.
Story, Jonathan. 1988. "The Launching of the EMS: An Analysis of Change in Foreign Economic Policy." *Political Studies* 3-4: 397-412.
Strange, Susan. 1971. *Sterling and British Policy*. London: Oxford University Press.（本山美彦・矢野修一・高英求・伊豆久・横山史生訳［1989］『国際通貨没落過程の政治学――ポンドとイギリスの政策』三嶺書房）
Strange, Susan. 1976. *International Monetary Relations. Vol. 2 of International Economic Relations of the Western World, 1959-71*, edited by Andrew Shonfield. Oxford: Oxford University Press.
Strange, Susan. 1982. "Still an Extraordinary Power: America's Role in a Global Monetary System." In *The Political Economy of International and Domestic Monetary Relations*, edited by Raymond Lombra and Willard Witte. Ames: Iowa State University Press.
Strange, Susan. 1986. *Casino Capitalism*. Oxford: Basil Blackwell.（小林襄治訳［2007］『カジノ資本主義』岩波書店）
Strange, Susan. 1988. *States and Markets: An Introduction to International Political Economy*. London: Pinter.（西川潤・佐藤元彦訳［1994］『国際政治経済学入門――国家と市場』東洋経済新報社）
Strange, Susan. 1990. "Finance, Information, and Power." *Review of International Studies* 16: 259-74.
Strange Susan, ed. 1984. *Paths to International Political Economy*. London: Allen & Unwin.（町田実監訳［1987］『国際関係の透視図――国際政治経済学への道』文眞堂）
Suzuki, Yoshio. 1987. "Financial Innovation in Japan: Its Origins, Diffusion, and Impacts." In *Changing Money*, edited by Marcello De Cecco. Oxford: Basil Blackwell.
Tavlas, George. 1991. *On the International Use of Currencies: The Case of the Deutsche Mark*. Essays in International Finance no. 181. Princeton, N.J.: Department of Economics, Princeton University.
Thurn, Max. 1972. "The Burden of the Balance of Payments." In *Convertibility, Multilateralism, and Freedom: World Economic Policy in the Seventies*. New York: Springer-Verlag.（ウォルフガング・シュミッツ編／柏木雄介監訳

［1973］『国際通貨危機と自由経済――ブレトン・ウッズ体制に代わるもの』日本経済新聞社、所収）
Tobin, James. 1974. *The New Economics: One Decade Older*. Princeton, N.J.: Princeton University Press.（矢島鈞次・篠塚慎吾訳［1976］『インフレと失業の選択――ニュー・エコノミストの反証と提言』ダイヤモンド社）
Tobin, James. 1978. "A Proposal for International Monetary Reform." *Eastern Economic Journal* 4: 153-59.
Tooze, Roger, and Craig Murphy. 1991. "Getting Beyond the 'Common Sense' of the IPE Orthodoxy." In *The New International Political Economy*, edited by Roger Tooze and Craig Murphy. Boulder, Colo.: Lynne Reiner.
Tsoukalis, Loukas. 1977. *The Politics and Economics of European Monetary Integration*. London: Allen & Unwin.
Turner, Philip. 1991. *Capital Flows in the 1980s: A Survey of the Major Trends*. Basel: Bank for International Settlements.
Uekusa, Kazuhide. 1991. "The Making and Breaking of a Bubble Economy." *Japan Echo* 18: 23-27.
Underhill, Geoffrey. 1991. "Markets beyond Politics? The State and the Internationalization of Financial Markets." *European Journal of Political Research* 19: 197-225.
Van Der Pijl, Kees. 1984. *The Making of an Atlantic Ruling Class*. London: Verso.
Van Dormael, Armand. 1978. *Bretton Woods: Birth of a Monetary System*. London: Macmillan.
Versluysen, Eugene. 1981. *The Political Economy of International Finance*. New York: St. Martin's Press.
Viner, Jacob. 1926. "International Free Trade in Capital." *Scientia* 39: 39-48.
Viner, Jacob. 1943. "Two Plans for International Monetary Stabilization." *Yale Review* 33: 77-107.
Viner, Jacob. 1951. "International Finance and Balance of Power Diplomacy, 1880-1914." In *International Economics*, by Jacob Viner. Glencoe, III.: Free Press.
Viner, Jacob. 1958. *The Long View and the Short. Glencoe*, III.: Free Press.
Vipond, Peter. 1991. "The Liberalisation of Capital Movements and Financial Services in the European Single Market: A Case Study in Regulation." *European Journal of Political Research* 19: 227-44.
Volcker, Paul. 1979. "The Role of Private Capital in the World Economy." In *Private Enterprise and the New Global Economic Challenge*, edited by Stephen Guisinger. Indianapolis: Bobbs-Merrill.
Volcker, Paul, and Toyoo Gyohten. 1992. *Changing Fortunes: The World*'s Money

and the Threat to American Leadership. New York: Times Books.（江沢雄一監訳［1992］『富の興亡——円とドルの歴史』東洋経済新報社）
Wachtel, Howard. 1986. *The Money Mandarins: The Making of a New Supranational Economic Order*. New York: Pantheon.
Wallerstein, Immanuel. 1980. *The Modern World System* 2. New York: Academic Press.（川北稔訳［1993］『近代世界システムII　重商主義と「ヨーロッパ世界経済」の凝集 1600-1750』名古屋大学出版会）
Wallich, Henry. 1985. "U.S. Monetary Policy in an Interdependent World." In *International Financial Markets and Capital Movements; A Symposium in Honor of Arthur Bloom field*. Essays in International Finance no. 157. Princeton, N.J.: Department of Economics, Princeton University.
Walter, Andrew. 1991. *World Power and World Money: The Role of Hegemony and International Monetary Order*. London: Harvester Wheatsheaf.（本山美彦監訳［1998］『ワールドパワー＆ワールドマネー——ヘゲモニーの役割と国際通貨秩序』三嶺書房）
Walter, Ingo. 1989. *Secret Money. 2nd ed.* London: Unwin.（佐藤隆三・三野和雄共訳［1987］『シークレット・マネー』春秋社）
Warren, Robert. 1937. "The International Movement of Capital." *Proceedings of the Academy of Political Science* 17: 357-64.
Welfield, John. 1988. *An Empire in Eclipse: Japan in the Postwar American Alliance System*. London: Athlone Press.
Wexler, Imanuel. 1983. *The Marshall Plan Revisited*. Westport, Conn.: Greenwood Press.
White, Harry Dexter. 1933. *The French International Accounts, 1880-1913*. Cambridge, Mass.: Harvard University Press.
Willett, Thomas. 1977. *Floating Exchange Rates and International Monetary Policy*. Washington, D.C.: American Enterprise Institute.
Williams, Benjamin. 1939. *Foreign Loan Policy of the United States Since 1933*. A report to the Twelfth International Studies Conference, Bergen, Norway（August 27-Sept 2）.
Williams, John H. 1936. "International Monetary Organization and Policy." In *Postwar Monetary Plans, and Other Essays*, by John Williams（1947）. New York: Knopf.
Williams, John H. 1943. "Currency Stabilization: The Keynes and White Plans." In *Postwar Monetary Plans, and Other Essays*, by John Williams（1947）. New York: Knopf.
Williams, John H. 1944. "Postwar Monetary Plans." In *Postwar Monetary Plans,*

and Other Essays, by John Williams (1947). New York: Knopf.
Williams, John H. 1949. "International Trade with Planned Economies." In *Postwar Monetary Plans, and Other Essays*, by John Williams (1949). Oxford: Basil Blackwell.
Williamson, John. 1977. *The Failure of World Monetary Reform, 1971-74*. Sunbury-on-Thames: T. Nelson and Sons.
Williamson, John. 1991. "On Liberalising the Capital Account." In *Finance and the International Economy 5*, edited by Richard O'Brien. Oxford: Oxford University Press.
Williamson, John, and Donald Lessard, eds. 1987. *Capital Flight and Third World Debt*. Washington, D.C.: Institute for International Economics.
Winham, Gilbert. 1988. "Review of Robert Gilpin's Political Economy of International Relations." *Canadian Journal of Political Science* 21: 660-61.
Wojnilower, Albert. 1986. "Japan and the United States: Some Observations on Economic Policy." In *Japan and the United States Today*, edited by Hugh Patrick and Ryuichiro Tachi. New York: Columbia University Center on Japanese Economy and Business.
Wood, John. 1981. "How It All Began-Personal Recollections." In *The Emerging Consensus...?*, edited by Arthur Seldon. London: Institute of Economic Affairs.
Woolley, John. 1984. *Monetary Politics: The Federal Reserve and the Politics of Monetary Policy*. Cambridge: Cambridge University Press.
Wriston, Walter. 1986. *Risk and Other Four-Letter Words*. New York: Harper & Row.（日下公人訳［1986］『冒険心と経営――シティバンクとともに』ダイヤモンド社）
Wriston, Walter. 1988. "Technology and Sovereignty." *Foreign Affairs* 67: 63-75.
Yamamoto, Mitsuru. 1977. "The Cold War and U.S.-Japan Economic Cooperation." In *The Origins of the Cold War in Asia*, edited by Akira Iriye and Yonosuke Nagai. New York: Columbia University Press.
Yoshitomi, Masaru. 1985. *Japan as Capital Exporter and the World Economy*. Occasional Paper. no. 18. New York: Group of Thirty.
Zacchia, Carlo. 1976. "International Trade and Capital Movements, 1920-70." In *Fontana Economic History of Europe: The Twentieth Century*, Part 2., edited by Carlo Cipolla. London: Fontana.
Zweig, Konrad. 1980. *The Origins of the German Social Market Economy: The Leading Ideas and Their Intellectual Roots*. London: Adam Smith Institute.
Zysman, John. 1983. *Government, Markets, and Growth: Financial Systems and the Politics of Industrial Change*. Ithaca, N.Y.: Cornell University Press.

サピエンティア　41
国家とグローバル金融

2015年9月25日　初版第1刷発行

著　者　エリック・ヘライナー
訳　者　矢野修一・柴田茂紀・参川城穂・山川俊和
発行所　一般財団法人　法政大学出版局
〒102-0071 東京都千代田区富士見2-17-1
電話 03(5214)5540 振替 00160-6-95814
組版: HUP　印刷: ディグテクノプリント　製本: 積信堂
装幀: 奥定泰之

Printed in Japan

ISBN978-4-588-60341-9

エリック・ヘライナー（Eric Helleiner）
1963年生まれ。ロンドン・スクール・オブ・エコノミクス（LSE）にてPh.D取得。現在、カナダ・ウォータールー大学人文学部ならびに大学院バルシリー・スクール国際政治経済学講座主任教授。近著に *The Forgotten Foundations of Bretton Woods: International Development and the Making of the Postwar Order*, Cornel University Press, 2014. *The Status Quo Crisis: Global Financial Governance After the 2008 Meltdown*, Oxford University Press, 2014. 詳しくは「訳者あとがき」参照。

矢野修一（やの・しゅういち）［日本語版への序文、序文、1～3章担当］
1960年生まれ。京都大学大学院経済学研究科博士課程退学。博士（経済学）。世界経済論専攻。現在、高崎経済大学経済学部教授。著書に『可能性の政治経済学——ハーシュマン研究序説』（法政大学出版局、2004年）、訳書にストレンジ『国際通貨没落過程の政治学——ポンドとイギリスの政策』（共訳、三嶺書房、1989年）、ハーシュマン『離脱・発言・忠誠——企業・組織・国家における衰退への反応』（ミネルヴァ書房、2005年）、同『連帯経済の可能性——ラテンアメリカにおける草の根の経験』（共訳、法政大学出版局、2008年）などがある。
柴田茂紀（しばた・しげき）［8・9章担当］
1972年生まれ。同志社大学大学院商学研究科博士課程単位取得退学。世界経済論専攻。現在、大分大学経済学部准教授。論文に「日本のGATT仮加入とカナダ」（『国際政治』第136号、2004年）、「吉田路線と日米『経済』関係」（『国際政治』第151号、2008年）、「外貨準備政策の諸形態とその背景」（『日本貿易学会年報』第46号、2009年）、共著に『世界経済危機における日系企業』（ミネルヴァ書房、2012年）、『グローバル金融資本主義のゆくえ』（ミネルヴァ書房、2013年）などがある。
参川城穂（みかわ・くにお）［4・5章、参考文献担当］
1977年生まれ。東京大学大学院経済学研究科博士課程単位取得退学。国際金融論専攻。現在、立教大学経済学部兼任講師。論文に「トリフィン学説の今日的意義——流動性ジレンマ論の理論面、政策面による評価」（『経済学研究』第48号、2006年）、「IMFコンディショナリティの変遷と流動性ジレンマ論」（共著、『山口経済学雑誌』第58巻第3号、2009年）「韓国通貨危機と『IMF体制』の評価——危機時の貸し手機能と危機管理機能」（『経済学研究』第52号、2010年）などがある。
山川俊和（やまかわ・としかず）［6・7章担当］
1981年生まれ。一橋大学大学院経済学研究科博士課程修了。博士（経済学）。国際政治経済学、国際貿易論専攻。現在、下関市立大学経済学部准教授。共著に『現代世界経済をとらえるVer. 5』（東洋経済新報社、2010年）、訳書にスティーガー『新版 グローバリゼーション』（共訳、岩波書店、2010年）、論文に「食品の安全性をめぐる国際交渉と貿易ルールの政治経済学」（『季刊・経済理論』第43巻4号、2007年）、「自然資源貿易論の再検討」（『一橋経済学』第7巻2号、2014年）などがある。